未来に贈る人生哲学

文学と人間を見つめて

作家・元中国文化相 王蒙　池田大作 創価学会名誉会長

潮出版社

会談する王蒙文化相（当時）と池田名誉会長（1987年4月、東京）©Seikyo Shimbun

未来に贈る人生哲学
――文学と人間を見つめて

◆目次

装丁　㈲フィールドワーク

未来に贈る人生哲学

——文学と人間を見つめて

一、引用・参考文献は、＊を付し、巻末に列記した。
一、主な語句注は、巻末に列記した。
一、引用文は、読みやすくするために編集部でふりがなを付けた箇所もある。また、一部、旧字体を新字体に、歴史的かなづかいを現代かなづかいに改めたもの、句読点を補ったものもある。
一、編集部による注は、（＝　）内に記した。
一、文中に登場する人物の肩書、名称、時節などは対談時のままとした。
一、『新編日蓮大聖人御書全集』（創価学会版、二六六刷）からの引用は（御書　ページ）で示した。
一、『妙法蓮華経並開結』（創価学会版、第二版）からの引用は（法華経　ページ）で示した。

第1章

忘れ得ぬ新緑の出会い

不滅の価値を創造しゆく人間の道　文学の道

池田　唐《とう》の詩人・王勃《おうぼつ》は詠《うた》っております。「海内《かいだい》に知己《ちき》存《そん》せば、／天涯《てんがい》も比隣《ひりん》の若《ごと》し」[*1]。すなわち、真の友人は、どんなに遠く離れていても、隣り合わせのように心が通《かよ》い合う、と。

このたび、中国を代表する文豪《ぶんごう》であり、文化の旗手《きしゅ》である、懐《なつ》かしい王蒙先生との対談の機会をいただき、これほどの喜《よろこ》びと光栄はありません。

王蒙先生とお会いしたのは、一九八七年の四月二十八日、瑞々《みずみず》しい新緑《しんりょく》光る東京でした。当時、文化相《しょう》として来日されてご多忙《たぼう》のなか、私どもの聖教新聞本社に足を運んでくださり、約一時間にわたって、「文学の使命」「日中の未来と青年」「教育の重要性《じゅうようせい》」「科学時代と精神革《かく》命《めい》」などをめぐり、有意義《ゆういぎ》に語り合うことができました。

私は今もって克明《こくめい》に記憶《きおく》し、感謝の念とともに思い起こしております。

池田名誉会長と王蒙文化相（当時）が東京の聖教新聞本社で会見（1987年4月）　©Seikyo Shimbun

　あの日の忘れ得《え》ぬ対話から四半世紀を経《へ》た二〇一三年、文学をテーマとした王蒙先生との対談の提案をいただき、書簡《しょかん》で意見交換《こうかん》を進めてまいりました。互《たが》いに多くの活動と経験を積《つ》み重《かさ》ねた上で、再《ふたた》び対話できることに、私は深いご縁《えん》を感じております。この対談が、日中の文化交流、また民間交流の促進《そくしん》の一助《いちじょ》にもなればと願っております。

王蒙　香港《ホンコン》の文化総合誌『明報月刊《めいほうげっかん》』の潘《はん》耀明《ようめい》総編集長にお力添《ちからぞ》えいただき、二八年ぶりに、池田大作先生と空間を超えての対話を始められることになりました。

　今、先生は、私たちが一九八七年の春に会った時のことを語ってくださいました。私も、心から感謝しております。そのお話に触《ふ》れて、あの時の訪日《ほうにち》で、私が俳句《はいく》のリズムをまねて、漢字を五・七・五と並べて詠《よ》んだ何首《なんしゅ》かの短詩《たんし》を思い出しました。

「桜花已落去　猶有芳菲盈心曲　為客亦佳時」

（桜の花すでに散るも　その芳《かんば》しさと美しさは今なお胸に満《み》ちる　客としてまた麗《うるわ》しきひとときを過ごす）

「今夕喜相逢　新知旧雨隊如龍　含笑井上靖」

（この夕べの嬉《うれ》しき邂逅《かいこう》　新たな友と旧友が龍《りゅう》の如《ごと》く〈多く〉並んでいる　そのなかに笑《え》みを浮かべる井上靖《いのうえやすし》先生もおられた）

第一首は、訪日《ほうにち》の印象を、第二首は、東京でのパーティーの様子《ようす》を詠《うた》ったものです。無常《むじょう》に流れゆく時間というものを考えると、やや感傷《かんしょう》的にもなりますが、しかし私は、美しき思想や思い、そして友情は、長く色褪《いろあ》せないものであると感じています。

人間が年齢《ねんれい》を意識《いしき》するというのは、孔子《こうし》が川のほとりで言ったように、「逝者如斯夫、不舎昼夜」（すぎゆくものはこの〔流れの〕ようであろうか。昼も夜も休まない）*2 ということかもしれません。あるいは、過ぎゆく歳月《さいげつ》を前にして、何か切迫《せっぱく》した思いを抱《いだ》くこともあるでしょう。

しかし、良心《りょうしん》を持ち、頭脳明晰《ずのうめいせき》で、愛ある者の理念《りねん》と責任感《せきにんかん》は、歳月が流れた後に、さらに

作家・井上靖氏（左）の自宅を訪れ、歓談する王蒙文化相（1987年４月）

堅固《けんご》に、力強《ちから》くなっていくものなのかもしれません。

池田　よくわかります。

時の流れとともに、生あるものは変化を免《まぬか》れることはできません。そこに、いわゆる無常を見る場合もあります。

しかし、王蒙先生が言われる通《とお》り、大いなる使命と責任に生き抜く人生にとっては、来《きた》る一時一時《いっときいっとき》が無上の意義《いぎ》を帯《お》びて光り出します。なぜなら、一瞬一瞬《いっしゅんいっしゅん》が価値《かち》創造《そうぞう》への行動の連続となり、積《つ》み重《かさ》ねとなるからです。

ゆえに、時の流れとは、過ぎ去るものではなく、生命の高まり、深まりへの歩《あゆ》みでもありましょう。

今、王蒙先生が言及《げんきゅう》された孔子の言葉をふまえて蘇東坡《そとうば》（蘇軾《そしょく》）が詠い上げた詩の一節《いっせつ》が、私には思い出されます。
「あなたもあの水と月をご存知《ぞんじ》でしょう。水はこのようにたゆみなく流れてゆきますが、決《けっ》して行ってしまってなくなるのではありません。月はあのように満《み》ち欠《か》けしますが、ついぞ消え去るでもなく大きくなるでもありません。そもそも変化するという点から見れば、天地《てんち》のすべてが一瞬《いっしゅん》といえども不変《ふへん》ではありえません。また変化しないという点から見れば、万物《ばんぶつ》も私もすべて尽《つ》きはてることがないのです」＊3

変化してやまない人生と世界のなかで、決して色褪《いろあ》せることのない不滅《ふめつ》の価値《かち》を探求《たんきゅう》し、創《そう》造《ぞう》していく。それこそ人間の道であり、文学の道でありましょう。

王蒙先生が、日本の伝統文化である俳句《はいく》にも通《つう》じておられることを、心から嬉《うれ》しく思います。俳諧《はいかい》の巨匠《きょしょう》・松尾芭蕉《まつおばしょう》は、およそ二〇年ぶりに再会できた友に、桜《さくら》に寄せて詠《よ》み贈《おく》りました。

「命《いのち》二ツの　中に生《いき》たる　桜哉《かな》」＊4

何と深い縁《えにし》で結ばれた、あなたと私の二つの命であることよ。私たちの前には、何と生き生きと桜が咲《さ》き薫《かお》り、心と心を結んでくれることか、と。

時は流れますが、季節は巡《めぐ》ります。心の奥底《おうてい》に蓄《たくわ》えられた友情は消えることなく、巡り来るように折《おり》あるごとに蘇《よみがえ》り、人生の歩《あゆ》みの励《はげ》ましとなり、実《みの》りをもたらすのです。

王蒙先生が短詩《たんし》に詠まれていた作家・井上靖《いのうえやすし》先生とは、私も親交《しんこう》を結び、『四季《しき》の雁書《がんしょ》』と題する往復書簡集《おうふくしょかんしゅう》を刊行しました。中国の歴史と文化をこよなく愛された方でした。まさに私にとっても、時とともに、いっそう鮮《あざ》やかに思い起こされる友誼《ゆうぎ》です。

王蒙先生は、私との会見の際、「創価学会が、『人間の新しい価値観』の創造、『高い理想と教養《きょうよう》』の普及《ふきゅう》、『世界平和』の推進《すいしん》、『文化・教育』の興隆《こうりゅう》に努力《どりょく》してきた事実を高く評価します」とのエールを贈ってくださいました。ご期待に応《こた》えられるように、今日《こんにち》まで行動してきたつもりです。そして、王蒙先生のご活躍《かつやく》の様子《ようす》を、常々《つねづね》、嬉しく見つめてまいりました。

王蒙　私は、早くも文化大革命《だいかくめい》の時代に中国のメディアで、池田先生と創価学会に関する報道《ほうどう》を目にしていました。先生の訪中《ほうちゅう》を、中国の政界要人《せいかいようじん》は重視《じゅうし》していたのです。

私が、池田先生の名前を印象《いんしょう》深く心にとどめたのは、周恩来《しゅうおんらい》総理との会見の写真が、「人民《じんみん》日報《にっぽう》」に掲載《けいさい》されたからでした。おそらく当時、周総理は入院中でしたね。その写真を見た時に、先生は非常に重要《じゅうよう》な方なのだと感じました。なぜなら、日本の政治家ではない先生に、周総理が重病《じゅうびょう》を押してお会いされたのですから。

その後、一九八七年、私が文化相《しょう》を務《つと》めていた時、中華人民共和国《ちゅうかじんみんきょうわこく》政府文化代表団（団員は十数名）の公式な日本訪問《ほうもん》の際に、先生とお会いすることができました。先生は、私との会見に全力で取り組んでくださいました。おそらく会見の前に、夜通《よどお》し私の作品を読んでくださったのではないでしょうか。だからだと思いますが、会見の時は、私の作品について、どの作品にどのようなことが書かれているか、すでに多くを把握《はあく》してくださっていました。
おっしゃる通《とお》り、その際、私は池田先生と創価学会の活動について、賞讃《しょうさん》の言葉を贈《おく》ってお
ります。経済も生活のリズムも、とてもスピーディーに動いている国にあって、先生は、常《つね》に
変わらず、社会と人心《じんしん》に関心を寄せ続けています。人間の精神的生活と精神の質を重視《じゅうし》してい
ます。信仰《しんこう》と理念《りねん》、自《みずか》らを律《りつ》する道徳について、提言《ていげん》を行《おこな》っていらっしゃいます。
池田先生は、とても雅量《がりょう》の大きな方で、人の精神的な成長に大変関心を持たれているとの印《いん》
象《しょう》を受けました。また、人間自身の素養《そよう》に関心を寄せ、人間は自らを変えていくことができる
のだ、との信念《しんねん》をお持ちであると感じました。
それらは皆《みな》、忘れがたい内容で、敬服《けいふく》の念を禁《きん》じ得ません。

響き合う「人間革命」と「反求諸己」の思想

池田　私との会見をつぶさに覚えていてくださり、心打たれました。
会見で私は、王蒙先生の名作について所感《しょかん》を申し上げました。そして、王蒙先生の次の文学
観に触《ふ》れました。
「文学は人間学である。人間を真の人間にするために、また人間関係を真の人間関係にするた

北京の305病院で会見する周恩来総理（左）と池田名誉会長（1974年12月）　©Seikyo Shimbun

めに文学はある」――。

深く賛同《さんどう》します。現代はグローバル化の社会となり、技術革新《ぎじゅつかくしん》も大きく進みましたが、肝心《かんじん》の人間自身の心が広がり、精神性が進歩《しんぽ》したと言えるでしょうか。むしろ精神性が衰退《すいたい》しているのではないか、とさえ危惧《きぐ》されています。

だからこそ、永続《えいぞく》する精神革命《かくめい》、人間革命が必要です。

そのためにも、王蒙先生が喝破《かっぱ》されたごとく、人間の真実を探究《たんきゅう》し、人間性を高め、人間の心の絆《きずな》を復興《ふっこう》していく文学の力《ちから》が、今こそ必要ではないでしょうか。

王蒙　私は、池田先生の「人間革命」という思想について、そこには中華文化と多くの共通部分があると感じております。

中華文化では「反求諸己」（諸《これ》を己《おのれ》に反《かえり》み求めよ）*5 ということを大切にしています。事の原因は自分自身に求めるべきであり、社会や環境《かんきょう》のせいにしたり、他人を批判《ひはん》したりするべきではない、ということです。

権力の乱用《らんよう》や金銭《きんせん》の不正な運用については、他者を傷つけることがありますから、その者に対する批判は当然であるかもしれません。あるいは、道理に合わない体制に対しても、検討し、批判する必要があります。

しかし、人間は自分自身を批判することはできないものでしょうか。つまりは、まず自分自身に対して、批判をすべきなのです。

この世界は理想通《どお》りではなく、満足できないかもしれません。また、今いる土地や地域は、思うに任《まか》せないこともあるでしょう。それでも、あなた自身がより良い選択《せんたく》をしていく、という可能性はないでしょうか。そう考える時、自己《じこ》を変革《へんかく》していくという考え方は、中華文化の「反求諸己」という言葉と一致《いっち》していると思えるのです。

また、自《みず》ら誠心誠意、人の道を修《おさ》め、国を良くし、世の中を平和にしていこうとの精神とも、一致しているように思います。

さらに、それは、西欧《せいおう》の実存主義《じつぞんしゅぎ》における選択についての概念《がいねん》とも一致していると思います。実存主義における最大の自由、または、必《かなら》ず享受《きょうじゅ》するべき自由とは、選択可能であるという自由です。どこまでも自分自身で選択することができる――このことに、私は深い感銘《かんめい》を受けました。

池田　誠《まこと》に重要《じゅうよう》な点を指摘《してき》してくださいました。

まず自分を顧《かえり》みよ。そして、まず自分から始めよ――まさしく「自己」こそ一切《いっさい》の出発点であり、帰着点《きちゃく》でありましょう。

王蒙先生も親《した》しまれているロシアの文豪《ぶんごう》トルストイは訴《うった》えていました。人間が自分で自分を陥《おとしい》れた不幸、なかでも、最大の不幸である戦争を克服《こくふく》していくために重要なことは何か？　それは、自分の外にあるのではない。「一人一人が心機《しんき》一転《いってん》して、自分はいったい何者《なにもの》か？　何のために生きていて、何を為《な》すべきで何を為すべきでないか？を自らに問うことによってのみ可能なのである」[*6]というのです。

〝まず人間に帰れ、何よりも人間であれ〟という叫《さけ》びは、対立が激化《げきか》し、暴力が席巻《せっけん》した二十世紀の経験を通して得た、精神の教訓《きょうくん》ではないでしょうか。

トルストイが、孔子《こうし》などの中国の先賢《せんけん》から真剣《しんけん》に学んだことはよく知られています。その中国思想をふまえて、「人としての完成が一切の事の初めである。もしもこの根本《こんぽん》が粗略《なおざり》にされているならば、これより成長するはずの枝《えだ》や幹《みき》もまた、芳《かん》ばしいものではあり得ないのだ」[*7]と綴《つづ》っているのです。

かの孫文《そんぶん》先生も『大学《だいがく》』の冒頭《ぼうとう》の八条目《じょうもく》を通《とお》して、「一人の人間を内から外へと発揮《はっき》していき、一人の人間の内部からはじめて、『天下を平《たい》らかにする』にまでおしおよぼしていく」[*8]ことを強調《きょうちょう》しました。

人々が、人間として内面的な成長を求めていかなければ、永続《えいぞく》的で確《たし》かな平和も未来も開けないという痛切《つうせつ》な認識《にんしき》と言えるでしょう。

自分という一個の人間が、自《みずか》らの変革《へんかく》から始めて、身近な職場《しょくば》や地域を変えていって、それが社会の変革や世界の平和へと連動していく。この偉大な可能性を秘《ひ》めた、一人の生命の宇宙《うちゅう》大《だい》の力《ちから》を探究《たんきゅう》したのが仏法《ぶっぽう》です。それを、中国では仏教者・天台大師《てんだいだいし》智顗《ちぎ》が「一念三千《いちねんさんぜん》」の法《ほう》門《もん》として確立しました。

こうした点について、私は、香港《ホンコン》の作家・金庸《きんよう》先生とも語り合ってきました。

王蒙　私は、池田先生と中国人、そして中華系の著名人《ちょめいじん》との対話にも注目してきました。

二十世紀の最後の二〇年間、私は幾度《いくど》もアメリカを訪問《ほうもん》しました。そのなかで、中国語に精《せい》通《つう》するナンシー・ホーズさんと知り合いました。彼女は以前、北京《ペキン》で長く生活したことがあります。ナンシーさんはＳＧＩ（創価学会インタナショナル）のメンバーで、創価学会について多くを語ってくれました。

私は地球の反対側でも、先生のご奮闘《ふんとう》とお仕事が持つ大きな影響力《えいきょうりょく》を実感《じっかん》したのです。

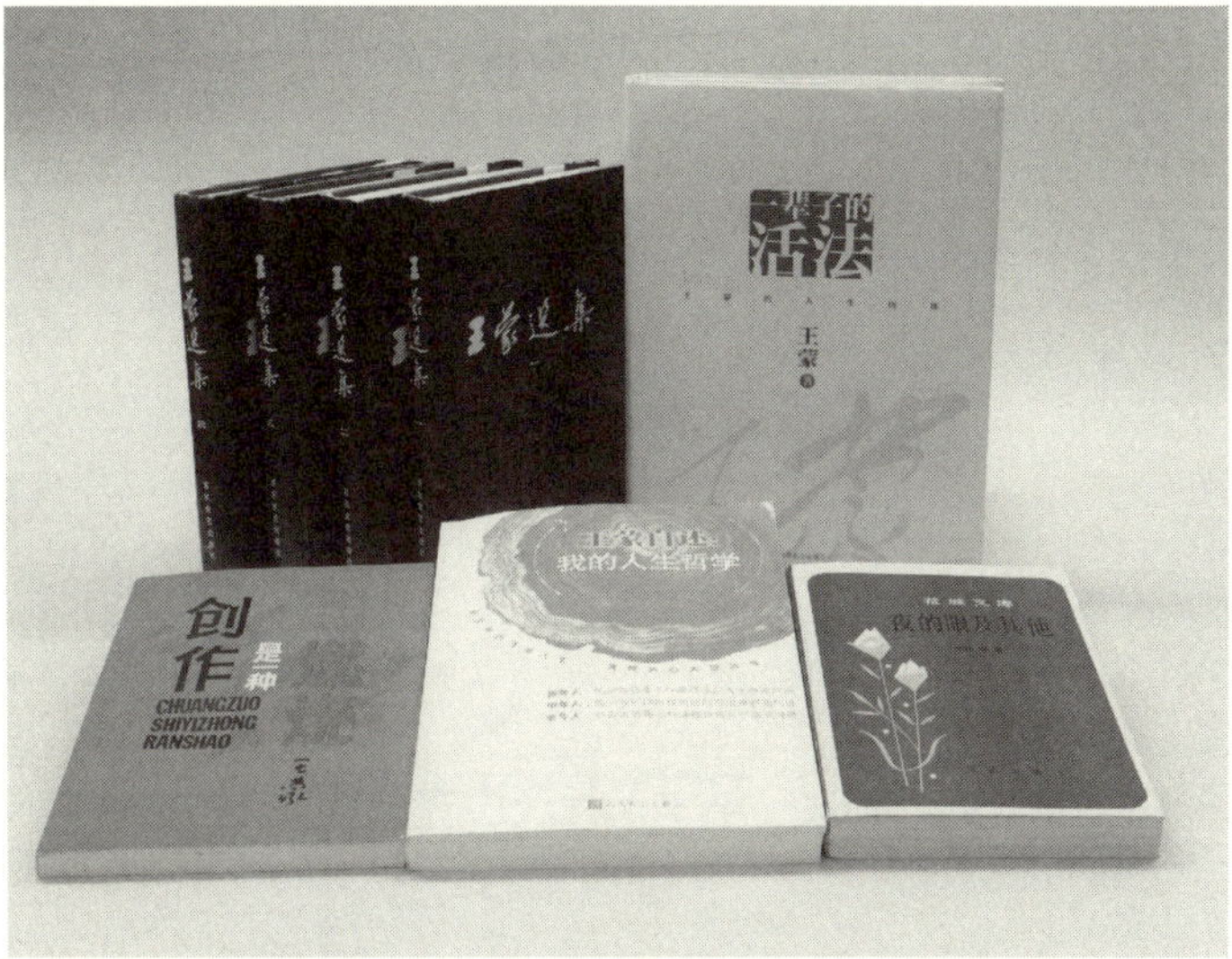

王蒙元文化相より池田名誉会長に贈られた自著

池田　恐縮《きょうしゅく》です。実《じつ》はナンシー・ホーズさんは、最近まで、私が創立《そうりつ》したアメリカ創価大学で、世界から集《つど》った英才《えいさい》に、中国語を教えてくださっていました。

　彼女は、王蒙先生の作品を翻訳《ほんやく》したことや、アメリカでの先生との交流を鮮明《せんめい》に記憶《きおく》していて、「大変に懐《なつ》かしい」と偲《しの》ばれています。このたびの王蒙先生と私の対談についても、非常に喜《よろこ》んでいたそうです。

　私の中国の友人、日本の友人、世界の友人が、王蒙先生の文学を愛読《あいどく》し、敬愛《けいあい》しております。

　かつてない激動《げきどう》の二十世紀、王蒙先生は北京において、早くも十代で民衆のための革命《かくめい》に身を投《とう》じ、名作『青春万歳《せいしゅんばんざい》』を執筆《しっぴつ》し、後に新疆《しんきょう》においても深く民衆の生活に学ばれました。そして、今日《こんにち》まで一貫《いっかん》して、民衆を愛する文学者として語り、書き、行動し、文学と文化の力《ちから》で、人々をリードしてこられました。

伝統と革新　成熟の知恵と青春の力の調和を

王蒙　私の処女作《しょじょさく》『青春万歳』に触《ふ》れてくださり、ありがとうございます。この作品は、一九五三年の秋、私が十九歳の時に書き始めたものです。

それからもう六〇年以上が経《た》ちました。今でも複数の出版社が版を重ねて、若い読者の皆《みな》さんが読んでくださっています。

中華人民共和国《ちゅうかじんみんきょうわこく》の建国という大事業においては、青年が極《きわ》めて大きな役割《やくわり》を果たしました。

清朝《しんちょう》末期の時点ですでに、梁啓超《りょうけいちょう》は「少年中国」というスローガンを掲《かか》げています。それは、中国の伝統文化では、どちらかというと人間の老成《ろうせい》や謙虚《けんきょ》さ、慎重《しんちょう》さに重きが置かれてきたことによります。梁啓超は、中国が少年の心を奮《ふる》い起《お》こし、「新しさを求め、変化を求め、富強《ふきょう》を求め、発展《はってん》を求めていく」よう願ったのです。

新中国が変革《へんかく》を勝ち取ろうという歩《あゆ》みのなかで、若者たちは、急進的《きゅうしんてき》・熱狂的《ねっきょうてき》な姿勢《しせい》で新しい思想や物事《ものごと》を取り入れようとしていました。

私の年代は、古い中国から新しい中国への転換《てんかん》を直接体験しています。私たちの青春の経験は、理想主義的な情緒《じょうちょ》に染《そ》められていました。私は、こうした経験が忘れ去られるのではなく、人生はいつも、青春が持つ向上心、戦う精神を持ち続けるべきだと思うのです。そのために私は小説を書きました。あの時代の青年たちの理想や探求心《たんきゅう》、そして欣喜《きんき》雀躍《じゃくやく》した凱歌《がいか》の行進の体験を、何倍に拡大してでも伝えていきたかったのです。

そして数十年が経ちました。私はもちろん、青春には経験や、物事を地道《じみち》に着実《ちゃくじつ》に進めていこうという心が不足していることは知っています。青年が世界と出あい、進むべき道を選択《せんたく》していく時、安易《あんい》さに流れたり、極端《きょくたん》に走ったり、感情的になる一面があることも知っています。チェコ生まれの作家ミラン・クンデラが、青春の持つ弱点や危険性について綴《つづ》っており、それは非常に興味《きょうみ》深いものです。

中国にしても日本にしても、あるいは他の国でもそうでしょうが、人間は、伝統を大切にして宣揚《せんよう》していくことと、変革と新しさを求めていく間に、また、豊富な経験と沈着冷静《ちんちゃくれいせい》な精神と、青春のエネルギーの間に、そして、過去の美しさを守り堅持《けんじ》しゆくことと、急進的に新たな試《こころ》みに果敢《かかん》に挑戦《ちょうせん》しゆくことの間に、ちょうど良いバランスを保《たも》っていくべきでしょう。

私は今も、「青春万歳」という言葉が好きです。生活にも万歳、愛情にも万歳です。と同時に、科学的・理性的・実証的《じっしょう》な精神にも万歳《ばんざい》、そして寛容《かんよう》な広い心や、腰を落ち着けて意見を交《か》わしながら、調和《ちょうわ》・協調を求めていく精神にも万歳と言いたいのです。

池田　王蒙先生は、新中国の建設と変革《へんかく》に青年が大きな役割《やくわり》を果たしたことに言及《げんきゅう》されましたが、それこそ青年の特質でありましょう。近代日本の扉《とびら》を開いた明治維新《めいじいしん》もまた、青年が先頭に立った変革でした。

そうした点について、俳諧《はいかい》の改革者であった正岡子規《まさおかしき》も、「革命《かくめい》または改良《かいりょう》という事は必《かなら》ず新たに世の中に出て来た青年の仕事」[*9]であると強調《きょうちょう》しています。

青春《せいしゅん》とは向上への戦いです。若いゆえに、時に行き過ぎもあれば、必要以上に不安や悩みに苦しむこともあります。しかし青春には、数々《かずかず》の葛藤《かっとう》を繰《く》り返《かえ》しながらも、成長しよう、伸びようという本質がある。新緑《しんりょく》のような瑞々《みずみず》しい息吹《いぶき》を湛《たた》えた生命の躍動《やくどう》があります。

『荀子《じゅんし》』に「青《あお》は之《こ》れを藍《あい》に取りて、藍よりも青し」（青い色は藍という草からとってできたものであるが、それは、そのもとである藍よりもさらに青い）[*10]とあるように、青年は、先輩《せんぱい》を超え、師を超え、前の世代を超えて、大きく飛翔《ひしょう》していく可能性を秘《ひ》めています。ゆえに、私も青年を信じ、全力で応援してきました。

伝統と革新、成熟《せいじゅく》の知《ち》恵《え》と青春のエネルギーのバランスをとるべきであるとのお話について、私は、魯迅《ろじん》先生が「古きをよみがえらせ、新しきをとって、精神が開かれる」[*11]と論じていたことに思いを馳《は》せます。

古き良き伝統文化に学ぶことは、自分の生き方の根っこをつくることです。進取《しんしゅ》の気性《きしょう》をもって新しい文化を学ぶことは、今を生きることであり、未来をつくることです。そして、異《こと》なる文化を学ぶことは、開かれた世界に生きることになります。

そうした努力《どりょく》を重《かさ》ね、調和させながら、社会を発展《はってん》させていくことが、今こそ求められましょう。

中国の伝統的な思想は、まさしく調和と創造《そうぞう》が結びついております。

『中庸《ちゅうよう》』には「中和《ちゅうわ》」の徹した実践によって「あらゆるものが健全な生育をとげる」[*12]とあり、『荘子《そうじ》』には「両者交《こもごも》ゝ通《つう》じて和を成《な》し、而《しか》して物生《ものしよう》ず」[*13]とあります。

調和とは、古いものと新しいものの出あい、異なるものどうしの出あいが、創造の方向へとダイナミックに働くことではないでしょうか。たとえ葛藤があっても、衝突《しょうとつ》や対立につながらないという、秩序感覚、内的な規律が働いていることでもありましょう。

こうした軌道に則《のっと》るためには、生命の尊厳《そんげん》に立脚《りっきゃく》した人生観や世界観がなくてはなりません。そして、互《たが》いに尊敬し合い、学び合う姿勢《しせい》が根幹にあらねばなりません。

その意味で、日本と中国の長きにわたる文化交流には、創造的な調和のモデルとなる史実が光っていると確信します。

王蒙　池田先生は、一貫《いっかん》して平和を堅持《けんじ》し、戦争を嫌い、否定し、人間が互《たが》いに敬意を持ち合うことを教えられています。私はそのことに、非常に強い印象《いんしょう》を受けました。実《じつ》は、中国では古代より、「敬」の字をとりわけ強調《きょうちょう》していたのです。私たちはこの字を見ると、大変、身近なものに思えます。

池田先生の非常に多くのご著作《ちょさく》のなかで、私が共感《きょうかん》を覚えるものに、たとえば、青年を大事にし、また教育を重視《じゅうし》していることがあります。一人の人間の完璧《かんぺき》な人格を追求《ついきゅう》していらっしゃいます。

さらに、池田先生は、諸問題について、積極《せっきょく》的に、多くの素晴《すば》らしいアイデアを提起《ていき》されています。先生も私たちも、世界のさまざまなトラブル、面倒《めんどう》なことに直面《ちょくめん》しています。自国のトラブル、アジアのトラブル、そして世界のさまざまなトラブルです。しかし、総《そう》じて言えば、先生は健康的かつ、ポジティブ（前向き）な姿勢《しせい》で、それらに臨《のぞ》んでおられます。

特に青年たちについて言えば、悲観《ひかん》、失望《しつぼう》、絶望から発する虚無《きょむ》的・破壊《はかい》的なメッセージを届けてはなりません。青年はもろく、崩《くず》れやすい面がありますが、池田先生は、青年を健康的で積極的な面から捉《とら》えていらっしゃいます。それは、責任感《せきにんかん》の表《あらわ》れです。社会に対する責任、青年への責任です。

自ら生み出した技術に翻弄されるパラドックス

池田　王蒙先生は、青年を取り巻く環境《かんきょう》、なかでも情報化社会の問題を、深く憂慮《ゆうりょ》されていますね。

テレビ、インターネット、パソコン、タブレット端末《たんまつ》などの普及《ふきゅう》で、大変に便利《べんり》になる一方、感覚的・刹那《せつな》的・刺激《しげき》的で「おもしろければいい」という安易《あんい》な情報発信が増加し、真実も虚《きょ》偽《ぎ》も区別のない「玉石同匱《ぎょくせきどうき》」のさまざまな言説《げんせつ》が溢《あふ》れるようになっています。

これらは、最近、王蒙先生が論説《ろんせつ》「ネットは文化を殺しつつあるのか？」で鋭《するど》く指摘《してき》されている点でもあります。

すでに私との会見で、王蒙先生は、「歴史上、二十世紀後半は、科学技術の進歩《しんぽ》と人間精神の貧困《ひんこん》とが相《あい》まって進んだ時代である」と洞察《どうさつ》しておられました。そして、「精神的な富《とみ》」を豊かにしていくことに人生と社会の幸福の精髄《せいずい》があると、共々に語り合いました。王蒙先生が洞察された現代社会の問題の延長線《えんちょうせん》上に、インターネット世代が抱《かか》える問題があるような気がします。

王蒙　私は、ここ百年来《らい》の、科学技術の凄《すさ》まじい発展《はってん》に、強い関心を寄せています。

私は年を取り、もう若くはありませんが、パソコンや携帯の、ネット・メール・微博《ウェイボー》（中国のSNSの一つ）やさまざまなアプリなども、かなり使い方に慣《な》れていて、そこからの多くの情報をもとに収穫《しゅうかく》を得ています。

ただ、そうした情報について、収集《しゅうしゅう》するスピーディーな便利《べんり》さや快適《かいてき》さを享受《きょうじゅ》しつつも、一方で情報が膨大《ぼうだい》な量となり、しかも平面化、断片《だんぺん》化しており、精神的危機《きき》をもたらす可能性についても留意《りゅうい》しています。

本来《ほんらい》、インターネットを使うに際しては、その目的があるものです。何かの分野のデータを検索《けんさく》したり、メールを送受信したり、何か文章を書いたり、あるいはどこかへ行くのに最適《さいてき》なルートを探したり、と。

ところが、若い人たちは時に、ただ暇《ひま》なのでチャットをしたり、Aというサイトを見ていたかと思うと、そこにあったBがおもしろそうで見てみると、CやDやEやFやGが一気に出てきて引き込まれ、ネットを見に来た目的を忘れてしまうのです。ネット上で炸裂《さくれつ》している情報の餌食《えじき》になってしまうのです。つまり、ネットを使う目的が失われ、彼自身がネットの目的になってしまうのです。

考えてもみましょう。ネットというのは、科学技術界やビジネス界、マスメディアのエリートが手を組んで作り出した最先端《さいせんたん》の商品です。彼らの商品は、常《つね》に磨《みが》きがかけられ、日進月歩《にっしんげっぽ》なのです。

中国では、ネットにはまっている人たちを「網民《ワンミン》」（ネット民）と言いますが、その圧倒的《あっとう》多数は、ただ他人に操《あやつ》られているだけではないでしょうか。「網民」は、膨大で刺激的《しげき》な、挑《ちょう》発的《はつ》な、魅惑的《みわく》な、目新《めあたら》しいさまざまな、視線を引きつける情報・画像・音・映像などを前にして、思うままに動かされているのです。

科学技術の発達《はったつ》や環境《かんきょう》の改善《かいぜん》は、人間の身体能力や知能を退化《たいか》させ、人を怠惰《たいだ》な存在へと変《へん》質《しつ》させてしまうでしょう。それは、特に論証《ろんしょう》するまでもありません。エアコンが、寒さや暑さへの人間の適応能力を低下させてしまいました。交通機関の発達により、人々は歩くための足腰の力《ちから》を落としてしまいました。これらは、論証するには及ばない事実です。

では、コンピューターの発達はどうでしょう。人間の知能を低めるでしょうか。たとえば口で数を数えたりする暗算《あんざん》や、純粋《じゅんすい》な暗算、そして書道の能力も下がってきています。それは、特に不思議《ふしぎ》なことではありませんね。

人が病《や》み付《つ》きになるようなことのすべてには、一定の危険性があるのです。私たちは知恵《ちえ》を絞《しぼ》って、人間が愚《おろ》かになるような時代を到来《とうらい》させてはなりません。

池田　インターネットには、豊かな人類の知の遺産《いさん》もあれば、犯罪《はんざい》の温床《おんしょう》となるような悪意の落とし穴《あな》もある。利便性《りべんせい》があり、日常生活の一部となっているからこそ、その情報を分別《ぶんべつ》し、使いこなすための人間の側の判断力が求められます。

また、ネットの匿名性《とくめい》が、面と向かった人間関係ではありえないような暴論《ぼうろん》や非道《ひどう》を助長《じょちょう》する面もあり、社会問題化しています。ゲームやチャットに没頭《ぼっとう》し、依存症《いそんしょう》に陥《おちい》る危《あや》うさも指摘《してき》されるところです。

大事なことは、情報技術を、あくまで価値《かち》創造《そうぞう》の手段の一つとして、いかに聡明《そうめい》に活用していくか。いかに人間の精神性・創造性を高め、文化の質を高めていくかでありましょう。

思えば、ゲーテの物語詩「魔《ま》法使《ほうつか》いの弟子《でし》」が示しているように、人間が技術という手段をコントロールできなくなった時、人間自身がそれに翻弄《ほんろう》されるというパラドックス（逆説）があります。

これまでも、人間が作り出したものに、かえって人間が振りまわされる歴史は、繰《く》り返《かえ》し起きています。政治も経済も科学技術も、本来《ほんらい》、人間の幸福のための手段が、反対に人間を手段にするようになる。この転倒《てんとう》が、人間を踏《ふ》みにじる惨劇《さんげき》をもたらしてきました。生命以外のものに、生命以上の価値を置くならば、ついには生命の尊厳《そんげん》を圧迫《あっぱく》するでしょう。

だからこそ、「何のため」という徹底《てってい》した問いかけが大事であり、人間のため、生命尊厳のため、という原点に常《つね》に立ち返ることが必要です。

ネットには、世界中から発信される無数の情報の世界が広がっています。しかし、そのなかで自分の人生に本当に必要なものは、どれだけあるのでしょうか。人生の本質という次元で見た時、膨大《ぼうだい》に思われた情報世界は、まったく一変《いっぺん》するかもしれません。

いかに現実から離れたバーチャル（仮想的）な世界に刺激《しげき》を求めても、結局、自分は自分であり、それ以外にはなれない。幸福も充実も、成長も歓喜《かんき》も、生きた現実と格闘し、努力《どりょく》し、交流していくなかで、自分の生命の内から培《つちか》われるものです。情報の価値を判断し、取捨選択《しゅしゃせんたく》する基準《きじゅん》も、「自分はいかに生きるのか」という確固《かっこ》たる信念の上に成り立つのではないでしょうか。

現代は、ネットをはじめとした情報通信技術や交通手段の進歩《しんぽ》で、地球上の人々がより活発《かっぱつ》に交流できるようになりました。こうした時代であるからこそ、私たちは心を大きく広げ、より多くの人々と対話し、共生《きょうせい》の地球社会を築《きず》いていきたいものです。

古来《こらい》、鋭敏《えいびん》な精神界の先達《せんだつ》たちは、一人の尊厳なる生命に、宇宙《うちゅう》に連《つら》なる無限《むげん》の結びつきと広がりを洞察《どうさつ》していました。

『淮南子《えなんじ》』の「天地宇宙は一人《いちにん》の身《み》なり」[*14]なども思い起こされます。

アメリカの詩人ホイットマンは詠《うた》いました。

「ぼくらは誰もかけがえのない者ばかり、

ぼくらは誰も限りない者ばかり、——誰もが地上で生きる彼や彼女の権利を持ち、

ぼくらは誰も地球がめざす永遠の意図《いと》を生きることを許《ゆる》され、
ぼくらは誰も地上のどんなものにも劣《おと》らず神聖《しんせい》なものとして地上にあり」[＊15]

自分のなかに、自分の身近に、自分が関わり、縁《えん》する人に、また自然環境《かんきょう》に、限りない尊厳《そんげん》性と価値《かち》を見出《みいだ》していける。これこそ「精神の富《とみ》」です。それは、仏法《ぶっぽう》が指し示していることでもあります。

「精神の富」とは、自分が労苦《ろうく》のなかで勝ち得た人生の知恵《ちえ》であり、人間の絆《きずな》です。人を思う慈愛《じあい》であり、人のために行動した軌跡でもありましょう。

その「精神の富」を増していくことが、情報を取捨選択《しゅしゃせんたく》できる自身の骨格《こっかく》となります。

王蒙　素晴《すば》らしい見解《けんかい》です。テクノロジー（科学技術）は本来《ほんらい》、幸福な生活へと向かうための手段です。しかし、テクノロジーの迅速《じんそく》な発展《はってん》の魅力《みりょく》や、絶《た》えず進歩《しんぽ》を求める挑戦《ちょうせん》、人間の精神に対して止《や》むことなく提起《ていき》する新たな課題――これらによってテクノロジーは無限《むげん》の誘惑《ゆうわく》を発する宮殿《きゅうでん》となり、テクノロジーの新たな成果《せいか》を追いかけ続けることが人間の目標《もくひょう》となり、それが体裁《ていさい》を整《ととの》え、自身の成功の兆《きざ》しであるかのようになってしまいました。

こうした時、テクノロジーは金銭《きんせん》と同じように、人間を酔《よ》わせる輝《かがや》かしい理想となってしまうのです。テクノロジーは手段ではなく、目的となってしまうのです。

中国では、数カ月おきにパソコンや携帯電話を新たなものに買い替《か》えるような人々が見られます。それは使うためではなく、新しい機種の所有という虚栄《きょえい》を味わうための消費《しょうひ》なのです。これなども、本来、能動的であるはずの人間が、テクノロジーの虜《とりこ》になってしまったのだと言えないでしょうか。

第2章 教育と文化は希望の光源

精神的価値の追求こそ幸福の根本条件

池田　人間の栄光と証《あか》しは教育にある。教育の勝利こそ人間の大いなる勝利であると、私は思っております。

王蒙先生と深く共鳴し合う一つが、教育の振興《しんこう》です。王蒙先生は、教育こそさまざまな社会の課題を克服《こくふく》していく突破口《とっぱこう》となる、と語られていました。

「堅実《けんじつ》な〝人づくり〟に力《ちから》を注《そそ》ぐことが未来を開いていくことになる。〝人づくり〟が〝国づくり〟となる」と。

未来は教育で決まる。発展《はってん》も衰亡《すいぼう》も人間の育成で決まる。それこそ社会の闇《やみ》を暁《あかつき》へと変えていく鍵《かぎ》でありましょう。

いかに時代が移り変わろうと、人間自体は、どこまでいっても人間です。そして、人間に最《もっと》も重要《じゅうよう》な価値《かち》をもたらすのが教育であることも、変わりません。

王蒙　池田先生のご記憶《きおく》はまさにその通《とお》りで、二八年前（一九八七年）の会談の折、私は教育を重視《じゅうし》し、そこに期待したいと強調《きょうちょう》しました。私は今も、教育に期待しています。人間は精神的生活に留意《りゅうい》していけると期待を寄せています。

相対《そうたい》的に言えば、人間の物質面での生活環境《かんきょう》は日進月歩《にっしんげっぽ》で改善《かいぜん》されています。物質的富《とみ》は蓄《ちく》積《せき》され、前代未聞《ぜんだいみもん》の成果《せいか》を挙《あ》げています。一方で、犯罪《はんざい》や汚職《おしょく》、道徳的堕落《だらく》による事件は、人間精神が本来備《ほんらいそな》えているはずの最低限のモラルさえ喪失《そうしつ》しているとの衝撃《しょうげき》を、私たちに与えています。

社会も、個々人の人生も、数限りない課題に直面《ちょくめん》しています。それらすべてを簡単に解決できる方途《ほうと》など、誰も持ち合わせてはいないでしょう。しかし、少なくとも私たちは、直面しているそうしたトラブルや課題について、議論し、対話し、注視《ちゅうし》していくことはできるはずです。

たとえば、私たちはいったいどのように、私たちの核心的価値を築《きず》いていけばよいのか？　どのように、自身の信仰《しんこう》と基本的理念《りねん》を確立していけばよいのか？　どのように、愛と感謝の心、信義と誠実さ、謙虚《けんきょ》な心を培《つちか》っていけばよいのか？　どのように、より豊かに、より良く自《みず》らの人生を送り、それにより、どのように、人々を、社会を、後の世代を益《えき》していけばよいのか？――

こうした問題をポジティブに考えるよりも、口汚《くちぎたな》い罵倒《ばとう》や暴露《ばくろ》、センセーショナルなスキャンダル、そして根拠《こんきょ》のない故人《こじん》の奇譚《きたん》などの方が、さらにマーケットがあり、喝采《かっさい》とクリック数が稼《かせ》げるでしょう。

しかし、結局のところ、私たちは未来を考え、後の世代の人々のことを考え、人類社会の発展《はってん》が今日《こんにち》にもたらした驚愕《きょうがく》すべき代償《だいしょう》のことを考えなければならないのです。

私たちには、大《だい》それた言葉で世を欺《あざむ》く権利はありません。常《つね》に悲観《ひかん》的であり続ける権利もありません。人類の精神生活と社会生活の上に現れるさまざまな問題の責任《せきにん》のすべてを、他人に押し付ける権利もないのです。

私たちは、こうした課題について真剣《しんけん》に語り合い、議論し始めたいと思うのです。一人一人が、自《みずか》らの責任を担《にな》い、社会と民衆をわずかでも良い方向へと変えていきたい。そのためには、自らを少しでも良い方向へと変えていかねばならないのではないでしょうか。

池田　一つ一つがご指摘《してき》の通《とお》りだと思います。たとえば、物質面での生活環境《かんきょう》の改善《かいぜん》が、道徳面の向上に結びつかない、むしろ低下を招いているのではないかとの憂慮《ゆうりょ》は、多くの人々が抱《いだ》いています。

当然、「衣食住《いしょくじゅう》」をはじめとした生活基盤《きばん》を安定させることは、最優先で取り組まなければなりません。

『孟子《もうし》』に「恒産無《こうさんな》ければ、因《よ》りて恒心《こうしん》無し」[*1]（一定の生業・財産がなければ、確《たし》かな道徳心を持てない）とあり、『管子《かんし》』に「倉廩実《そうりんみ》つれば、則《すなわ》ち礼節《れいせつ》を知り、衣食足《た》れば、則ち栄辱《えいじょく》を知る」[*2]（倉《くら》に穀物《こくもつ》がみちて礼儀《れいぎ》・節度がわかり、衣食が足りて栄誉《えいよ》・恥辱《ちじょく》がわかるようになる）とある通りです。

中国の伝統思想が示したように、人間の生活基盤を整《ととの》える物質的価値《かち》、経済的価値を適切に捉《とら》え、それを、人間の精神の向上、文化の創造《そうぞう》という目的のために役立たせていくことが大切です。

創価学会の牧口常三郎《まきぐちつねさぶろう》初代会長は、主著《しゅちょ》『創価教育学体系』で、この『管子』の言葉をふまえ、人間生活にとって必要な経済的価値の意義《いぎ》を強調《きょうちょう》しております。ともに、幸福は財産で決まらないこと、財産や財力は、それが、悪用《あくよう》されず、人のため、社会のため、すなわち善の価値のために活用されるべきであることを訴《うった》えました。[*3]

欲望の充足《じゅうそく》を目的として富《とみ》を際限《さいげん》なく追い求めるようになれば、結局は、肥大《ひだい》化した利己《りこ》的な欲望に支配されて、自身も他者も不幸にしていきます。先哲《せんてつ》たちが戒《いまし》めるところの「貪欲《どんよく》」です。いくら物質的次元で富《と》んでも、精神的次元では貧《まず》しくなるばかりです。

物質的な価値の意義をよくよくふまえつつ、精神的な価値のために行動することが、人間の幸福の根本《こんぽん》的な条件でありましょう。

王蒙　おっしゃる通《とお》り、富《とみ》を際限《さいげん》なく求める「貪欲《どんよく》」は、大きな災禍《さいか》をもたらします。それについて、私は今、インドのガンジーの言葉が思い出されてなりません。凶弾《きょうだん》に倒れた彼が、荼毘《だび》に付された地である「ラージ・ガート」にも行きました。

ガンジーの名言には、こうあります。

「地球は、皆《みな》の『必要』を満たすには十分であるが、皆の『貪欲』を満たすには不十分である」と。

精神的な価値《かち》のために行動する創価学会の一貫《いっかん》した貢献《こうけん》と主張、さらには、そのための教育における努力《どりょく》を、私は素晴《すば》らしいと高く評価しております。

池田　温かなご理解に感謝します。

科学技術が急速に進歩《しんぽ》した時代にあって、人間の「貪欲」は、地球の自然環境《かんきょう》を破壊《はかい》する危《き》機《き》までも招いています。

中国の国学大師《こくがくだいし》・季《き》羨林《せんりん》先生は、私に語っておられました。

「人間は本来《ほんらい》、大自然の一部です」

「私は『天人合一《てんじんごういつ》』を主張しています。『天』とは大自然のことで、『人』とは人間のことです。『合』とはたがいに理解し、友誼《ゆうぎ》を結び、たがいに敵対《てきたい》しないことを言います」＊4

そして、「自然を征服《せいふく》する考え方ややり方を改《あらた》めなければなりません」＊4と強調《きょうちょう》されました。

　こうした方向性は、環境（依報《えほう》）と人間（正報《しょうほう》）は二《に》にして不二《ふに》である（依正不二《えしょうふに》）、また、本来、人間の身心と国土《こくど》は不二である（身土不二《しんどふに》）と説く仏法《ぶっぽう》思想と通《つう》じ合うものですが、おっしゃるように、環境保護《ほご》の具体的な進展《しんてん》のためには、「教育」が重要《じゅうよう》です。

　私どもも、そうした点に力《ちから》を入れ、市民の意識啓発《いしきけいはつ》に取り組んできました。

　たとえば、国連の「持続可能な開発のための教育の一〇年」は二〇〇五年に始まりましたが、これも、私どもが他のＮＧＯ（非政府組織）と共に制定を呼びかけ、国連で採択《さいたく》されたものです。それを支援《しえん》する形で、地球環境の保全《ほぜん》を訴《うった》える展示やセミナーも世界各地で行《おこな》ってきました。展示の大きなテーマの一つは、人間の心の変革《へんかく》です。そして、王蒙先生が挙《あ》げられたガンジーの言葉も展示のなかで紹介しております。

　地球の資源には限りがあります。持続可能な開発へと流れを変えていかなければなりません。そのために、環境破壊の問題について、「現状を知り、学ぶ」「生き方を見直す」「行動に踏《ふ》み出すためのエンパワーメント（内発的な力の開花）」の三つを軸《じく》に据《す》え、多くの人々が自身の生活の場である地域から変革を起こす大切さを、広く伝えてきました。

　季先生も洞察《どうさつ》されていました。

「人間は本能に使われるだけではなく、本能をコントロールすることができ、自己《じこ》を発展《はってん》させるとともに、他の人間、生物をも発展させることができるのです。そこまで到達《とうたつ》して初めて、私は『善』ということを考えられるのだと思います[*4]」

現代社会では、自身のエゴや欲望を超克《ちょうこく》していく「善」の生き方を促《うなが》す教育が、強く求められているのではないでしょうか。

私は、創立者《そうりつしゃ》として創価学園の生徒に、「他人の不幸のうえに自分の幸福を築《きず》くことはしない」との指針《ししん》を贈《おく》ったこともあります。

若い世代には、人々のため、社会のために、たとえ小さな一歩のように思えても、自分らしく、できることから行動してもらいたい。真の意味での〝人間の条件〟を探求《たんきゅう》して、確《たし》かな幸福観を持ってもらいたいと願っています。

教育の目的は、あくまでも人間の幸福です。そして教育こそ精神的価値《かち》、道徳的価値を復興《ふっこう》する力《ちから》となるべきでありましょう。

実《じつ》は、先ほど紹介した牧口《まきぐち》初代会長の『創価教育学体系』（第一巻）の発刊が、私ども創価学会（当初は創価教育学会）の出発点となりました。一九三〇年十一月十八日のことです。

「創価」とは「価値創造《そうぞう》」です。豊かな価値創造のなかに人生の幸福はある。その「価値創造の人格」を育む《はぐく》教育を目指したのです。そして、教育の改革を根底とする社会の改善《かいぜん》を展望《てんぼう》していきました。

王蒙先生が教育のために尽力《じんりょく》しておられる今の思いを、ぜひお聞かせください。

教育は幸福を創る力を開発

王蒙　私は幼年期《ようねんき》を、日本の軍に占領《せんりょう》された北京《ペキン》で過ごしました。生活は物質的に困窮《こんきゅう》を極《きわ》めていました。各小学校には日本人の教員が一人ずつ派遣《はけん》されていました。

当時、まだ残っていた北京の城壁《じょうへき》の門を出入りする時、北京市民は皆《みな》、歩哨《ほしょう》に立つ日本軍の兵士にお辞儀《じぎ》をしなければなりませんでした。

そして、一九四五年の八月十五日、私はいきなり愛国主義の洗礼《せんれい》を受けました。私は祖国のために貢献《こうけん》するのだと決意したのです。

しかし、抗日《こうにち》戦争に勝利したからといって、中国に平和が広がるということはありませんでした。第二次世界大戦終結《しゅうけつ》に続いてやって来たのは、中国の内戦です。私はまた、当時の中国社会全体に沸《わ》き上がっていた革命《かくめい》思想に鼓舞《こぶ》され、国民政府打倒《だとう》のための革命運動に一身《いっしん》を投《とう》じました。

高校一年生の時、北京は「解放」されました。卒業前でしたが、私は学校を離れ、青年工作隊の幹部になったのです。

と同時に、私は学習を愛し、知識を愛する青年でもありました。私は独学《どくがく》でさまざまな学問を学びました。また、先進《せんしん》的な教育体制の構築《こうちく》ということに対し、羨《うらや》ましさと憧《あこが》れを日に日に強くするようにもなりました。

中国の社会状況が好転《こうてん》していくに伴《ともな》い、幸福で、美しく、富《とみ》と強さを持った国を建設していかなければならないと、強く思うようになりました。そのためには、しっかりと整った教育体制が不可欠《ふかけつ》です。

戦時中の中国の共産党解放区は、物質的に極《きわ》めて困難《こんなん》な環境《かんきょう》下にあっても、非識字《ひしきじ》の一掃《いっそう》、教育の普及《ふきゅう》、科学の普及、さらには数多くの農民たちが歌や舞踊《ぶよう》を楽しめるようにする運動などにより、国の内外から高い評価を得ました。

一九九〇年代以降のことになりますが、私は中国の多くの大学から教授・客員《きゃくいん》教授・名誉教授などの職の招請《しょうせい》を受けました。また、中国海洋大学の顧問《こもん》・文学院長を務《つと》めました（現・名誉文学院長）。現在は武漢《ぶかん》大学文学院の名誉院長を務めています。

また、台湾《たいわん》・香港《ホンコン》・マカオの多くの大学から招かれ、講演・講義を行《おこな》ってきました。

さらに、海外では、アメリカ・ヨーロッパ・韓国・日本の大学からも招聘《しょうへい》を受け、講義を行い、学術研究を進めました。

各国・各地の青年学徒との触《ふ》れ合いを通《とお》し、私の視野は大きく広がり、青年たちの情熱《じょうねつ》と期待を感じ取りました。彼らには、必《かなら》ずや良き未来が訪《おとず》れることでしょう。

青年らと交流する王蒙元文化相

現実の生活に、いかなる試練《しれん》やトラブルがあったとしても、新たな人々が現れ成長していきさえすれば、また、国家が正常に、積極《せっきょく》的かつ確実《かくじつ》に教育事業を発展《はってん》させていきさえすれば、私は未来に希望を抱《いだ》ける理由を見出《みいだ》すことができるのです。

　ともに、私が思うに、私たちには、青年たちを必要以上に煽《あお》り立てたり、空手形《からてがた》を渡したりしてはならないという責任《せきにん》があります。私たちは、この複雑《ふくざつ》極まりない世界について、最《もっと》も単純な判断方式で独《ひと》り善《よ》がりの分析をしたり、青年たちを誤《あやま》った方向に導《みちび》いたりしてはならないのです。

　その意味で、私たちが見聞《けんぶん》してきた人生と社会に存在する多くの異常《いじょう》な状況や苦境《くきょう》を、青年たちに語ってもいいのではないでしょうか。さらに、人々が払《はら》ってきた多くの努力《どりょく》や犠牲《ぎせい》を、獲得《かくとく》した多くの成果《せいか》と同時に味わった無数の失望《しつぼう》を、青年たちに伝えていってもいいのではないでしょうか。

彼らが断固《だんこ》として勇敢《ゆうかん》に、腐敗《ふはい》や専横《せんおう》を批判《ひはん》し、人生の試練《しれん》やトラブルは永遠に終わることはないのだということを知り、現実に基《もと》づいて真実を追求《ついきゅう》し、建設的・漸進《ぜんしん》的な考え方を築《きず》いていけるようにするためです。

池田　青年に対して、大人《おとな》社会が果たすべき責任《せきにん》を、王蒙先生が強調《きょうちょう》されるご心情《しんじょう》は、よくわかります。青年たちに、真実を見極《みきわ》め、正義を貫《つらぬ》き通《とお》す強さを示し、伝えていかなければなりません。

青年を騙《だま》し、煽《あお》り立てて、利用したり、犠牲にしたりする無責任と非道《ひどう》が、どれほど横行《おうこう》してきたことか。それは、さまざまに形を変えて、繰《く》り返《かえ》されてきました。

振り返れば、日本の軍国主義は、青年に対しても、あまりに残虐《ざんぎゃく》で横暴《おうぼう》でした。偏狭《へんきょう》な国家主義的価値《かち》観を教え込み、利用して、自《みずか》らの生命を犠牲にすること、他の生命を奪《うば》うことさえ美化《びか》し、強制していったのです。

牧口《まきぐち》初代会長は軍国主義に反対して獄死《ごくし》しましたが、その獄中での訊問《じんもん》で、中国やアジアへの戦争を進めた軍部政府の精神的支柱《しちゅう》となった国家神道《しんとう》の誤《あやま》りを、厳然《げんぜん》と諫《いさ》めました。[*5] まさに命がけの叫《さけ》びでありました。

私自身、戦争で青春《せいしゅん》をめちゃくちゃにされた世代の一人です。その経験の上から、近代中国の教育の指導者・蔡元培《さいげんばい》先生の洞察《どうさつ》は、深く共感《きょうかん》できるものです。

「教育とは、それを受ける者が自己《じこ》の能力を発達《はったつ》させ人格を完成させて、人類の文化にその一員としての責任を果たすことができるよう手助けすることです。人を特別な器具《きぐ》に仕立てあげて、他の目的をもつ人の利用に供《きょう》するものであってはなりません」*6

本来《ほんらい》、教育とは青年のためのものです。青年を愛し、その可能性を信じ抜くこと、幸福を創る力《ちから》を開発することです。そして未来へ、社会へ、世界へ羽ばたき、自分らしい使命を果たせるようにするのが目的です。

また、私は、あの非道な戦争の時代から、平和な新時代へと転換《てんかん》するために、特に若い世代が国境を越えて友情を深く結んでいく教育交流が重要《じゅうよう》であると強く願ってきました。

そうした思いから、私の一〇回の訪中《ほうちゅう》でも、教育交流に最大の力点《りきてん》を置き、毎回、教育・学術機関を訪《たず》ね、青年たちと意見交換をするように心がけました。

北京《ペキン》大学、復旦《ふくたん》大学、深圳《しんせん》大学、上海《シャンハイ》大学、そして、王蒙先生が名誉文学院長を務《つと》める武漢《ぶかん》大学の美しいキャンパスなどで、有意義《ゆういぎ》な交流を持ちました。

政治、経済の交流だけでなく、未来のためには、教育と文化の交流、青年交流が大事であるというのが、私の一貫《いっかん》した信念です。

王蒙先生と縁《えにし》の深いハーバード大学からも招聘《しょうへい》をいただき、二度、講演したことがあります。また、同大学の知性《ちせい》の方々とも対談を重ねてきました。その一人に、「儒教《じゅきょう》ルネサンス」をリードされるドゥ・ウェイミン（杜維明）博士がいます。ドゥ博士は、同じハーバード大学のサミュエル・ハンチントン教授が「文明の衝突《しょうとつ》」を警告《けいこく》したことに対し、「文明間の対話」を強《きょう》調《ちょう》していました。

「文明の対話は、互《たが》いが学び合ってこそ、真の意義《いぎ》があります。そして、学ぶ文明、また学ぶ人間は、発展《はってん》し成長します。学ぶことをやめ、他人に教えるのだとの高慢《こうまん》な態度《たいど》をもつ文明や人間は、必《かなら》ず衰退《すいたい》していくものです」[*7]と。

日中関係についても、ドゥ博士は「両国は隣国《りんごく》同士であるにもかかわらず、いまだに互いの無知《むち》のベールは厚いのではないでしょうか」[*7]と指摘《してき》し、相互《そうご》交流の重要《じゅうよう》性を述べていました。

日中両国には、現代社会に共通の問題——いわゆる物質主義や拝金《はいきん》主義をはじめ数々《かずかず》の問題があります。王蒙先生がおっしゃるように、そうした課題を、青年に率直《そっちょく》に示し、青年と共に学び、共に力《ちから》を合わせて新しい時代を開くという姿勢《しせい》が大切でしょう。

王蒙　私は時に、中国の学校教育を憂慮《ゆうりょ》しています。口では総合的な素養《そよう》教育が大切だと言いながら、実《じつ》は、皆《みな》が入試の合格率向上に必死なのです。小学校でも過大《かだい》な勉強のプレッシャーに息苦しくなってしまっている子どもたちがいます。多くの生徒が、遊ぶことを禁じられ、教科書以外の読書を禁じられ、スポーツの機会も奪《うば》われています。近視《きんし》で眼鏡《めがね》をかける生徒が増え続けています。

また、一部の教員や学生の道徳的状況が期待通《どお》りでないことから、知識を求めるだけの学校では不十分だと、皆が痛感《つうかん》しています。修学の意義について、中国には「読書明理」（学ぶことによって道理が明らかになる）という古い言葉がありますが、頂《いただき》を目指す過程《かてい》において、人間としての最低限の条件を明確に学ぶべきなのです。

北京大学名誉教授称号授与式で、「平和への王道――私の一考察」と題し講演を行った池田名誉会長（1984年６月）　©Seikyo Shimbun

中国ではこの二〇年間で、学校の数は驚異《きょうい》的に増え、教育に投下《とうか》される資金もかなり増加しました。特に、青年たちが高等教育を受ける機会が大《おお》幅《はば》に増えました。もう一つ喜《よろこ》ばしいことに、中国の大学は、日本をはじめ世界各国の大学との交流を日に日に拡大しております。

しかしながら、教育の質や科学研究・学術レベルの向上、また創造《そうぞう》的な学術成果《せいか》については、現今《げんこん》の学術界の関係者に対するものも含め、多くの人々が注視《ちゅうし》し、時に鋭《するど》い叱責《しっせき》や批判《ひはん》を浴《あ》びせています。

とはいえ、私は、より多くの高等教育機関が大きな影響力《えいきょうりょく》を発揮《はっき》することを願っています。文化の向上や、国民全体の素養《そよう》向上を促進《そくしん》する上で、さらに、大きな役割《やくわり》を果たしてほしいのです。

教育に希望を託《たく》す。高等教育機関に希望を託す。青年に希望を託す。文化に希望を託す。もちろん、これらすべてが順風満帆《じゅんぷうまんぱん》に進むとは限りません。しかし、私たちの希望であることに変わりはありません。


池田　まさに教育と文化は希望の光源《こうげん》です。

忘れられないのは、王蒙先生が私に、近現代《きんげんだい》の中国の歩《あゆ》みについて、こう述べておられたことです。

「革命《かくめい》の成功は、直《ただ》ちに、その後の国家建設の成功をもたらすと安直《あんちょく》に考えてはならない。建設は長い道のりを一歩ずつ進む以外にない」と。

特に、指導者と人民の資質《ししつ》を高めていくことを願っておられました。

中国は、悠久《ゆうきゅう》の大河《たいが》の流れのごとく歴史も長く、国土も大きい。私は、王蒙先生が一時の盛《せい》衰《すい》を超えた、堅実《けんじつ》で、より本質的な改革と発展《はってん》を志向《しこう》されていることに、感銘《かんめい》を受けました。

今日《こんにち》、中国は経済的に大発展を成《な》し遂《と》げられました。国際社会における中国の存在感は増し、中国を深く理解するために、そのルーツである文化や思想にも、いっそう世界的に注目が集まることは間違いありません。

他者への尊敬に基づく自己形成を

王蒙　中国政府の文化相《しょう》の職責《しょくせき》を離れて以降、私は相前後《あいぜんご》して五〇を超える国と地域を訪問《ほうもん》しました。それを通《とお》し、世界的な文化交流の有益性《ゆうえきせい》を強く感じています。

国際社会における行動と発言《はつげん》の基準《きじゅん》は、国内における信念への自信と相通《あいつう》じるものがあります。異《こと》なる文化的背景を持つ人々も、異なる宗教・信仰《しんこう》や、特定のイデオロギーを信奉《しんぽう》する人々も、互《たが》いに尊重し合い、謙譲《けんじょう》と礼儀《れいぎ》をもって交流し、誠実に信用を守り、互いの善の行為を支え合うべきです。と同時に節度ある行動を心がけ、それぞれの自主的権利を認め合うべきです。これが、和《わ》して同《どう》ぜず、違いがあっても大同《だいどう》につく、ということです。

確《たし》かに、世界はますます狭《せま》くなっています。世界の各国・地域にはさまざまな相違《そうい》がありますが、多くの共通の願いや関心も存在します。

日本人の細やかな心遣《づか》いと真剣《しんけん》に仕事に打ち込む姿勢《しせい》。アメリカ人の実務的能力、創造《そうぞう》力と想像《そうぞう》力。イギリス人の風格《ふうかく》ある振る舞い。イタリア人の太陽のような明るさと情熱《じょうねつ》。タイ人の質朴《しつぼく》な善良さ。インド人の忍耐《にんたい》力と哲学。私は、どの人々も讃《たた》えてやみません。


池田　王蒙先生のお話からは、世界の多様《たよう》な文化の特質を見出《みいだ》し、讃え、学び、交流していく「開かれた心」が感じられます。

古来《こらい》、中国思想には、『書経《しょきょう》』が「協和万邦」*8（あらゆる国の共存繁栄《きょうそんはんえい》を願う）を掲《かか》げ、『荘子《そうじ》』が「万物与我為一」（万物《ばんぶつ》の多様もわが存在と一体である）*9と謳《うた》ったように、世界の多様な事象と結びつき、調和《ちょうわ》を創り出そうとする気風《きふう》が流れています。

これからは、「同じ人間である」という共通性と、それぞれが「自分らしく輝《かがや》く」という多様性を、ともに大切にする世界市民意識《いしき》が、ますます求められます。

牧口《まきぐち》初代会長は、自身の地域に根ざした「郷民《ごうみん》（＝郷土民《きょうどみん》）」、国家社会を作る「国民」、世界を舞台《ぶたい》に生きる「世界民（＝世界市民）」という三つの自覚を併《あわ》せ持つことを重視《じゅうし》しました。世界における国、国における郷土、郷土における自分の位置を正しく自覚してこそ、明確な根を持った世界市民意識が形成されると考えたのです。*10

「世界」や「人類」という観点《かんてん》だけでは、現実生活の足場《あしば》から離れ、抽象《ちゅうしょう》的な空論《くうろん》となる危険があり、「国」という観点だけでは、偏狭《へんきょう》な国家主義を醸成《じょうせい》する危険があります。

　ドストエフスキーの有名な問題提起《ていき》がありますね。人類に対する愛といっても、自分が心のなかに創り上げた人類への愛である。それは結局、自分に対する愛にほかならない。人間は隣人《りんじん》すら愛することが難しい、というものです[11]。

　地道《じみち》なようですが、直接、接している身近な人、身近な郷土を日頃《ひごろ》から大切にし、慈愛《じあい》をもって貢献《こうけん》していく人生には、狭小《きょうしょう》な自己《じこ》中心性を克服《こくふく》した真の人間性が光ります。そこには、一つの模範《もはん》となる世界市民の実像があると言えます。

王蒙　自分の母親を愛せず、自分の故郷を愛せない者が、国や人類を愛せるとは思えません。また、異《こと》なる皮膚《ひふ》の色、異なる国籍《こくせき》、異なる文化や伝統を持つ人々に対し、卑劣《ひれつ》な人種差別的姿勢を持つ者は、正しい意味での愛国者には決《けっ》してなれないと信じます。

　こうした点について、中国文化の伝統のなかに、貴重《きちょう》な教訓《きょうくん》があります。

「夫仁者己欲立而立人、己欲達而達人」（夫《そ》れ仁者《じんしゃ》は己《おの》れ立たんと欲して人を立て、己れ達せんと欲して人を達す[12]）

「推己及人」（人の身になって考える）

「己所不欲、勿施於人」（己れの欲せざる所、人に施《ほどこ》すこと勿《な》かれ[12]）

「老吾老、以及人之老、幼吾幼、以及人之幼」（吾《わ》が老を老として、以《もっ》て人《たにん》の老に及ぼし、吾が幼を幼として、以《もっ》て人の幼に及ぼさば[*1]」と言っています。現代でも、費《ひ》孝通《こうつう》教授が、「各美其美、美人之美、美美与共、天下大同」（自《みずか》らの美を美とし、他人《たにん》の美を美とし、その美と美を共に認め合えば、世界は一つになるだろう）と言っています。

良き命題《めいだい》を掲《かか》げ、良き言葉を発したからといって、もちろんその麗《うるわ》しい理《り》念《ねん》が即座《そくざ》に現実となるわけではありません。とはいえ、私たちは心に、良くない予測ではなく、麗しい理念を常《つね》に抱《いだ》くべきではないでしょうか。

『三国志演義《さんごくしえんぎ》』における曹操《そうそう》の為政者《いせいしゃ》としての原則は、「我《われ》が天下の人に背《そむ》くとも、天下の人を我に背かせはしない」というものでした。しかし、私の意見はこれとは真反対で、誰人にも背いてはならないと思うのです。中国の寓話《ぐうわ》に、「東郭《とうかく》先生と狼《おおかみ》」という物語があります。この故事《こじ》に即《そく》して言えば、私はむしろ貪欲《どんよく》な狼よりは、狼に襲《おそ》われようとした心優《こころやさ》しい東郭先生でありたいと思います。

池田　王蒙先生の人柄が伝わってきます。

釈尊《しゃくそん》は、「かれらもわたくしと同様であり、わたくしもかれらと同様である[*13]」と、自分が相手の身になって考えることを繰《く》り返《かえ》し勧《すす》めました。ゆえに、他の生あるものを傷つけてはならないし、傷つけさせてもならないと教えております。

こうした「他者の発見」は、エゴイズムに囚《とら》われた小さな自分を乗り越えることでもあり、大いなる「自分自身の発見」へとつながっていくのではないでしょうか。

誰の生命にも尊厳《そんげん》があります。そして、出自《しゅつじ》や財産や肩書《かたがき》などではなく、「何を志《こころざ》し」「何をなしたか」——その振る舞いにこそ、人間の真価《しんか》が輝《かがや》いていきます。

『論語《ろんご》』には「近く思う、仁其《じんそ》の中《うち》に在《あ》り」*12と記《しる》されています。「近く思う」には、他者のことを自分のこととして捉《とら》える心があります。また、『中庸《ちゅうよう》』でも、他者に真心《まごころ》を寄せて思いやる「忠恕《ちゅうじょ》」*14を強調《きょうちょう》しています。それらは、他者の苦悩《くのう》を自分も共有し、救っていこうとする仏法《ぶっぽう》の「同苦《どうく》」や「慈悲《じひ》」にも通《つう》じます。

中国文化には、他者への尊敬を基盤《きばん》とした、優《すぐ》れた自己陶冶《じことうや》、自己形成の伝統がありますね。それは、現代世界にも必《かなら》ずや資《し》するでしょう。

私自身、中国との交流を重ねるなかで、「思源《しげん》」(源を思え)という精神的伝統から学んできました。自らの生が来《きた》った源泉《げんせん》、自らが生き、育《はぐく》まれた土壌《どじょう》、故郷の文化を自覚して、確《たし》かな根を張ってこそ、自分らしい新たな花も咲かせていける。そして、他の異《こと》なる文化に源を持ち、根を持つ人々への理解も深めていけます。

天台大師《てんだいだいし》智顗《ちぎ》は「根深ければ則《すなわ》ち条茂《えだしげ》く、源遠ければ則ち流れ長きが如《ごと》し」*15と喝破《かっぱ》しました。悠久《ゆうきゅう》なる中国の伝統文化を大切に継承《けいしょう》し活《い》かしていくこと——実《じつ》は、そこから、新しい創造《そうぞう》の知恵《ちえ》が湧《わ》き上がってくるに違いありません。

王蒙　中国文化は、多くの人口を抱《かか》える中国を数千年にわたり育《はぐく》んできました。また、日本を含めた東アジア・東南アジアの国や人々に大きな影響《えいきょう》も与えてきました。こうした文化と伝統に対し（中国人が）ニヒリズムの姿勢《しせい》で臨《のぞ》むならば、それは自己破壊《じこはかい》であり、自己放棄《ほうき》であり、自殺的行為となると言えましょう。

国というのは、一人の人間のようなもので、自分自身の歴史を自《みずか》ら抹消《まっしょう》することはできず、また、してはならず、忘却《ぼうきゃく》してもいけないのです。深く歴史を振り返って学び、歴史を鑑《かがみ》とすべきなのです。

もちろん一方で、近現代《きんげんだい》において日本の文化が中国文化に対し、その開拓《かいたく》と発展《はってん》に重要《じゅうよう》な役割《やくわり》を果たしてきました。多くの現代的語彙《ごい》・現代的概念《がいねん》は、日本から中国が取り入れたものですし、日本の文化的方向性と成果《せいか》は、清朝《しんちょう》末期以降、多くの中国の志士《しし》を啓発《けいはつ》し、後押《あとお》しする役割を果たしてくれました。

それとともに、湧《わ》き起こったヨーロッパを中心とした産業革命《かくめい》や工業化・情報化の波や、西洋社会が高らかに宣揚《せんよう》し、積《つ》み上げてきた実践と経験を持つ民主・自由・人権の価値《かち》理念《りねん》に直《ちょく》面《めん》し、中国の文化と伝統は、確《たし》かにその弱点が暴露《ばくろ》されました。

そうしたなかで、正しい選択《せんたく》とは、中華の伝統文化を尊重し、宣揚するとともに、世界に目を向け、未来に目を向け、現代化に目を向け、中華文化の創造《そうぞう》性の向上と転換《てんかん》を実現することに違いありません。こうした考え方は、ますます多くの人が受け入れるところとなっていると信じるものです。

もちろん、中国では、他の地でも同様でしょうが、さまざまな意見が戦《たたか》わされ、互《たが》いに批判《ひはん》し合う言説《げんせつ》も多々あります。それは、悪いことではないのです。民衆が、自分で考え判断し選択していく助けとなるでしょう。

私の考え方は、無邪気《むじゃき》過ぎ、誤《あやま》りもあることでしょう。私は、世界各地の寓話《ぐうわ》のなかで、インドの「百句譬喩経《ひゃつくひゆきょう》」に登場する「群盲象《ぐんもうぞう》を評《ひょう》す」が、特に気に入っています。文化人や学者たちが、眼《め》を大きく見開いて、少なくとももう少し象に触《ふ》れ、できれば、牙《きば》や鼻や尾（という一部）だけではなく、象の全体を（俯瞰《ふかん》し）触れてみれば、より多くの文化的共通認識《にんしき》が得られることでしょう。

日中両国間の文化交流の発展を

池田　日本と中国の文化交流については、二〇〇〇年を超える往来の歴史のなかで、もともと、日本が中国の文化から多くのことを学んできました。中国は日本にとって文化大恩《だいおん》の国です。

また、昨今《さっこん》、日中関係は厳《きび》しい時代と言われてきましたが、それでも私が日中国交正常化《こっこうせいじょうか》を提言《ていげん》した当時（一九六八年）とは、天地《てんち》雲泥《うんでい》の違いがあります。中国は、日本の貿易相手国としても、アメリカ等を超えて、輸出入額が圧倒的《あっとう》に一位になっています（二〇一五年・財務省貿易統計）。アジアの安定と世界の平和のためにも、日中の友好は絶対に不可欠《ふかけつ》です。

両国の平和友好を築《きず》き上げてこられた先達《せんだつ》への最大の敬意も込めて、私は、日本と中国の絆《きずな》を「金の橋」と呼んでおります。


王蒙　池田先生の提言は、中国にとって、とても友好的な発言《はつげん》でありました。

池田先生に初めてお会いした折、先生が中国文化の伝統を高く評価してくださったことを、今も、はっきりと覚えています。

先生は、近代以来、中華文化は挫折《ざせつ》を経験し、一部の人々はその合理性や生命力に疑いを持ったが、それは一時的なことであり、長い目で見た時、その優《すぐ》れた点、良いところは必《かなら》ず拡大していくことができる、中華文化に対しては楽観視《らっかんし》しており期待している、とおっしゃいました。この言葉は、私に大きな影響《えいきょう》を与えてくださいました。

ですから、先生の国交正常化《こっこうせいじょうか》に対するご尽力《じんりょく》について言えば、このことに関心を持つすべての人が深く記憶《きおく》しており、永遠に忘れることはないでしょう。

池田　恐縮《きょうしゅく》です。あの時の会見でも、日中関係の未来が話題になりました。
会見の後、私は王蒙先生との出会いの感慨《かんがい》と感謝を込めて、「闇《やみ》と暁《あかつき》」と題する一詩をお贈《おく》りしました。その結びには「新世紀に／人類の黎明《れいめい》を待ちて／金の橋ともどもに／文化の光強めゆかなむ」[*16]と綴《つづ》りました。

王蒙先生からは、すぐに丁重《ていちょう》な書状を賜《たまわ》り、互《たが》いに手を携《たずさ》えて「金の橋」を架《か》け、共に中日友好の新しき詩を書き綴っていきましょうと、応《こた》えてくださいました。

いかなる風波にも揺《ゆ》るがない、民衆の心と心の「金の橋」を、いやまして堅固《けんご》に構築《こうちく》しなければなりません。王蒙先生との対談が、永続《えいぞく》的な日中の平和友好を築く糧《かて》となれば、これほど嬉《うれ》しいことはありません。

王蒙先生も親《した》しかった、日本の作家・井上靖《いのうえやすし》先生の言葉を思い出します。

中国に取材などで何度も行かれた井上先生は、中国の方々との個人的な友誼《ゆうぎ》をふまえながら、〝国を超えた文化交流は、人間的な心と心の触《ふ》れ合いを通《とお》して行《おこな》うべきである、それこそが古《こ》来《らい》の交流の原型であった〟と、私との往復書簡《おうふくしょかん》のなかで強調《きょうちょう》されていました。

王蒙　私はいつも、著名《ちょめい》な作家・井上靖先生を懐《なつ》かしく思い出します。

初めてお会いしたのは、ドイツが統一される前の西ベルリンでした。一九八五年、西ベルリンで「地平線芸術祭」が開催《かいさい》され、中国は主賓《しゅひん》の国として招かれました。井上先生は列車で西ベルリンに入られました。この時、スイスのドイツ語作家フリードリヒ・デュレンマット氏が井上先生の作品を朗読《ろうどく》し、私もその場に参加していたのです。

井上《いのうえ》先生は日中文化交流協会の会長も務《つと》められ、両国の文化交流促進《そくしん》のために全力を傾注《けいちゅう》されました。

もう一人、懐《なつ》かしい日本の作家に、水上勉《みずかみつとむ》先生がいらっしゃいます。二〇〇三年、私が中日友好協会を率《ひき》いて訪日《ほうにち》した折、水上先生をお訪《たず》ねしました。外科《げか》手術を受けられたばかりとのことで、かなり衰弱《すいじゃく》しておられました。その先生が「残りの人生の唯一《ゆいいつ》の願いは、車椅子《くるまいす》に乗って再《ふたた》び杭州《こうしゅう》の西湖《せいこ》を一巡《ひとめぐ》りするということです」とおっしゃり、私はこの言葉に深く感動しました。

さらに、作曲家の團伊玖磨《だんいくま》先生や画家の東山魁夷《ひがしやまかいい》先生、演出家の千田是也《せんだこれや》先生ら、生涯忘れることのできない友人がいます。

孟子《もうし》は、人間にとって最《もっと》も重要《じゅうよう》な人間関係の一つに友情を挙《あ》げています。孟子は、友には信があると説《と》いており、非常に意義《いぎ》の深い言葉だと思います。

中日両国の人々の間の友誼《ゆうぎ》が、さらに強固《きょうこ》に発展《はってん》していくよう願っています。

池田　本当に、そうですね。

実《じつ》は私も、水上勉先生、團伊玖磨先生と親《した》しく語り合った思い出があります。東山魁夷画伯《がはく》ご夫妻とも交流があり、私の小説『人間革命』『新・人間革命』など、画伯の名画《めいが》で装丁《そうてい》していただいております。

来日した中国「東方歌舞団」による民音特別公演（2004年、創価大学）
©Seikyo Shimbun

王蒙先生と知己《ちき》が重なり合っていることに、一段と心の絆《きずな》が強まり、広がる喜《よろこ》びを感じます。

東山画伯は、中国文化のおかげで、日本がより高度な文化を築《きず》けたことを、尊敬をもって指摘《してき》されていました。そして、文化の衰退《すいたい》や老化を乗り越えていく秘訣《ひけつ》として挙げられたのが、異《こと》なる文化を積極《せっきょく》的に吸収すること、それを、自身の文化の良さを見失う危険を克服《こくふく》しながら、深く咀嚼《そしゃく》し、柔軟《じゅうなん》に昇華《しょうか》すること、などでした。[*17]

團伊玖磨先生は、私の手を固く握《にぎ》り、私どもの民主音楽協会（民音《みんおん》）が推進《すいしん》する庶《しょ》民《みん》のための芸術運動に大きなエールを贈《おく》ってくださいました。先生は世界共通の言語である音楽の力《ちから》、文化の交流によって、世界の人々の心を結びゆく決意を強く持たれていました。それは、民主音楽協会の目指すところと一致《いっち》します。

團《だん》先生は語られました。

「〝発信〟するものがなければ、本当の文化とはいえないですね。〝受信〟だけでは不完全です。〝受信〟もして、〝発信〟もして相互《そうご》に高まらなくてはいけない」

「自分をすり減らしても、何を訴《うった》え、どうすれば人さまを幸せにできるか、という姿勢《しせい》が〝発信〟の原則です」[*18]

私も深く共感《きょうかん》した言葉です。

現実の苦悩《くのう》や葛藤《かっとう》を直視し、それを克服《こくふく》する道を求め、人々の歓喜《かんき》と幸福のためにメッセージを発信していく。それが文化や文学の奥底《おうてい》にあるべきでしょう。そして、共々に精神を高めていく。それを文化交流の根本《こんぽん》とすべきです。この文化のソフトパワーを強めていくために、私は王蒙先生と手を携《たずさ》えていくことを、あらためて心に期しています。

王蒙　文化、特に文学作品の影響《えいきょう》は、大きくもあり、また緩《ゆる》やかなものでもあります。文学の力《ちから》は、人の心に深く染《し》み入ります。

「文化に従事《じゅうじ》する者」「作家」は、人類の魂《たましい》のエンジニアである、と宣言したなら、やや軽率《けいそつ》のそしりを免《まぬか》れないでしょう。魂は金属ではなく、木材でもなく、プラスチックでもありません。私たちはまた、文学の受け手に加工の手を加える職人でもありません。

私たちの執筆《しっぴつ》、私たちの思索《しさく》、私たちが楽しむ競争《きょうそう》は緊迫《きんぱく》し過ぎ、時に読者・観衆《かんしゅう》・聴衆《ちょうしゅう》の気をふさいでしまうかもしれません。しかし同時に、私たちには結局、追求《ついきゅう》があり、期待があり、希望があり、その良し悪しを判断されるということがあるのです。

希望の実現が一直線に進まないからといって悲観《ひかん》的になったり、失望《しつぼう》したりしてはならないのです。現実が思うに任《まか》せないからといって、恨《うら》んだりそれを否定したりしてはならないのです。いずれにしても私たちは、自《みずか》ら微力《びりょく》を尽《つ》くし、人々の心を救い、社会に温かさを送り、正義を励《はげ》まし、邪悪《じゃあく》を討《う》っていかねばならない。私たちの努力《どりょく》は、必《かなら》ずやプラスの効果をもたらすと確信《かくしん》します。しかも、他の選択肢《せんたくし》は存在しないのです。

第3章　家族・故郷そして青春の日々

中国の人々の「故郷」と「祖籍」への思い

池田 人生の年輪《ねんりん》を重ねるほど、人は生まれ育った故郷に特別な思いを抱《いだ》くものでしょう。

私が青春《せいしゅん》時代に愛読《あいどく》した近代日本の哲学者・阿部次郎《あべじろう》は語っていました。

「私という人間を造りあげてくれた最初の師友《しゆう》は、何を措《お》いても先《ま》ずこの故郷の風土である。私の師友に就《つ》いて人に問われるとき、私は第一にこの郷里の感化を挙《あ》げなければならないであろう」[*1]と。

人が、この世に生まれて最初に出あうのは、親であり、家族であり、故郷です。そして時代です。

私の故郷は、今の東京・大田区です。少年の頃は、自然が豊かでした。春夏秋冬《しゅんかしゅうとう》、野原や田んぼや川、海辺で遊んだものです。王蒙先生がお好きな富士山の雄姿《ゆうし》もよく見えました。家業は海苔《のり》の養殖《ようしょく》・製造で、朝はまだ暗い時間から起床して手伝いました。ですから、自然と向き合いながら働く大変さが、小さな時から身に刻まれました。

故郷の自然・歴史・文化・生活習慣などは、幼い命にも深く残るものがあり、感性や精神性を育《はぐく》み、生涯の土台となります。

私どもが信奉《しんぽう》する日蓮大聖人《にちれんだいしょうにん》も、門下への手紙のなかで、漢の高祖《こうそ》・劉邦《りゅうほう》が生地の沛《はい》（現・江蘇省内《こうそしょう》）を重くみたことを例に、自《みずか》らが生まれた郷土《きょうど》を大切にするのは、人間として当然であるとされています（御書九〇一ページ）。

王蒙先生の生まれ故郷は、北京《ペキン》ですね。

北京は中国の歴代王朝が都としてきた地であり、とりわけ近代においては〝激動《げきどう》の二十世紀〟が集約されたような都市とも言えるでしょう。

この北京と、中国の最西部にあって、アジアの中央部と結ばれた新疆《しんきょう》を、〝故郷〟とされているところに、王蒙先生の境涯の広がりの所以《ゆえん》をみる思いがいたします。

王蒙　池田先生が私に関心を寄せ、また私のことを理解してくださり、ありがたく存じます。先生のおっしゃる通《とお》り、北京が私の出身地です。私にとっては、北京のすべてが、とても重《じゅう》要《よう》な意義《いぎ》を有しています。

ただ、中国人には、もう一つ重要な概念《がいねん》があります。いわゆる「祖籍《そせき》」（＝祖先のゆかりの地・ルーツ）です。私のその「祖籍《そせき》」は、河北省滄州市南皮《かほくしょうそうしゅうしなんひ》県《けん》になります。

祖先について私が知り得ることを申しますと、現在の滄州市に属する孟村回族《もうそんかいぞく》自治県において、かつて長年にわたって農業を営《いとな》んでいました。のちに、家族のなかに病死する者が相次ぎ、私の祖父の代になって、一族が南皮に移転したのです。この南皮という地は、なかなかたいしたもので、清朝《しんちょう》末期の洋務派官僚である、著名《ちょめい》な張之洞《ちょうしどう》を出しています。

私の祖父は王章峰《おうしょうほう》と言います。康有為《こうゆうい》・梁啓超《りょうけいちょう》が推進《すいしん》した「公車上書《こうしゃじょうしょ》」に署名して、清朝政府に対して改革を要求し、甲午《こうご》戦争（日清戦争）で日本に敗れた清朝が、主権を放棄《ほうき》するかの如《ごと》き国辱《こくじょく》的な馬関《ばかん》条約（下関《しものせき》条約）を締結《ていけつ》するのに反対しました。祖父はまた、天足会《てんそくかい》のメンバーともなり、女性に纏足《てんそく》を強《し》いることに反対しました。

私は生まれて間もなく、母に連れられて祖籍の地——南皮県の蘆灌郷龍堂村《ろかんごうりゅうどうそん》に移り、この故郷で二年ほど過ごしました。

私が初めて学んだ言葉が、この地方の方言でした。その後、四歳で北京《ペキン》に戻り、それからは普通話《プートンホワ》（＝現代中国の標準語）を学んだのです。ですので、私は今でも蘆灌郷の方言を流暢《りゅうちょう》に話せますし、この言葉に親《した》しみを感じています。この祖籍の地での生活は短いものでしたが、私にとっては今なお重要《じゅうよう》な意味を持っています。

私の生き方は、その田舎《いなか》の人々の影響《えいきょう》を受けています。たとえば、早寝早起きの習慣。食物を無駄《むだ》にしないこと。善悪共に報《むく》いがあると信じていること、等々です。同時に私は、田舎の好ましくない習俗や遅れたところも目にしてきました。たとえば、人間関係において、あまり気を遣《つか》わず、礼儀《れいぎ》に乏《とぼ》しいところ。簡単に怒りを爆発させるところ。人を罵《ののし》る時の野蛮《やばん》さや醜《みにく》さなどもあります。それらを私は『活動変人形』（邦題《ほうだい》『応報《むくい》』）のなかに描きました。

池田　王蒙先生の作品『活動変人形』は、私も存じ上げております。

そこには、――なぜ、この時代に、この地に、この家族のもとに生まれたのか？　自分はいったい何者《なにもの》なのか？　これから何をなすべきなのか？　といった痛切《つうせつ》な問いが出てきますね。[*2]

それは、人生の道を模索《もさく》する上で重要な問いかけでもあります。特に青春《せいしゅん》時代には、誰もが直面《ちょくめん》し、大なり小なり思い悩むことではないでしょうか。

青年たちの運命を変えた戦争の時代

池田　二十世紀、私たちが、共に生きてきた時代は、〝戦争の時代〟でした。

私は少年時代から肺病で、医者から「三十歳まで生きられない」と言われたこともありました。家業も、父がリウマチで病床《びょうしょう》に伏したことによって行き詰まり、生活は窮《きゅう》していくばかりでした。

戦争が始まって上の四人の兄が軍隊にとられると、私が一人で、父母、家族を支えざるを得なくなりました。十代半《なか》ばに苛酷《かこく》な軍需《ぐんじゅ》工場で働き、厳《きび》しい軍事教練も受けました。その最中に喀血《かっけつ》したことや、炎天下の教練で倒れたこともあります。

当時、家族が住み慣《な》れた家も、人手に渡って軍需工場となり、移り住んだ家は空襲《くうしゅう》の類焼《るいしょう》を防ぐために強制疎開《そかい》させられ、さらに、やむなく新しく建てた家も、家具などを運び終え、いよいよ住み始めようとした矢先に空襲で焼かれました。

長兄《ちょうけい》が一時除隊して、中国から戻ってきた時、憤《いきどお》りを含んだ声で、こう語っていました。「戦争は美談《びだん》なんかじゃないぞ。日本軍は傲慢《ごうまん》だ。あれでは中国の人々がかわいそうだ」と。敬愛《けいあい》していた長兄の言葉でもあり、今も心から離れることはありません。

その後、長兄は再《ふたた》び出征し、ビルマ（現・ミャンマー）で戦死しました。終戦後二年経《た》って、その公報が届いた時に、どんな苦境《くきょう》にあっても常《つね》に明るく振る舞っていた母が、身を震《ふる》わせて嗚《お》咽《えつ》していた姿は、胸に焼きついています。

こうした故郷での青春《せいしゅん》時代の体験が原点となって、私は、仏法《ぶっぽう》の生命尊厳《そんげん》の哲理《てつり》を実践し、平和のために戦うようになりました。

王蒙　そうでしたか。私が三歳の年、一九三七年、盧溝橋《ろこうきょう》事変（盧溝橋事件）が勃発《ぼっぱつ》し、日本軍による中国侵略が、全面的に始まりました。

私が幼い頃、「逃難《タオナン》」という言葉をよく耳にしました。中国語において「逃難」とは、戦火から逃れることを指します。特に、敵軍から逃れることを。しかし、どこからどこに向かって逃げるのか？　それは、よく覚えてもいませんし、尋《たず》ねても答えは返ってこなかったのです。

子どもの頃に、父は、私と姉に幾度《いくど》も言いました。

「よく覚えておきなさい。お前たちは、戦乱のなかで子ども時代を過ごしたのだよ」と。

私が幼年期《ようねんき》を過ごした戦争の期間は、すべてにわたって苛酷なものでした。たとえば、あらゆる生活物資は配給制度が採られ、供給される食糧のなかには、飲み込むのも大変な「混合《こんごう》麺《めん》」がありました。それはドングリを挽《ひ》いた粉《こな》と麸《ふ》・糠《ぬか》などを、米に大量に加えたものです。さらに、空襲に備《そな》えた措置《そち》――窓ガラスにテープを貼《は》ったり、防空壕《ごう》を掘ったりし、しょっちゅう空襲警報が鳴りました。

北京《ペキン》は、もちろん、私にとって重要《じゅうよう》な意味を持っています。北京での戦時生活は、生きていく上での苦難と、それに伴《ともな》って危険があることを教えてくれました。

また、ぼんやりとではありましたが、屈辱感《くつじょくかん》と緊張感も覚えていました。たとえば、小学校では、日本の占領《せんりょう》軍と汪兆銘《おうちょうめい》政権が制定した「第四次治安強化運動」のスローガンを暗唱しなければなりませんでした。その第一句は「我々は共産党の輩《やから》を殲滅《せんめつ》し、思想を正さなければならない」というものでした。

皮肉なことに、まさにこのスローガンによって、中国共産党が抗日《こうにち》戦争において果たした重《じゅう》要《よう》な役割《やくわり》を、私が認識《にんしき》することになったのです。重要だからこそ、中国共産党を、日本軍と汪《おう》兆銘《ちょうめい》政権が敵の筆頭に挙《あ》げているのだろう、と。

当時、北京《ペキン》の「胡同《フートン》」（と呼ばれた街中の路地）には日本軍の多くの家族も暮らしていました。私はその子どもたちとも一緒に遊んだり、日本語の童謡《どうよう》を歌ったりしました。私は、そうした日本の子どもたちに、悪い印象を持ったという記憶《きおく》がないのです。子ども時代のそうした仲間に、侵略戦争の責任《せきにん》を負《お》わせることはできません。

ただ私の家族は、一部の日本人の男性を怖《こわ》がっていました。そうした男たちは、やりたい放題に振る舞っていたからです。彼らは、私が戦後に日本を訪《おとず》れた時に出会った、身だしなみが整《ととの》った、礼儀《れいぎ》正しい日本国民とはまったく違っていました。

池田　当時の日本軍の侵略が、どれほど多くの中国の方々を苦しめたかと思うと、胸が痛みます。戦争はあまりにも残酷《ざんこく》です。すべてを破壊《はかい》します。そして、いつの時代も戦争の最大の被害者は、庶民《しょみん》であり、女性であり、子どもたちです。

少子高齢社会の課題と人間の絆の大切さ

池田　あの戦争が終わって七〇年が経《た》ちました。この間、社会は大きく変わりました。なかでも社会構造の重大な変化として、日本も中国も少子高齢社会に移行してきている事実があり、それに伴《ともな》い、家族観や家庭像も変化しているとの指摘《してき》があります。しかし、時代が変わっても、人間が人間として生きる上で、家庭の重要性は変わらないのではないでしょうか。

家庭は人生の基盤《きばん》です。家庭の不和は人間を苦しめます。反対に、家庭の和楽は人間の幸福の一つの実像と言えましょう。

王蒙　私は、家庭や結婚を非常に重要視しています。それは、私の子ども時代の、家庭内の愉《ゆ》快《かい》とは言えない記憶と関係しているかもしれません。両親はいつもけんかをし、最後は離婚してしまいました。幾《いく》つかの出来事は、非常に恐ろしく、また、悲しい記憶になっています。

おそらく私は、父母の不和に、かなりの恐怖と苦しみを味《あじ》わっていたのだと思います。このことから、かえって私は、仲睦《なかむつ》まじく幸せな家庭を築《きず》きたいと、強く願うようになったのでしょう。私は、男であるならば、家庭に対し、妻に対し、責任を果たさなければならないのだと、いつも思ってきました。

私は、個人と体制・社会・国家の間に、家庭というものがあり、それは必要なのだと、常《つね》に考えてきました。

家庭では、互《たが》いに一層労《いたわ》り合い、一層温かく、一層苦しみを分かち合うとともに、助け合うことができます。

一九四九年以降の風雪《ふうせつ》の日々にあって、私は一貫《いっかん》して、楽観的に、心身共に健康に過ごしてくることができました。これはまず、妻の崔瑞芳《さいずいほう》、私の子どもたち、私の両親と兄弟姉妹のお陰《かげ》と言わなければなりません。彼らがいたからこそ、私は孤独を感じたり、落ち込んだり、悲《ひ》観《かん》的になったり、絶望したりすることがなかったのです。

もちろん、同じように大切なのが友人たちです。友人たちのなかにあって、私は常に善意と厚意を感じてきました。

池田　家族の強い心の絆《きずな》は、宝ですね。

また、青少年にとって、家庭は人間らしく生きる規範を学ぶ揺籃《ようらん》です。良き家庭こそ、良き教育環境《かんきょう》であり、良き人を育《はぐく》みます。そして、良き人は、より良き社会建設に献身《けんしん》していきます。特に、大人《おとな》が率先して人々や地域のために行動していく姿から、子どもたちは自然のうちに学んでいくものではないでしょうか。

おっしゃる通《とお》り、人生において友情が、かけがえのないことも論をまちません。友情なき人

北京の中心部にある故宮博物院　©Photo／iStock

生は、どんなに富《とみ》や地位があっても、味気《あじけ》ない侘《わび》しいものにならざるを得ないでしょう。

二〇一一年から一二年にかけて、私が創立《そうりつ》した東京富士美術館の企画で、家族・女性・子どもなどをテーマとした「地上の天宮　北京《ペキン》・故《こ》宮《きゅう》博物院展」が、日本の各地を巡回《じゅんかい》しました。これまでと違った面に光を当てたこともあり、一〇四万人の方が鑑賞し、日本国内の中国美術展入場者数の最高記録を更新しました。北京・故宮博物院の海外展覧会のなかでも最多であったと伺《うかが》いました。

この二〇一一年は、東日本大震災の影響《えいきょう》で数々《かずかず》の海外からの展覧会が中止になりました。しかし、故宮博物院の先生方は、「この展覧会を通して、皆《みな》さまを癒《いや》し、復興《ふっこう》の力《ちから》になりたい」「災難に打ち勝ち、永遠に平安無事であることをお祈りいたします」と、最大に支援《しえん》してくださり、開催《かいさい》することができたのです。その真心《まごころ》、厚き友情に多くの人々が感動しました。

展示された多数の名品のなかには、中国人と西洋人の合作による女性の絵画もあり、また、東西文化が美事《みごと》に融合《ゆうごう》した作風の一級文物の壺《つぼ》には、麗《うるわ》しい母と子の姿が描かれていました。母と子の笑顔の花が開くところ、平和があります。そして、国境を越えて共感《きょうかん》を広げる生命の輝《かがや》きがあります。

私は、初めての訪中以来《ほうちゅう》、度々《たびたび》、故宮《こきゅう》を訪《たず》ねて、貴重《きちょう》な文化の宝を見学させていただき、感銘《かんめい》を深くしてきました。

故宮博物院の発足と発展《はってん》に寄与された蔡元培《さいげんばい》先生は、優《すぐ》れた芸術や文化に触《ふ》れる意義《いぎ》を強調《きょうちょう》していました。

「純粋《じゅんすい》な美育《びいく》は、私達が感情を陶冶《とうや》し、高尚《こうしょう》で純潔な習慣を身につけ、自分と他人は別だという観念、己《おのれ》を利《り》して人を損《そこ》なう観念を徐々になくす手助けとなります。美は普遍的であり、自他を区別する観念が入り込む余地はありません」*3

こうした文化が涵養《かんよう》する〝開かれた気風《きふう》〟も、北京《ペキン》ならではの特長でありましょう。

そこで、王蒙先生は、今の北京の美質のどのような点に注目されますか。また、北京を訪《おとず》れるのに、一番、いい時期は、いつ頃でしょうか。

王蒙　季節は秋がいいと思います。このことは、疑う余地はありません。北京は秋が一番です。北京の特別に良いところはどこか。私が思うに、日本に同じ意味の言葉があるかどうかわかりませんが、「大器」と表現できるところでしょう。さまざまな大きな出来事に関心を持ったり、包容力があるということです。新しいものを受け入れる一方、伝統的なものを残す。故宮は言わずもがなです。

私は今、北京でも北の方に住んでいます。そこには、薊門煙樹《けいもんえんじゅ》と称された、春秋戦国《しゅんじゅう》の燕国《えんこく》の都の遺跡があります。さらに、土城《どじょう》――北土城、南土城、それより古いものもあります。また、最近、北京のもともとの方言も勢力を増しています。それを使った北京人のユーモアも、なかなか上手《じょうず》ですよ。人間は、ユーモアが多い方が、何かといいでしょう。北京人は冗談も好きです。

ともあれ、私の子ども時代以降の北京は、いつも文化の中心、政治の中心でした。それゆえに、私は少年時代から文学を愛し、政治に関心を寄せるようになったのです。

なお、「北京語」について、知識としておさえておきたいことがあります。現在、中国大陸で「普通話《プートンホア》」、台湾《たいわん》で「国語《グオユイ》」と称されている言語は、北京語をもとにしているものの、実《じつ》は鮮卑《せんぴ》・金《きん》・蒙古《もうこ》・満州《まんしゅう》族といった各少数民族の影響《えいきょう》を受け、発音が大きく変化してきた言語だということです。

いわゆる北京《ペキン》語は、マテオ・リッチが残した発音の記録によると、現在の江蘇《こうそ》・浙江《せっこう》地域の「呉語《ごご》」に近いものでした。それが特に、満州《まんしゅう》族が大挙《たいきょ》して北京一帯にやって来て以降、彼らも北京語を話すようになるわけですが、自分たちの言語の発音の特色によって、北京語の発音も変えていきました。

こうして、初期の「朝廷官話《ちょうていかんわ》」が形成されたのです。

こうしたことから普通話《プートンホア》は英語で「マンダリン」（＝満州族・清朝《しんちょう》の高官が話す言葉の意）と称されるようになりました。

普通話はこのように、中国の多くの民族が創り出した言語であり、その意味でも、とても大切なものです。

若き日に出あった魯迅文学の魅力

池田　王蒙先生は小学校時代、飛び級で進級するなど、大変に優秀であったそうですね。その上、母君を助けるために必死に勉強し、奨学生になったと伺《うかが》っています。

その若き日から、王蒙先生は徹して読書に取り組まれました。魯迅《ろじん》先生をはじめ、巴金《ばきん》先生、謝冰心《しゃひょうしん》先生の文学などを愛読《あいどく》され、特に巴金先生の文学に感銘《かんめい》して、文学の道を志《こころざ》されたとも聞きました。

　魯迅先生は、二十代に日本に留学し、まず中国人留学生のための学校（弘文学院《こうぶんがくいん》）で学ばれました。実《じつ》は、同じ時期、その学校で、創価学会の牧口常三郎《まきぐちつねさぶろう》初代会長が教師として地理学を講義していたのです。

　魯迅先生が混迷《こんめい》の時代に、「子どもを救え」[*4]と叫んだことは有名です。牧口会長もまた〝子どもの幸福のための教育〟を主張しました。そして、のちに、子どもに軍国日本のための教育を強制していた軍部政府から弾圧されました。

　このお二人の不思議《ふしぎ》な縁《えにし》について、私は、魯迅先生の子息《しそく》であられる周海嬰《しゅうかいえい》先生と語り合ったことがあります。魯迅先生の精神を受け継がれる北京の魯迅博物館や、上海《シャンハイ》、紹興《しょうこう》の魯迅記念館の先生方とも、長く交流を続けております。青春《せいしゅん》時代から魯迅先生の文学を愛読してきた私にとって、誠《まこと》に光栄なことであると思っております。

　王蒙先生にとって、青春時代に心に深く残った魯迅先生の作品を挙《あ》げるとすれば、何でしょうか。

王蒙　より正確に言うと、少年時代ということになりますが、魯迅から受けた最初の衝撃《しょうげき》は、『祝福』という小説からでした。（登場人物である）祥林嫂《シアンリンサオ》の運命に触《ふ》れ、私は煩悶《はんもん》しました。魯迅自身は、多くの急進的《きゅうしんてき》な主義主張を宣伝したわけではありません。しかし『祝福』を読んでしまうと、急進的《きゅうしん》でないわけにはいかないのです。

一つのエピソードを思い出しました。一九八〇年、私が初めてアメリカを訪《おとず》れた時、台湾《たいわん》の学者たちと知り合いました。私たちは一緒に中国本土製作の映画「祝福」を鑑賞したのです。見終わった後、その台湾の人たちは言うのです。「これはまずい。こうした映画を見過ぎたなら、私たちも中国共産党に引きつけられてしまうよ」と。

私はまた、魯《ろ》迅《じん》の『美しい物語』も好きです。おぼろげななかに、美しい出来事に対する、ある種の幻想に浮かぶ恋愛が描かれています。

私は、魯迅の深さに敬服しています。魯迅の、人間の魂《たましい》に対する分析と把《は》握《あく》は、余《よ》人《じん》がたどり着くことが困難な深さを備《そな》えています。

池田　『祝福』には、誰よりも働き者であった祥林嫂《シアンリンサオ》が、人間としての尊厳《そんげん》も、女性として母としての幸福も無残に奪《うば》われ、さらに周囲の人々から欺《あざむ》かれ、軽蔑《けいべつ》されていく描写があります。痛ましく悲惨です。そうした人間の世界に巣くう深い闇《やみ》を見つめていたからこそ、魯迅先生は、断固《だんこ》として人々の幸福への夜明けを目指し、精神闘争を貫《つらぬ》かれたのでありましょう。

魯迅先生は訴《うった》えました。

「われわれは誓いを立てるべきである——自分も自分以外の人も、ともに純潔に、聡明《そうめい》に、勇《ゆう》敢《かん》に、前進を志《こころざ》すこと。虚偽《きょぎ》の仮面を脱ぎ捨てること。自分を害し他人を害するこの世の愚鈍《ぐどん》と暴力とを取り除くこと」

「われわれは誓いを立てるべきである――人生にとってまったく意味のない苦痛を取り除くこと。他人の苦痛を作り出し、それを鑑賞の具《ぐ》に供《きょう》する愚昧《ぐまい》と暴力とを取り除くこと。さらに誓いを立てるべきである――すべての人類が正当な幸福を享受《きょうじゅ》すること」[*5]

魯迅先生が示されたように、我が身を惜《お》しまず、他の人間の不幸を取り除く慈愛《じあい》と、人間の悪と戦う勇気は一体であると言ってよいでしょう。

そして、魯迅先生は、いかなる障害をも乗り越えて進歩《しんぽ》していく「生命」に秘《ひ》められた偉大な創造《そうぞう》力、成長力を信じていました。

私は、魯迅先生が「生命の道」[*5]を深く洞察《どうさつ》されたことに共鳴します。また、生命を探究《たんきゅう》した仏教に深い造詣《ぞうけい》を持たれていたことにも感銘《かんめい》しています。

今申し上げた魯迅先生の「誓い」からは、大乗《だいじょう》仏教の菩薩《ぼさつ》が立てる四つの「誓願《せいがん》」の第一――「衆生無辺誓願度《しゅじょうむへんせいがんど》」すなわち一切《いっさい》衆生を救いきるとの誓いが思い起こされます。

魯迅先生は、近代中国の「文学革命」をリードされました。その軸《じく》である「白話《はくわ》運動」、つまり難解な文語文ではなく口語文に基《もと》づく文学の革新にも、より多くの民衆が覚醒《かくせい》し、正しき道を歩めるようにとの願いがあったと思えてなりません。

巴金《ばきん》先生、謝冰心《しゃひょうしん》先生のことは、私も忘れることができません。

中日の平和友好を願われる両先生と、日本の古典文学（『源氏物語《げんじものがたり》』）や近代文学（夏目漱石《なつめそうせき》）などを話題に、文学談義をしたことも懐《なつ》かしい。

巴金《ばきん》先生は、私に語ってくださいました。

「自分の作品、自分の力《ちから》で、人々を救い、真理をもって、より良き世界、国にしていければと思う」

「青年は、未来の希望であり、青年は、前途無限《むげん》である。ゆえに、青年は努力《どりょく》しなくてはならない。私たちも応援したい」

巴金先生が、王蒙先生を繰《く》り返《かえ》し励《はげ》ましてこられたことも伺《うかが》っています。巴金先生は、若き日に魯迅《ろじん》先生から〝文学の旗〟を継承《けいしょう》されました。そして、それを厳然《げんぜん》と受け継いだのが王蒙先生であると私は思います。巴金先生がどれほど喜《よろこ》ばれているでしょうか。

王蒙　お二人の先生が逝去《せいきょ》された後、私はお二人それぞれの追悼文《ついとうぶん》を認《したた》めました。お二人の誠心誠意と情熱《じょうねつ》に、皆《みな》が深く感動していました。

巴金先生は、お会いする度《たび》に「もっとたくさん書きなさい」と諭《さと》してくださいました。この言葉は私に、自分では文を書かない名ばかりの作家になるな、また、他人の誤《あやま》りを指摘《してき》するだけの作家にはなるなと、いつも警告《けいこく》してくれるのです。

一九九〇年代のある時、巴金先生をお訪《たず》ねした折、先生はあまりご機嫌《きげん》がよろしくありませ

作家の巴金氏（右）と王蒙元文化相

んでした。そこで私はジョークを言ったのです。

――世界には争い事が多すぎます。中国国内にもたくさん争い事があります。何か単純なルールのゲームを発明し、トランプのような勝負を、争い事の代わりにするのです、と。

巴金先生は笑ってくださいました。しかし後になって、私は少し後悔したのです。といいますのは、巴金先生は極《きわ》めて真面目《まじめ》で誠意あふれる方です。私の話は、やや不作法《ぶさほう》ではなかったか、と。

そう思った私はすぐに、巴金先生の令嬢《れいじょう》の李小林《りしょうりん》さんに電話でお詫《わ》びしました。ところが、李さんは次のように言ってくださったのです。「あなたが訪ねてきてくださって、父は、ここ数年来で最《もっと》も楽しく客人を迎えることができた、と喜《よろこ》んでいましたよ」と。

ジョークはジョークにすぎませんが、それは私の、争いに対する徒労《とろう》感、『荘子《そうじ》』の「斉物《せいぶつ》論《ろん》」への接近、さらに、是非《ぜひ》・規則・運という三者の関係に関する思索《しさく》の反映でもありました。物事《ものごと》の「是非」問題は、学術研究にふさわしいものであり、できる限りゼロサムゲームにならないようにしなければなりません。「規則」を制定して通達するのはたやすいですが、誰もが容易に受け入れてくれるものでもありません。「運」というのは、沈む瀬あれば浮かぶ瀬ありで、これを牛耳《ぎゅうじ》ることのできる者はいません。

池田　李小林《りしょうりん》さんは、巴金《ばきん》先生と日本で、また、上海《シャンハイ》のご自宅でお会いした際に、一緒にいらっしゃいました。

二〇一二年に創価学会の訪中《ほうちゅう》団が巴金先生の故居を表敬訪問《ほうもん》した時も、真心《まごころ》の歓迎をしてくださいました。

先ほど言及《げんきゅう》された『荘子』の「斉物論」は、此《これ》か彼か、是か非かという対立差別を超えて万《ばん》物《ぶつ》が斉《ひと》しく一体となる境地、理法を志向《しこう》していますね。

「みなひとしく一つのものである」[*6]と。

『荘子』には、人間を束縛《そくばく》する社会の差別を打ち破って飛翔《ひしょう》しゆく〝精神の自由〟や、無窮《むきゅう》の世界から互《たが》いに争う小ささを見おろす〝精神の上昇〟への促《うなが》しが含まれています。『荘子』の思想が、文学に大きな影響《えいきょう》を与えてきたこともわかる気がします。

二十世紀においても、メキシコ出身の世界的な詩人オクタビオ・パスは『荘子』をはじめ東洋思想に注目しました。なぜなら、西洋に根強い「これかあれか」という対立的、二者択一《にしゃたくいつ》的な思考に対して、東洋には、『荘子』の「斉物論」の格言「此も彼《あれ》であり、彼《あれ》もまた此である」*6、インド哲学の格言「汝《なんじ》はあれである」*7というような融和的、一体的な思考があるからです。

私が対談したイギリスの歴史学者トインビー博士も、そうした自己《じこ》と他者、また、自己と宇《う》宙《ちゅう》との一体性を強調《きょうちょう》する東洋的思想に着目されました。そこに、人間が自己中心性を克服《こくふく》して、自己を拡大する可能性を見出《みいだ》し、特に大乗《だいじょう》仏教を通《とお》して「生命」の探究《たんきゅう》を進められたのです。

仏教は、人間と人間、人間と自然、そして、人間と宇宙を貫《つらぬ》く根本《こんぽん》の法則に迫っています。

その点、謝冰心《しゃひょうしん》先生も「生命」を見つめ抜かれて、小宇宙である生きとし生けるものの生命と、大宇宙の生命の交響を鋭敏《えいびん》に感じ取られていたようでした。

「生命の象徴は活動です、生長《せいちょう》です。一滴一葉の活動と生長とが全宇宙の進化と運行とを作りあげるのです」*8とも綴《つづ》られています。

王蒙　文化大革命が終結《しゅうけつ》し、新疆《しんきょう》から北京《ペキン》に戻って以降、謝冰心先生との交流の機会は少なくありませんでした。

冰心《ひょうしん》先生は、礼儀《れいぎ》を重んじ、ユーモアがあり、とても純真で、高尚《こうしょう》な愛国作家でいらっしゃいました。先生は特に、女性と子どもたちに関心を寄せられました。そして、虚勢《きょせい》を張り、自分を偉そうに見せようとする輩《やから》は、誰であれ大嫌いでした。

冰心先生は私に、本分を守る人間になりなさい、話は大げさにならないように、自分をひけらかすような人間にだけはなるな、ということを教えてくださいました。

冰心先生は、二十世紀の中国が生んだ健康的で、礼節に富《と》み、高貴な人物だと思います。もしも、冰心先生のような人物が三〇倍も多くいたなら、すべては変わっていたかもしれません。中国の歴史が払《はら》った代価は、これほど多くにはならなかったに違いありません。

読書は知恵を開き精神を培う滋養

池田　私の妻も、謝《しゃ》冰心先生との出会いを金の思い出にしています。冰心先生は、日常の身近なところに現れる、健気《けなげ》で、地道《じみち》な生命の営《いとな》みの意義《いぎ》を、大きく讃《たた》えられました。

「か弱き小さな草よ！／誇りをもて／あなたこそ／全世界を美しく彩《いろど》るものなのだ」

生命に対する「愛心」こそ、冰心文学に流れるものでありましょう。それは、特に女性に光る特質であるかもしれません。

来日した中国作家代表団の謝冰心副団長（右）を歓迎する池田名誉会長
（1980年４月、静岡）　©Seikyo Shimbun

さらに、冰心先生が大事にされていた言葉があります。

「読書は、人を大切にすることを教えるともに、自分自身を大切にすることも教えてくれる。良き書を読むことは、人類を愛し、平和を愛する正義の心を育ててくれる」

青春《せいしゅん》時代の読書が、いかに重要《じゅうよう》か。

私自身、十代で敗戦を迎え、あらゆる日本の価値《かち》観が崩壊したなか、正しい人生の道とは何かを求め、世界の名作を読んで、友らと語り合った日々は忘れられません。

その時期、私の人生の師匠である創価学会の戸田城聖《とだじょうせい》第二代会長にお会いしました。戸田先生は、若い頃、天才的な数学の教師でしたが、中国の文学や歴史がお好きで、造詣《ぞうけい》が深い方でした。その薫陶《くんとう》のお陰《かげ》で、唐詩《とうし》や

『三国志《さんごくし》』『水滸伝《すいこでん》』をはじめとする中国の古典文学は、私の思索《しさく》の糧《かて》となり、青春《せいしゅん》の友となりました。

戸田先生のもとでは、古今東西《ここんとうざい》の文学作品も学びました。さらに、一〇年間、万般《ばんぱん》の学問の教えを受けました。ご自身が多忙《たぼう》を極《きわ》めるなかでも、お会いすれば、「きょうは何の本を読んだか、どんな内容か」と鋭《するど》く尋《たず》ねられ、「学べ、学べ」と激励《げきれい》されたものです。今日《こんにち》の私があるのは、その訓練があればこそと感謝は尽《つ》きません。

昨今《さっこん》、若者の読書離れが憂慮《ゆうりょ》されております。読書は、知識の吸収だけでなく、知恵《ちえ》を開き、精神を培《つちか》ってくれます。視野を広げ、多様《たよう》な人間の生き方を教えてくれます。現実と戦い、苦難を克服《こくふく》していく力《ちから》を触発《しょくはつ》してくれます。

王蒙先生の『活動変人形』には、主人公の息子が少年時代、『世界有名人小伝』を愛読《あいどく》する場面が出てきます。彼が、歴史に名を残した人々の人生に発見したのは、自分の目の前にある、辛《つら》い、抜け出しがたい現実（家庭や教室）とは異《こと》なる、人間が自分のなすべき使命を知って奮《ふん》闘《とう》する世界でした。[*2]

王蒙　読書は、知識と学識を豊かにし、さらには魂《たましい》を豊かにし、その栄養ともなるものです。本を読まない人間の魂はひからびており、粗雑《そざつ》であり、無感覚であり、そして危険です。なぜなら、そうした人々は、浅薄《せんぱく》で、わがままで、容易に愚《おろ》かしいペテンにかかってしまうからです。

私は最近、テレビのクイズ番組に出演しました。そこで目にしたのは、中国でも多くの青少年が熱心に読書に励んでいるということであり、状況は、言われるほど悲観《ひかん》的ではないのではないかと思いました。雷《らい》君という十二歳の少年は、すでに『史記《しき》』を十数回読んだと言います。実際、『史記』のなかの歴史的出来事をよく把握《はあく》していました。また、理系の青年・李《り》君は、『三国志演義《えんぎ》』を七〇回以上通読したということでした。

一方、こうした例とは逆に、広西《こうせい》大学出版社が行《おこな》った世論調査では、多くの人が中国の四大古典の名著を、最《もっと》も読みたくない本として挙《あ》げていました。

私はその原因として、国の発展《はってん》スピードが速すぎ、暮らし方と心持ちの変化も速すぎ、まるで急流のなかに投げ込まれたように、自分自身というものを摑《つか》みきれないからではないかと考えています。そして、インターネットの劇的な発展があります。情報の入手という面において、浅薄化・大量化・簡便化、さらに付和雷同《ふわらいどう》化が日に日に深刻の度を増しています。

現在、中国のメディアは青少年の「ネット中毒」を盛んに取り上げています。もしも、若い世代が、読書の代わりにネットだけを見るようになったなら、一つの〝愚かな時代〟に陥《おちい》ってしまうのではないでしょうか。

池田　私も、良書に触《ふ》れる機会が減って、活字文化が衰退《すいたい》することは、人間自身の衰退につながると危惧《きぐ》します。

王蒙先生が「自分自身というものを摑《つか》みきれない」と指摘《してき》されたように、知性《ちせい》や道徳が見失われて根なし草になり、人間が人間らしく生きるための道を見出《みいだ》せない恐れがあるからです。読書や深い思索《しさく》は、人間が自己《じこ》を確立して、生きがいを持ち、創造《そうぞう》力を発揮《はっき》するために絶対に不可欠《ふかけつ》です。

ドイツの詩人ヘルマン・ヘッセは、「自分を育て、特徴づけ、教育してくれたもの」[*9]の最大の一つとして、「中国の偉人の書」[*9]を挙《あ》げておりました。[*9]このヘッセが「書物」を讃《たた》えた詩が私は好きです。〝自分自身を摑む〟読書の意義《いぎ》を謳《うた》い上げていると言えましょう。

「書物は君を君自身へと
ひそかに連れ戻してくれる

そこには君の必要とするすべてがある
太陽があり、星があり、月がある
なぜなら、君が尋《たず》ね求めてきた光は
君自身の中にあるからだ

書物の世界をめぐりながら
長い間を費《つい》やして探し求めた知恵《ちえ》は
そのとき、どのページからも輝《かがや》き出るだろう
なぜなら、知恵はもう君のものだからだ[*10]」

第4章 名作『青春万歳』をめぐって

師弟とは限りなき向上と創造の道

池田　近代日本の文豪《ぶんごう》・島崎藤村《しまざきとうそん》は語りました。
「私達の生涯は私達の早い出発点で決することを思いたまえ、心も柔《やわらか》く物にも感じ易《やす》い青春《せいしゅん》の時代に一旦《いったん》私達の執《と》った方針は私達の生涯を左右することを思いたまえ」[*1]
王蒙先生の創作活動の出発点は、小学校時代に長文の作文を恩師の華《か》霞菱《かりょう》先生から激賞《げきしょう》され、大いに励《はげ》まされたことにあったと伺《うかが》いました。
王蒙先生は、中国を代表する作家となられても、その思い出を大切にして、「華先生、どこにいらっしゃいますか?」という文を発表されたのですね。そして、文化相《しょう》の時に再会を果たされました。まさに「師を忘れず」——誠《まこと》に感動的な話です。

王蒙　華霞菱先生は、第二次世界大戦後、台湾《たいわん》に渡られ、国語（中国語）教育に携《たずさ》わってこられました。私は一九九三年にも、台北《タイペイ》の華先生のお宅を訪問《ほうもん》し、お会いすることができました。私は華先生から受けた教えを永遠に忘れることはないでしょう。

池田　私も、小学校時代に物語を読み聞かせてくださった先生のこと、作文を褒《ほ》めて励ましてくださった先生のこと、さらに、戦後まもなく、働きながら通《かよ》った夜学で、親身になって声を掛けてくださった先生のことは忘れられません。

そして、戸田城聖《とだじょうせい》第二代会長の経営する出版社で、少年誌の編集に携わった時には、子どもたちに「偉大なる夢を贈《おく》りたい」と、日々、懸命《けんめい》に奔走《ほんそう》しました。著名《ちょめい》な作家たちに原稿を依頼するとともに自分でも記事を書き、戸田先生から「書いて書いて書きまくれ」と薫陶《くんとう》を受けたことは、宝の歴史となっています。

王蒙　池田先生のご著作《ちょさく》のすべてを拝読できたわけではありませんが、読ませていただきました。池田先生の作品は大変に多く、たくさんのメッセージが込められています。そのなかには、私が非常に関心のあるものもあります。

中国の出版界では、書籍の分類が数多くありますが、池田先生のご著作は、自己啓発《じこけいはつ》の部門に分類されるものでしょう。

ベストセラーといえば、恋愛小説があり、ミステリーがあり、いわゆる「暴露本《ばくろぼん》」もあります。そうしたなかで、ポジティブなメッセージを伝える池田先生のご著作がベストセラーになっているのは、簡単なことではないのです。

池田　ご多忙《たぼう》のなか、私の本を読んでくださった王蒙先生の真心《まごころ》に感謝申し上げます。

ともあれ、良き師に出会う人生は幸福である。これが、私の心からの実感《じっかん》です。

唐《とう》の詩人・韓愈《かんゆ》は、「古《いにしえ》の学ぶ者には必《かなら》ず師有り。師は道を伝え業《ぎょう》を授《さず》け惑《まどい》を解く所以《ゆえん》なり」*2と強調《きょうちょう》しました。

宋学の祖・周敦頤《しゅうとんい》は、「或《ある》（人）問うて曰《いわ》く、曷《なに》をか天下の善と為《な》す。曰く、師なり」*3と述べています。

日蓮仏法《にちれんぶっぽう》においても、たとえば「師は亦邪道《またじゃどう》を閉じ正道《しょうどう》に趣《おもむ》かしむる等の恩是《これ》深し」（御書四三五ページ）と説かれています。

師弟《してい》は、限りなき向上と触発《しょくはつ》と創造《そうぞう》の道です。ここに、古から賢哲《けんてつ》たちが示してきた崇高《すうこう》な生き方があるのではないでしょうか。今日《こんにち》の社会では希薄《きはく》になっているとも言われる師弟の道について、どのようにお考えですか。

王蒙　中国において、私は別の種類の師弟関係を目にしています。それは、学術界における派閥《はばつ》づくりです。古い言葉に、「私は師を愛す。私はそれよりさらに真理を愛す」とあります。正しい言葉です。

もう一つの問題は、次々と新しい携帯端末《たんまつ》が現れるように、ますます社会の発展《はってん》速度が増し、飛ぶように速いことから、人々はある種の浮かれた心理状態に置かれているということです。しかし、そうした劇的な変化のなかにあって、変わらないものもあります。たとえば、道徳であり、価値観《かち》であり、生活態度《たいど》です。私たちは、そうした激変のなかにあっても、師を尊《とうと》び、その教えを重んじるべきなのです。単に表面を学ぶだけではなく、その根本《こんぽん》を忘れてはなりません。

池田　その通《とお》りですね。

孔子《こうし》と弟子たち、釈尊《しゃくそん》と弟子たち、ソクラテス、プラトンと弟子たちにしても、その真理の探究《たんきゅう》は、単なる理論だけのものではなく、全人格的な啓発《けいはつ》からなされる人間の探究でした。

また、真理の探究と実践の道を、師が切り開き、弟子が継承《けいしょう》して発展させる——。これが、文学・哲学・芸術・科学の興隆《こうりゅう》や、社会変革《へんかく》の大きな原動力となってきた歴史を見過ごすことはできません。

本来《ほんらい》の師弟とは、派閥や親分子分ではありません。そうした私利私欲《しりしよく》や利害の関係ではなく、正しき人生を生きるための要諦《ようてい》です。

王蒙先生は少年時代、早くから北京《ペキン》で革命運動に挺身《ていしん》し、社会の矛盾《むじゅん》に目を向け、共産主義思想などからも多くを吸収していかれたと伺《うかが》っています。

当時と今日では青年を取り巻く状況は異《こと》なります。しかし、いつの時代であれ、青年は社会に目を開き、学び、大きな理想を持って、社会に参画していく使命があり、権利があると思います。未来の社会を築《きず》くのは青年の熱と力《ちから》であるからです。

王蒙　社会に関心を持つ、国に関心を寄せる。それは疑いなく当然のことです。と同時に、青《せい》春《しゅん》時代は学びの時期です。正しい学識と確《たし》かな実力を備《そな》えてこそ、社会に対して大いに貢献《こうけん》できるのです。

青春の苦闘のなかに人間的な成長が

池田　二〇一三年九月から十月にかけて、北京《ペキン》の中国国家博物館で「青春万歳《ばんざい》――王蒙文学六十年展」が開催《かいさい》され、大盛況《だいせいきょう》であったそうですね。

十九歳の時の名作『青春万歳』が、偉大な足跡《そくせき》を残されてきた王蒙先生の文学活動のシンボルとなっていることに、深い意義《いぎ》を感じます。私も、翻訳《ほんやく》したものを読ませていただきました。瑞々《みずみず》しい青春の生命は、一生涯を貫《つらぬ》く創造《そうぞう》の種子を孕《はら》むものです。また、青春の生命に、どのような種子を植えるか。何に情熱《じょうねつ》を燃やすか。それによって一生が大きく決まっていきます。

実《じつ》は私も、十九歳の時が、人生の大きな節目となりました。戦後の混乱期、私が人生の師・戸《と》田城聖《だじょうせい》先生に初めて出会った歳《とし》であり、それを契機《けいき》に、生命尊厳《そんげん》の仏法《ぶっぽう》を持《たも》ち、平和を目指す民衆運動に身を投《とう》じていったからです。

日本では国家神道《しんとう》が卑劣《ひれつ》な軍国主義の推進《すいしん》力になったこともあって、若い私は宗教には懐疑《かいぎ》的でした。しかし、戸田先生が軍部政府の弾圧で二年間投獄されながら、平和の信念を貫かれたことを知り、その人格に強く惹《ひ》かれたのです。「この人ならば信じられる」と。

波瀾万丈《はらんばんじょう》の半生でしたが、弟子として、仏法を基調とした平和・文化・教育の道をまっすぐに進んでくることができました。

王蒙先生が最《もっと》も好きな言葉は「青春時代」であると伺《うかが》っております。

古今東西《ここんとうざい》、青春の讃歌《さんか》は文学の大いなるテーマです。それを一言で集約したものこそ、「青春万歳」と言えましょう。

『青春万歳』の序詩には、こう謳《うた》われていますね。

「ありとあらゆる日々よ　みなくるがいい　つぎからつぎへと
わたしは君たちを　織《お》り編《あ》みあげよう
青春という名の金の糸と幸福という名の玉飾《たまかざ》りで」*4

青春には、純粋《じゅんすい》な情熱や努力《どりょく》があります。青春には、悩みも苦しみも、すべてを向上の糧《かて》とする生命力が横溢《おういつ》しています。青春は人生の輝《かがや》く黄金時代であり、青年は社会や世界の最高の宝です。

たとえ労苦《ろうく》や挫折《ざせつ》の連続の青春《せいしゅん》であっても、負けずに努力《どりょく》を重ねていくことです。そして、人生の最終章に〝すべて意味があった。青春時代の苦闘があったからこそ人生に勝利できた。青春万歳《ばんざい》！〟と叫んでいく。そこに本当の幸福も、真の人間の道もあるのではないでしょうか。

『青春万歳』には、新中国建国まもない頃の北京《ペキン》の女子高校生たちが、さまざまな人々と出会い、悩みや試練《しれん》にも直面《ちょくめん》しながら、大きく成長を遂《と》げていく群像が描き出されております。『青春万歳』を書こうと思われた心情《しんじょう》や背景、執筆《しっぴつ》された頃の思い出について、お聞かせください。

王蒙　私の青春時代はちょうど、古い中国が去りゆき、新中国が誕生した時に当たります。青年たちは、凱歌《がいか》を歌いながら行進するような心持ちで欣喜雀躍《きんきじゃくやく》しました。皆《みな》が、最《もっと》も美しい未来の光景を心に描いたものです。

これまで述べてきたように、私の幼年時代は戦乱のなかにあり、ゆえに皆が、国の発展《はってん》を、社会が合理的で秩序正しく進むことを、政治は公明正大であることを、経済建設が平和裏《り》に進むことを熱望しました。もちろん、皆が自《みずか》ら国や人民に対して貢献《こうけん》できることを強く望みました。私たちはこうしたすべての希望を、新中国に託《たく》しました。

加えて、実《じつ》は私は、すでに感じ取っていたのです。このような純真で、ロマンと情熱《じょうねつ》にあふれた青春の日々は、長く続くことはないのだ、と。私は、この上なく貴重《きちょう》な青春時代の思い出

『青春万歳』は1983年に映画化。翌年、タシケントで行われた国際映画祭で優秀フィルム記念賞を受賞。映画祭には原作者として王蒙元文化相（前列左から４人目）も関係者と参加した

を書き綴《つづ》っておくべきだと思いました。

こうして、『青春万歳』の創作が、私の文学人生のスタートとなったのです。

青春は、美しく貴重なものです。青春は、振り返ってみる価値《かち》のあるものです。人間は、生ある限りは、自らの青春のエネルギーをいつでも呼び出すべきでしょう。

青春とはまた、結局のところ、衝動《しょうどう》的であり、成熟《せいじゅく》が足りないのも事実でしょう。青春時代には、誰もがさまざまな過《あやま》ちも犯すものです。

青春との別れとは、青春の持つエネルギーとの別れではなく、青春の幼稚《ようち》さ、単純さ、そして感情に走ってしまいがちなこととの別れでありましょう。

私は、『青春万歳』において、情熱を込め

て青春《せいしゅん》を謳《うた》い上げました。しかし、二十世紀の末に書いた「季節」シリーズや近作『悶《もん》と狂《きょう》』では、私は青春についてある種の反省を加えています。私の作品に関する、あるシンポジウムの席上、一人の教授が作家ミラン・クンデラが青春に対して加えた批判《ひはん》に言及《げんきゅう》しました。青春はおだてや煽動《せんどう》に乗りやすく、感情的に行動したり極端《きょくたん》に走ったりしがちだ、と。彼の言説《げんせつ》から、多くの人が教訓《きょうくん》を汲《く》み取ったようです。

池田　青春のエネルギーを何に向けていくかですね。その意味からも、良き師を持てた青春は幸せと言えましょう。

そして、挑戦《ちょうせん》のない青春では、生命の躍動《やくどう》も喜《よろこ》びもありません。心も老いてしまう。反対に、年配になって成熟《せいじゅく》を増しつつ、しかも心が若々しい人がいます。「生涯青春、万歳《ばんざい》！」と言える人生でありたいものです。

ここからは、『青春万歳』の内容に触《ふ》れながら話を進めたいと思います。

『青春万歳』の主人公の一人である鄭波《ていは》は健気《けなげ》で善意を持った女子学生です。苦労ばかりしながら育ててくれた母に報《むく》いるためにも、立派に人生を生き、大きな事業をやり遂《と》げようと、決意に燃えています。

子が立派に育ち、人々のため、社会のために活躍《かつやく》すれば、それは親子一体の勝利の姿と言えるのではないでしょうか。

創価学園の生徒、創価大学、アメリカ創価大学の学生にも、私は、親孝行を忘れないことが真に教育を受けた証《あか》しであると、一貫《いっかん》して話してきました。現代においても親孝行は大事な生き方だと思います。

王蒙　おっしゃる通《とお》りですね。

はるか昔から、中国人は次のような論理を持ってきました。孝行というのは、人間の天性である。この天性を磨《みが》き鍛《きた》えていけば、人間は自《おの》ずと、他人を愛する心、目上の人を尊敬するという秩序正しい心、恩を感じる心、そして義務と責任《せきにん》の心を育《はぐく》み強めていくことができるのだ、と。こうした論理は、孝行のもともとの意味を大きく超えているでしょう。

ただ、老子《ろうし》の言う「皆知善之為善。斯不善已」（皆《み》な善の善為《た》るを知るも、斯《こ》れ不善のみ）[*5]とのくだりは、かなり誇張《こちょう》に過ぎ、欺瞞《ぎまん》的、あるいは見世物《みせもの》的なところもあります。

一方で『二十四孝』に示された極端な孝行の物語に対し、魯迅《ろじん》は厳《きび》しい批判を加えています。

池田　孝行とは、盲目的に親に従属することではないはずです。親に誤《あやま》りがあるなら、むしろ子が親を聡明《そうめい》にリードしていくのが本当の孝行でしょう。

法華経妙荘厳王本事品《ほけきょうみょうしょうごんのうほんじほん》第二十七には、二人の王子が自分たちの成長した姿をもって邪見《じゃけん》の王であった父を感動させ、正しい教えに導くという逸話があります。

実《じつ》は、この父と子は過去世からの縁《えにし》で親子となり、子が父を正法《しょうほう》に目覚めさせて恩返しをした、と、中国の仏教者・天台大師智顗《てんだいだいしちぎ》が言及《げんきゅう》しています（『法華文句』巻十）。

そして、日蓮大聖人《にちれんだいしょうにん》は、そうした親子の話を引き、深い三世《さんぜ》の生命観の上から、子どもが正しい信念を貫《つらぬ》く大切さと、それが親も救い、真の孝養《こうよう》となることを示しております（御書一〇八六ページ）。

青春時代に大いなる目的観を

池田　さて、『青春万歳《せいしゅんばんざい》』には、若き日に進路をどう決めるか、というテーマがあります。進路は、人生をいかに生きていくかということと重なるだけに、青春時代における、特に重要《じゅうよう》な選択《せんたく》でしょう。

鄭波《ていは》は、橋梁《きょうりょう》の建設事業に携《たずさ》わることを志願しましたが断念し、教師の道を選びます。教師が少ないために、子どもたちが勉強するチャンスを失わないように願ったのです。かつて、自分が学校に入るチャンスを失い、学びたくても学べなかった経験があったからでした。

そして、橋梁の建設に代わって、教育によって子どもたちを「文化や科学や覚醒《かくせい》」へと〝橋渡し〟をするという意義《いぎ》を見出《みいだ》しました。

希望が叶《かな》い、志望通《どお》りの進路・職場《しょくば》に進める青年は、厳《きび》しい現実社会のなかでは決《けっ》して多くないかもしれません。思い通りにいかなくとも、己《おのれ》を卑下《ひげ》せず、人を羨《うらや》むのでもなく、今、自分のいる場所で、自分らしく力《ちから》を発揮《はっき》して、人のために貢献《こうけん》していくことです。その価値創造《かちそうぞう》が本来《ほんらい》の青春の道ではないでしょうか。

王蒙先生もまた、祖国建設の熱意に燃えて、当初、建築家を志《こころざ》したが、他の重要な役割《やくわり》を担《にな》うために断念されたのですね。

振り返って、建築の道ではなく、文学の道に進まれたことを、どのように思われますか。

王蒙　そうなのです。若い頃は建築家になりたいと思っていました。その後は、運輸業界で働きたいとも思いました。さらにその後、小説を書き始めたのです。ここからもわかるように、生活していく舞台《ぶたい》というのは、とても幅広いのです。私に、大好きな道を歩ませてくれた運命というものに、感謝したいと思います。

一人一人の人生の道には、それぞれの特徴があるものです。

人によっては、あっという間に自分の好きな職業に就《つ》くことができる場合もあるでしょう。とても幸せですね。幸せすぎて、あるいは味気《あじけ》ない思いをしたり、自分の経験や関心を持つ分野が狭《せば》まってしまったり、ということもあるのではないでしょうか。

場合によっては、自分の好《この》みや生き方が、絶《た》えず変更を迫られることもあるでしょう。たとえば魯迅《ろじん》です。本来は、日本に行って医学を学ぶつもりでした。ところが文学の道を歩むことになりました。

人間は、自分のスタイルで自分の進み方を組み立て、環境《かんきょう》に適応し、あるいは試練《しれん》に立ち向かい、障害《しょうがい》を乗り越えていくことしかできないのです。

大切なのは、高い理想と現実のバランスをとっていくことです。理想通《どお》りにならないというのは、悲しみも伴《ともな》います。理想と現実の食い違いで、壁にぶつかり挫折《ざせつ》するかもしれません。とても辛《つら》い目に遭《あ》うかもしれません。これもまた悲しむべきことですね。


池田　進路や就職の選択《せんたく》は、個人個人のさまざまな状況があるでしょう。だからこそ私は、自分なりの確《たし》かな人生の目的観を持つことが大切だと思います。

私自身、若き日に、多くの仕事を経験しました。少年時代、実家の生業《なりわい》である海苔《のり》の養殖《ようしょく》・製造を手伝い、三年間、新聞配達もしました。そのなかで文筆への志《こころざし》が深まったのです。しかし、戦争中は鉄工所、戦後は印刷会社、中小企業の復興《ふっこう》のための工業会に勤めました。

そして、恩師・戸田《とだ》先生の出版社に入って少年誌の編集を担《にな》い、希望のコースに近づいたと思っていましたが、戦後経済の混乱で出版社が苦境《くきょう》に陥《おちい》りました。そのため、戸田先生が別に手がけていた会社で、苦手であった金融の営業の仕事にも挑戦《ちょうせん》することになったのです。

いずれの仕事に携《たずさ》わった時も真剣《しんけん》に取り組みました。

今、言えることは、その一つ一つの経験が無駄《むだ》ではなかった。すべてが大きく役立っているということです。

特定の地位、立場、職業に就《つ》くことそのものが目的となってしまえば、それに就けないことは〝挫折〟かもしれません。しかし、挫折した体験が、その後に活《い》かされる場合もあります。希望通りではない仕事に就いても、努力《どりょく》していくなかで、生きがいを見出《みいだ》し、その仕事が好きになり、やがて最高の天職となっていくというドラマも多々あります。

ともかく、いかなる進路を決めるにせよ、その根幹に、自身のためだけでなく、人々のため、社会のために貢献《こうけん》するという、大いなる目的観を持ってこそ、人生の充実と向上があり、確かな価値創造《かちそうぞう》へとつながっていくのではないでしょうか。

真の友情は一生涯の宝

池田　『青春万歳《せいしゅんばんざい》』では、友情も重要《じゅうよう》なテーマになっています。

鄭波《ていは》は真摯《しんし》な努力家です。親友の薔雲《しょううん》は情熱《じょうねつ》的で勇敢《ゆうかん》。性格の異《こと》なる二人が、互《たが》いに深く理解し合い、仲が良く、同志的な友情で結ばれているのは、清々《すがすが》しい光景です。

その一方、李春《りしゅん》という優秀な女子学生は、高い理想を目指して勉強に熱中するあまり、友人たちから離れ、孤立する傾向を持っています。

教師がアドバイスします。

「君は点数だけを気にし、魂《たましい》には無関心であったり、また自分だけを気にし、皆《みな》には無関心というのであっては決《けっ》してならない」

さまざまな経験を経《へ》て李春《りしゅん》は語ります。

「自分はこれまで、あまりにも傲慢《ごうまん》で、あまりにも狭《せま》かった。同級生と共に前進しなくては」

学生にとって、学力を高めることはもちろん重要《じゅうよう》です。とともに、利害を超えて、共に成長し合える、純粋《じゅんすい》な青春《せいしゅん》の友情は一生の宝です。また、若い世代の悩みの多くも、人間関係のことでしょう。

王蒙　私は比較的早くに、青年にかかわる仕事に参画しました。私はどちらかというと外向的です。話すのが好き、語り合うのが好き、学ぶのが好きという性格が、私の生きる道を決めてくれました。私は幼少《ようしょう》の頃から、友だちと一緒にいるよう努めてきました。

また、新中国が提唱した「批判《ひはん》と自己《じこ》批判」も、とても大きな役割《やくわり》を果たしました。その批判と自己批判から、多くを学んだのです。たとえば、自分の欲求や気持ちだけではなく、他人の欲求や気持ちも考慮《こうりょ》しなければならないこと、尊大《そんだい》ぶってはならないこと、相手を尊重し理解しなければならないこと、等です。

池田　自分と異なる他者の考えに耳を傾け、理解しようとする姿勢《しせい》は、他者と「共に生きる」

生き方を築《きず》いていく上で欠《か》かせません。

日蓮仏法《にちれんぶっぽう》では「鏡《かがみ》に向《むか》って礼拝《らいはい》を成《な》す時浮《うか》べる影又我《かげまたわれ》を礼拝するなり」（御書七六九ページ）と説きます。いわば相手を尊《とうと》ぶ心が自分を輝《かがや》かせ、相手にもこちらを尊ぶ心を生じさせていくのです。

友情は、率直《そっちょく》な対話や、相手から学ぶこと、労苦《ろうく》を分かち合うことから深まります。それは、人生の喜《よろこ》びや自他共の向上につながるものです。

友情は、中国文学のテーマの一つですね。そのことは唐詩《とうし》にも窺《うかが》えます。歳月《さいげつ》にも境遇《きょうぐう》にも距離にも、何ものにも左右されない、高邁《こうまい》な友情が謳《うた》われています。

白楽天《はくらくてん》（白居易《はくきょい》）は詠《えい》じました。

「永い病気に罹《かか》り災艱《さいかん》に遇《あ》って、親友の真心《まごころ》の深浅《しんせん》が始めてわかった」*6

「栄枯盛衰《えいこせいすい》に因《よ》って友情を異にするようなことはしないように致《いた》そう」*7

また、王維《おうい》は、日本から中国に来た阿倍仲麻呂《あべのなかまろ》に、「我、既《すで》に爾《なんじ》を詐《いつわ》る無し、爾も亦《また》我を虞《おそ》るること無かれ」*8 等と書き贈《おく》り、国を超えた友情の輝かしい実例となりました。

中国文学には、多様《たよう》な「友情の文化」の開花があります。

王蒙　とても良いテーマですね。

古代より中国では、最《もっと》も重要《じゅうよう》、最も親密な人間関係として、五種類を挙《あ》げています。それは、夫婦、父子、兄弟、君臣、そして驚くべきことに、友人も含まれるのです。中国人が、友人関係をいかに重視《じゅうし》し、大切にしてきたかがわかります。

中国文学には、友人関係を記した作品が数多くあります。

たとえば、杜甫《とほ》が、不遇《ふぐう》時代の李白《りはく》を案じて詠《よ》んだ詩です。

「冠蓋満京華、斯人独憔悴」（位の高い役人にあふれた都で、君は一人、憔悴《しょうすい》していないだろうか）

「白也詩無敵、飄然思不群」（李白の詩の素晴《すば》らしさは無敵であり、飄然《ひょうぜん》として、その思想は俗をはるかに超えている）

なんと感動的でしょうか。

「兪伯牙摔琴謝知音」（兪伯牙《ゆはくが》、琴を奏《かな》でるのを止め、知音《ちいん》に感謝す）の物語にもまた、心打たれます。

現在、中国人は親《した》しい友のことを「知音」と表現しています。これは、人の奏でる楽曲を通《とお》し、その心情《しんじょう》まで親しい友は深く理解することができるということです。時によっては、自分のことをよく知ってわかってくれている、という意味で「知己《ちき》」とも言います。

魯迅《ろじん》には、次の対句《ついく》があります。

「人生得一知己足矣、斯世当以同懐視之」（人生は一知己を得ば足れり、斯《こ》の世は当《まさ》に同じ懐《おも》ひを以《も》つて之《これ》を視《み》るべし）

中華民国《ちゅうかみんこく》時代の初期に自殺した大学者・王国維《おうこくい》のことがよく話題になります。私は、その自殺の理由に関する陳寅恪《ちんいんかく》の言葉に、王国維への知音・知己の心を見る思いです。

こうした友情の観念は非常に価値《かち》のあるものです。このような友人観と、慈悲《じひ》観、愛情観、そして民に親しむ心には、相通《あいつう》じるものがあるでしょう。

池田　仏法《ぶっぽう》で説く「慈悲」の語源について、パーリ語、サンスクリット語まで遡《さかのぼ》ると、「慈」には「真実の友情」、「悲」には「やさしさ」などの意味があります。[*9]

釈尊《しゃくそん》は、善友を持つことは仏道のすべてである――とまで言いました（相応部経典）。人間の向上において、善友がもたらす啓発《けいはつ》、善友との切磋琢磨《せっさたくま》を、どれほど重視《じゅうし》していたかが、窺《うかが》えます。

そして、日蓮《にちれん》仏法では「喜《き》とは自他共に喜《よろこ》ぶ事なり」「自他共に智慧《ちえ》と慈悲と有るを喜とは云《い》うなり」（御書七六一ページ）と説き、他者や善友と「共に」智慧と慈悲とを培《つちか》い、「共に」向上していく「喜び」の人生の建設を促《うなが》しています。

一人だと人間関係の煩《わずら》わしさはなく、自由でいいように見えても、自分を啓発してくれる善友がいなければ、実《じつ》は成長のチャンスを逃《のが》し、人生の大きな損失となってしまう。

青年は善《よ》き友情を求め、他者と連帯することが大事でしょう。

また、「青春《せいしゅん》」の価値が大きければ大きいほど、その成長を助けていく「教育」の価値もまた大きい。ゆえに「青春万歳《せいしゅんばんざい》」は「教育万歳」というべき教育への讃歌《さんか》も込められているのではないでしょうか。まさに、教育は聖業です。

『青春万歳』でも、鄭波《ていは》が抱《いだ》く、教育者の使命が高らかに謳《うた》われています。――鐘《かね》を打ち鳴らして、青春の心を覚醒《かくせい》させていく一人の教師に！　と。

さらに『青春万歳』では、教育者は、知識だけでなく、生徒の精神と身体の成長などにも第一の責任《せきにん》があること、彼らを自分以上に慈《いつく》しみ、大事にし、導《みちび》いていくべきことが記《しる》されています。まったく同感です。

創価教育の創始者でもある牧口常三郎《まきぐちつねさぶろう》初代会長は、「教育は最優最良の人材にあらざれば、成功することの出来ぬ人生最高至難《しなん》の技術であり、芸術である」[*10]と強調《きょうちょう》していました。それほど教育は重要《じゅうよう》であり、教育の深さが、その社会の精神性の深さ、文化の深さを決定づけていきます。教育こそ社会の発展《はってん》の根幹です。

王蒙　私が首都師範《しはん》大学の教壇に立っていた時の多くの学生と、今も友人関係が続いています。たとえば、馮立三《ふうりつさん》さん（作家・文芸評論家）らです。より多くの青年たちと触《ふ》れ合い、互《たが》いに磨《みが》き合う機会を得るというのは、とても素晴《すば》らしいことです。

中国の多くの学者が、日本の成功はまず教育の成功にあったと考えています。教育の成功というのは、教師の人格、その学識の完備、そして社会環境《かんきょう》の改善《かいぜん》と切り離せない関係にあります。教育に携《たずさ》わる人は、少なくとも、自分自身に対して崇高《すうこう》で総合的な要求を持つべきです。

秦《しん》以前の時代から今日《こんにち》まで、中国では「身教重於言教」（教育は、自《みずか》ら範《はん》を垂《た》れることが、口先での指導より重要である）ということが信じられてきました。私は、説得力のある言葉だと思います。

青年交流のさらなる前進を

池田　よくわかります。

私も、かねてより「教師こそ最大の教育環境なり」と訴《うった》えてきました。

創価大学は、日中国交正常化《こっこうせいじょうか》後の一九七五年、新中国が日本に派遣《はけん》した初の国費留学生をお迎えしました。日本語を教える別科では、人柄も教授法も最高の先生方に担当していただきました。生活面も含めて、日中友好の心をもって親身になって面倒《めんどう》を見、学習指導をされたようです。程永華《ていえいか》駐日大使をはじめ、創価大学を巣立っていかれた中国の留学生の皆《みな》さんが、今、立派に活躍《かつやく》されていることは、嬉《うれ》しい限りです。

今日、創価大学が交流協定を結んでいる中国の大学の数は、五〇に及びます。

こうした教育交流、青年交流を重ねることが、永続《えいぞく》的な平和と友好に貢献《こうけん》する人材を育成する基盤《きばん》となると確信してやみません。

王蒙　私は、非常に良いことであると思います。中日両国という隣《となり》同士の国は、さらに相互《そうご》理解を深めなければなりません。それぞれの社会状況、それぞれが直面《ちょくめん》している課題など、理解を深める余地が大いにあります。

中国人と日本人は、顔かたちもあまり変わりませんし、大きな相違《そうい》は見られないようにも思います。日本語のひらがな、カタカナも、漢字の面影《おもかげ》を持っています。また、同じ漢字を使っている言葉もあります。字によっては、その用法にそれぞれの特徴がありますが、同じ意味を持つものもあります。こうした両国文化の相違点と共通点は、極《きわ》めて興味《きょうみ》深いものです。

ただ、視点を変えると、社会的規範《きはん》や思考方法などには大きな違いがあります。だからこそ、相互に留学し合うのは、とても良いことだと思います。創価大学がそれを進めてくださっていますし、日本の社会全体、中国の社会全体から言っても、留学生交流や観光客の往来、また文化・芸術に携《たずさ》わる人や作家の交流の推進《すいしん》も、非常に喜《よろこ》ばしいことです。

創価学会と池田先生が、さらなる良い交流、さらなる相互理解、さらなる多くの分野での協力を希望されていることを、私は固く信じています。そのご意向も動機も疑いないことです。しかも、その点について、私個人の考えも同じです。

青年交流は、私も念願していることです。この点については、中国の主要なメディアもその

新中国初の国費留学生を激励する池田名誉会長（1975年４月、創価大学）
©Seikyo Shimbun

ように言っています。

池田　最近でも、二〇一四年五月に創価学会の日中友好青年交流団が訪中《ほうちゅう》しました。全青連《ぜんせいれん》（中華全国青年連合会）、北京《ペキン》師範《しはん》大学の中国文化力研究センターの皆様方《みなさまがた》との交流や、南開《なんかい》大学、広東《カントン》省社会科学院でのフォーラムの開催《かいさい》など、大変に有意義《ゆういぎ》な機会を持つことができました。また、その秋十一月には、全青連の代表団の方々が、東京、四国、関西を訪問《ほうもん》し、各地で大きな友好の足跡《そくせき》を刻んでくださいました。

　そして、翌二〇一五年六月にも、学会の青年交流団が、北京、天津《てんしん》、延辺《えんぺん》、大連《だいれん》を訪問しました。

　全青連と学会青年部との交流は三〇年を超えましたが、青年の交流で日中友好の新時代

創価学会青年部の日中友好青年交流団が北京市内の中華全国青年連合会（全青連）本部を表敬訪問（2015年６月）　©Seikyo Shimbun

を開こうとの、若い世代の熱情を頼もしく思っております。

教育者の陶行知《とうこうち》先生は謳《うた》いました。

「地球の運行は永遠に前に進んでいるのであり、後退の可能性はないのである」

「私たちはただ前へ向かって創造《そうぞう》の道を切り拓《ひら》くことができるのみで、いかなる後退もあり得ない」[*11]

私どもは、万代《ばんだい》の日中友好のため、青年たちのために、さらに中国の先生方との交流を深めつつ、平和と文化と教育の価値《かち》を創造して道を開いていきたいと願っています。

今回の結びに、『青春万歳《せいしゅんばんざい》』を通《とお》して、特に青年たちに訴《うった》えたいメッセージがありますでしょうか。

王蒙　申し上げるべきは、青春はあっという間に過ぎ去ってしまうということです。

しかし、青年時代を過ぎてから、青年時代にはできなかった多くのことができます。ですから、青春期にむやみと事を急ぐ必要はありません。

ただ、大人《おとな》になってからできることに、青春時代にしかできないことが含まれる、ということは、なかなかないのです。私の執筆《しっぴつ》活動は六〇年間になりますが、『青春万歳』は、十九歳の時にしか書けなかった作品です。青春と、成熟《せいじゅく》した年代は、互《たが》いにとって代わることはできません。

青春期には、青春期にしかできないすべてのことをやり抜くべきでしょう。それが「莫負青春」（青春を無にするな）ということです。

加えて申し上げますと、先ほども話題にしてくださった通り、二〇一三年に北京《ペキン》の中国国家博物館で開催《かいさい》された私の六〇年の作家生活と創作に関する展覧会は「青春万歳」と銘打《めいう》たれました。私が今日《こんにち》もなお、ある種の青春の心とエネルギーを保《たも》っている、ということのようです。

もちろん「青春万歳」の四文字は、私の小説のタイトルから採《と》られたわけですが、展示の内容を見ますと、この作品が中心テーマというわけではありませんでした。

ともあれ、池田先生が私のこの作品に今も注目してくださっていることに感謝申し上げます。

第5章

文化飛翔の天地・新疆

世界と人間の素晴らしさへの目覚め

池田 唐《とう》の詩人・柳宗元《りゅうそうげん》は、「文は道義を明らかにするものである」[*1]と強調《きょうちょう》しました。

真実の言葉、希望の言葉、勇気の言葉、共感《きょうかん》の言葉、励《はげ》ましの言葉が人々の心に届けば、人間が育ち、社会は栄えます。

虚偽《きょぎ》の言葉、人を傷つける言葉、貶《おとし》める言葉、軽薄《けいはく》な言葉、醜悪《しゅうあく》な言葉が蔓延《まんえん》していけば、人間が混迷《こんめい》し、社会は衰えます。

特に現代には、煽情《せんじょう》的な情報があまりにも多い。それだけに、人間の内面への考察を深め、啓発《けいはつ》してくれる文学作品がもっと世に出てほしいという、心ある人々の声があります。「文は人なり」と言いますが、突き詰めれば、文には自分自身の思想、境涯、生命そのものが投影されるのではないでしょうか。

青年のためにも、作家に求められる姿勢《しせい》や心構えについて、王蒙先生の信条を伺《うかが》えればと思います。

王蒙　一〇〇〇人の作家がいれば、一〇〇〇種類の心構えや風格《ふうかく》というものがあるでしょう。私は、文章を書く人々に対し、何か共通の規範《きはん》を打ち出さねばならないとは、これまで考えたことがありません。

ただ、私自身のことについてはお話しできます。私は、この大きな世界に対して興味《きょうみ》が尽《つ》きません。日々の暮らしを愛する心に満《み》ちています。作家仲間が大好きです。さらに、私とはまったく異《こと》なる人間の生き方や人間としての道も、喜《よろこ》んで受け入れるでしょう。この世界は、多《た》様《よう》であるからこそ素晴《すば》らしいと、私は信じています。

文学は、それを読む人の良心《りょうしん》・知恵《ちえ》・感性、そして魂《たましい》を活性化するものだと信じています。文学芸術の最《もっと》も尊《とうと》いところは、人々を感動させ、人々が今の自分より少しでも向上していくことができる、という点にあると考えています。

池田　世界の多彩な美しさに目を開くこと、また、この世界に生を受けた自身の素晴らしさに目覚めることを触発《しょくはつ》するのも、文学の大いなる力《ちから》でしょう。

誰にも尊極《そんごく》の生命がある。その生命には、それぞれに、自分らしい、尊い使命の種子があります。

日蓮仏法《にちれんぶっぽう》では「桜梅桃李《おうばいとうり》の己己《ここ》の当体《とうたい》を改《あらた》めずして」（御書七八四ページ）と説きます。桜は桜らしく、梅は梅、桃は桃、李《すもも》は李らしく美事《みごと》に咲き誇るように、皆《みな》、一人一人が自分にしかない個性の花、創造《そうぞう》の花を咲かせきっていく。そして、多彩な人華《にんげ》の花園《はなぞの》を広げていく。そこに信仰《しんこう》の一つの大きな目的もあるわけです。

王蒙先生は、常《つね》に新しい創造に取り組まれています。これまで、いわゆるスランプというか、壁にぶつかったことはありますか。行き詰まった時、活路を開いていくためには、何が大切でしょうか。

王蒙　本当にたくさんの出来事がありました。すべての新たな探求《たんきゅう》――あるいは創作と言ってもいいですが――それに対しては、さまざまな評価が下されます。

ですから、私がまだ二十二歳という若い頃に書いた『組織部にやってきた若者』という小説が、中国全土に論争を巻き起こし、それに毛沢東《もうたくとう》までもが加わったというのも、何ら不思議《ふしぎ》なことではないのです。

私の心の秘密をお話ししましょう。挫折《ざせつ》したり、否定的な評価にさらされた時、私は密《ひそ》かに得意になるのです。私の影響力《えいきょうりょく》がこんなにもあったのか、と。

あの時は、二十《はたち》そこそこ、まだ非常に若かったのです。そんな私の小説が、中国全土で多くの人の議論の的《まと》になっているのです。これはすごいことじゃないか、と思いました。悪いこととは限らないよ、と。それは、私に対するある種の慰《なぐさ》めであり、励《はげ》ましであったのです。こうした思いを抱《いだ》くのは中国人の一つの特質でしょう。

といいますのは、老子《ろうし》の頃からそうなのですが、中国人は『易経《えききょう》』から、この世では「物事《ものごと》は極点に達すると、必《かなら》ず逆の方向へ転換《てんかん》する」ということを学んできたからです。皆に褒《ほ》められる、誰もが自分を褒める――それは必ずしも良いことではない、と。

フランスの哲学者ディドロも、「誰もが私を批判《ひはん》するなら、それは悲しいことだ。一方、誰もが私を褒めるようなら、それは穴があったら入りたいくらい恥ずかしいことだ。誰にでも褒められるくらい私は凡庸《ぼんよう》であり、さらには偽善者《ぎぜんしゃ》ではないのか」と言っていました。ディドロはいいことを言ったと思います。

つまり、いかなる見解《けんかい》も、どっちでもいいようなものでない限り、すべての人が受け入れるというのはあり得ないことです。

池田　その通《とお》りですね。

ディドロは自《みずか》らの芸術的信念を「真、善、美は密接に結び合っている」「真は美となろう、善は美となるだろう」[*2]とも述べています。それだけに、芸術においても、社会においても、虚偽《きょぎ》、見せかけだけの感情、うわべだけの振る舞い、気取り、知ったかぶりなどを厳《きび》しく指摘《してき》しました。[*2]

この哲人が示したように、美徳が傷つけられていれば、美徳を擁護《ようご》して宣揚《せんよう》し、悪徳が栄えていれば、それを糾弾《きゅうだん》する。真実と正義のためには、非難を受けても恐れず戦い抜く。そうした屹立《きつりつ》した精神闘争は、創造《そうぞう》の源《みなもと》でもありましょう。

私が対談したフランスの行動する作家で、文化相《しょう》を務《つと》めたアンドレ・マルロー氏も言われていました。

「栄光というものは、目にある侮辱《ぶじょく》を通《とお》して、その最高の輝《かがや》きを見出《みいだ》すのです」[*3]

「なすべきをなして、コメントは人にまかせろ」[*4]

マルロー氏は、ナチスと戦い抜いたレジスタンス（抵抗運動）の闘士《とうし》です。氏の鋭《するど》い眼光《がんこう》や断固《だんこ》たる口調からは、不屈の信念と強靱《きょうじん》な知性《ちせい》が伝わってきました。

王蒙　一人の人間が、社会での影響力《えいきょうりょく》を増せば増すほど、実績を挙《あ》げれば挙げるほど、批判《ひはん》する人間も増えるものです。私に対する批判も多くあります。中国本土だけではなく、香港《ホンコン》でも私に対する批判は多いのです。池田先生も日本において順風満帆《じゅんぷうまんぱん》ではないでしょう。批判する人もいるでしょう。そうした状況は理解できます。容易に理解できることなのです。

次に、私には経験があるのですが、一人の人間が持っているのは、一つの世界ではないということです。

ここではひとまず文学を離れ、別の話題で説明することにしましょう。若者の心意気についてでもいいですし、外国語学習の話でもいいですし、さまざまな場所で見聞《けんぶん》したこと――旅行ですね。まず、こうしたことからお話ししましょう。

もしも私が、旅行に行く権利を剥奪《はくだつ》されたとします。でも、本が読めますね。自分の専門とはまったく関係のない本でも読めますし、非常に厳《おごそ》かな内容の本も読めます。諸子《しょし》百家《ひゃっか》でもいいでしょう。英語の本も読めますね。私は、英語を読むのは苦手《にがて》ですが、それでも辞書を引きながら読むことはできます。また、ウイグル語などの本も読めるのです。もしも本すら読めないとなれば、水泳をしたり球技をしたりもできます。

命が奪《うば》われたら終わりですが、命がある限り、まだ選択肢《せんたくし》があるのです。自分がやりたいことができる可能性はあるのです。

何か方法はあるはずです。何も方法が見当たらないと言うなら、それは自分自身の責任《せきにん》でしょう。

私が言いたいのは、人間というのは、自分自身に要求を課さなければならない、ということです。

私には、さらにもう一つ、「学ぶ」ということに関しての経験があります。

私が最大の逆境に置かれた時や、最《もっと》も不愉快《ふゆかい》な日々にあっても、他人が私から奪うことのできなかったものがあります。それは学ぶということです。

どんな環境《かんきよう》にあっても、学ぶことはできるのです。大きなことでも、小さなことでも。言葉も学べるし、文化でも宗教でも学ぶことができますよね。私は信者ではありませんが、新疆《しんきよう》にいた時代、イスラムも研究しました。関連する書籍も読みました。

人間というのは、自分で自分を損《そこ》なおうとしない限り、他人によって損なわれることはないのです。

池田　同感です。自分さえ揺《ゆ》るがず、屈しなければ、必《かなら》ず希望はある。生ある限り、道はある。いかなる境遇《きようぐう》にあっても、自分の人生を決める主体者は自分自身です。

釈尊《しやくそん》は「この世では自己《じこ》こそ自分の主《あるじ》である。他人がどうして（自分の）主であろうか？　賢者は、自分の身をよくととのえて、（自分の）主となり得る」*5と説きました。

死は一人で迎えねばならないように、人生の重要《じゆうよう》な問題には、一個の人間として立ち向かわなければなりません。そのために、自分をいかに創るかが、すべての根幹となるのではないでしょうか。そこに文学のテーマがありますし、仏法《ぶつぽう》が鋭《するど》く見つめ探究《たんきゆう》している点もあります。

人生の原点となった新疆での日々

池田　只今も言及《げんきゆう》されたように、王蒙先生は二十九歳から四十五歳までの人生の最《もつと》も働き盛り

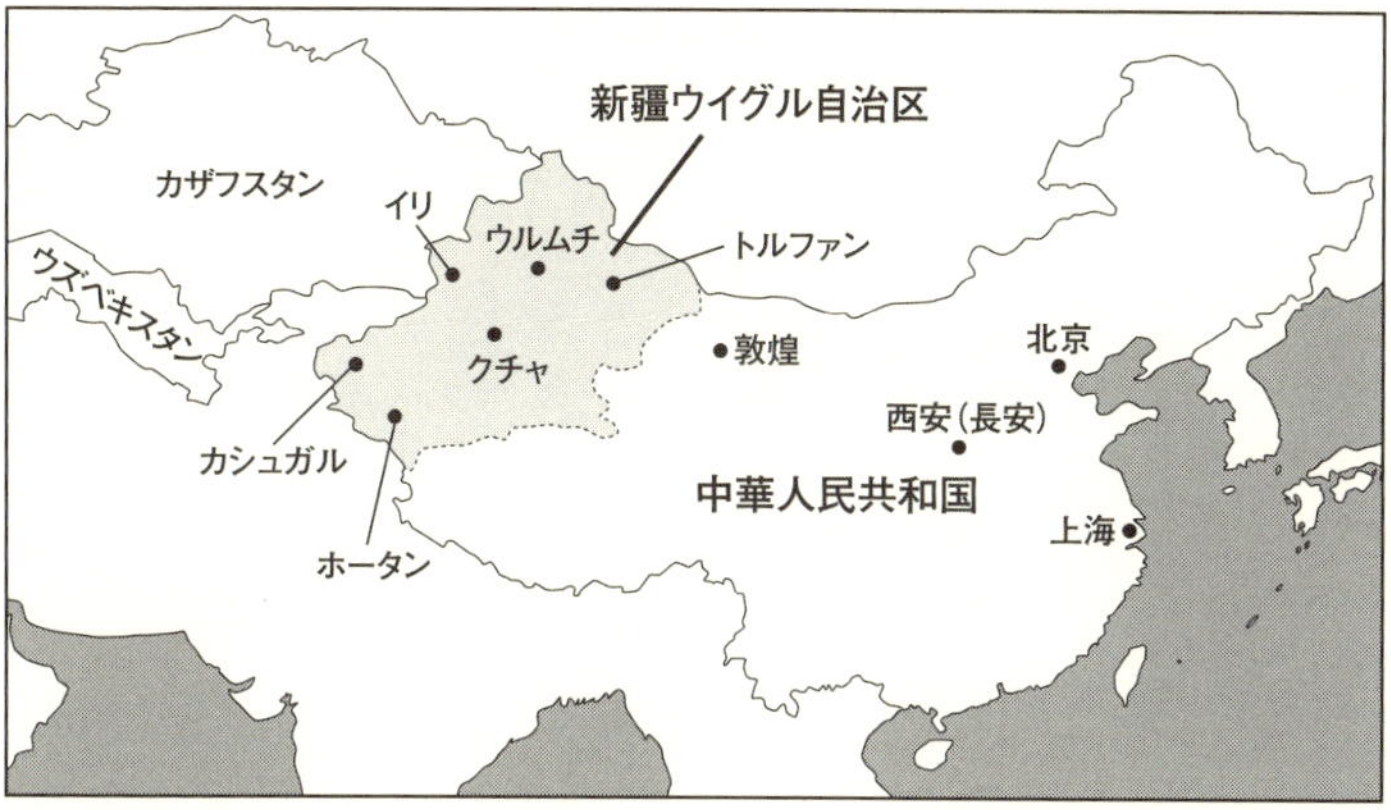

の時期、新疆の地で暮らされた。庶民のなかで、庶民と共に生き抜かれました。そして、新疆を〝故郷〟とし、文学と人生の原点とされています。

そこで、王蒙先生の新疆での体験や、先生の新疆を舞《ぶ》台《たい》とした作品などを通《とお》して語り合えればと思います。

中国には、新疆を讃《たた》える有名な歌がありますね。

「我らが新疆は素晴《すば》らしき所よ／天山《てんざん》の南北は良き牧場／ゴビの砂地は良き畑へと変わり／積雪《せきせつ》溶けて農場に灌《そそ》ぐ／我らが美しき田園／我らが愛《いと》おしき故里《ふるさと》よ」

何度も新疆に足を運ばれた周恩来《しゅうおんらい》総理も、大切にされていた歌と聞いています。

新疆というと、私たちはシルクロードに思いを馳《は》せます。私も多くの新疆の方々とお会いし、ご招待をいただいてきました。私自身は憧《あこが》れの新疆にお伺《うかが》いできずにいるのですが、長男と三男が創価学園の訪中《ほうちゅう》団で訪《おとず》れることができました（一九八四年八月）。

トルファンでウイグル族の農家におじゃまし語り合ったこと。ウルムチで同じく教育に携《たずさ》わる方々と意見交換したこと。南山《なんざん》牧場ではパオにも入り、また、カザフ族の方々と交流したこと。貴重《きちょう》なベゼクリク千仏洞《せんぶつどう》などの文化遺産《いさん》を見学したこと。そして、火焔山《かえんざん》や天池《てんち》をはじめ雄大なる新疆《しんきょう》の光景。そうした様子《ようす》を詳《くわ》しく聞きました。夏だったので、スイカとブドウがとても美味《おい》しく、忘れられないと言っていました。

王蒙先生が、新疆の自然で最《もっと》も好きな光景は何でしょうか。

王蒙　一つは、草原です。一つは、冬の日に満天を舞う大雪です。それは世界そのものの表《あらわ》れであり、広大さよりもさらに広大で、力《ちから》強さよりもさらに力強く、雄壮《ゆうそう》さよりもさらに雄壮なのです。

もちろん、新疆の自然環境《かんきょう》には苛《か》酷《こく》な面もあります。たとえば、乾燥しきったゴビなどの砂漠。アルカリ土壌《どじょう》。ほとんど植物の生《は》えていない禿《は》げ山。しかし、こうした荒涼《こうりょう》とした側面が、人間に試練《しれん》と示唆《しさ》を与えもするのです。人生は甘美《かんび》なものばかりではない。試練に立ち向かわなければならない。苦難を乗り越えていかねばならない。思い通《どお》りにならないすべての境遇《きょうぐう》に耐えていかなければならないのだ、と。

「外国人が中国を訪問《ほうもん》するとしたら、あなたは特にどこを勧《すす》めますか？　それはどうしてですか？」と聞かれれば、私は答えます。ぜひ、新疆を訪《おとず》れてください！　なぜなら、私が大好きな場所だからです。新疆は、中国の他の地域とは違う風景が広がっています。

今はメディアによって、多くのマイナスの情報――とても気分が重くなる情報が流され、広げられることにより、さらに気分は重たくなりますが、まずは新疆に行ってみてください。自分の眼で見てみれば、伝えられるような混乱はきたしていないとわかるでしょう。


池田　王蒙先生が赴《おもむ》かれた新疆は、北京《ペキン》とは、およそ社会も環境も大きく異《こと》なっていたことでしょう。

新しい天地で、人々の生活に溶《と》け込み、人々と信頼を結んでいったことは、かけがえのない体験であったと思います。

新疆で人生を再出発するにあたり、心がけておられたことについてお聞かせください。


王蒙　私という人間の特徴は、新しい経験、新しい知識、新しい生き方が大好きで、それをすべて吸収しようとすることです。新疆の少数民族、特にウイグル族ですが、彼らのすべてに、私は引き込まれてしまいました。

自分の民族を理解しないならば、異なる民族と、さらに大きく広がる世界を理解することはできません。

同じように、異なる文化を経験したことのない人や、世界ということに無知《むち》な人は、自分自身のことを正しくは理解できず、また自分自身がやるべきことも、しっかりとはやり遂《と》げることができないのです。

池田　その意味からも、多様《たよう》な文明が交流して優《すぐ》れた文化が開花し、多彩な人材が育《はぐく》まれ活躍《かつやく》した新疆《しんきょう》の歴史に学ぶことは多いと思います。

新疆では、ウイグル語を習得されたと伺《うかが》いましたが、どのように学ばれたのですか。ウイグル語の魅力《みりょく》を、どのような点に感じられますか。

王蒙　ウイグル語は、アルタイ語族の一つの言語です。日本語もアルタイ語系の言語ですね。基本は、主語・目的語・述語という順序で、文の最後になって、ようやく肯定なのか否定なのかがわかる、というタイプです。しかし、この言語は中国語から大量の借用《しゃくよう》語を取り入れ、中《ちゅう》原《げん》文化も吸収しています。

私は新疆に到着してから、一つには、ウイグル語の教材と、この言語の理論や内容説明のテキストを探しました。その一方で、これがメインだったのですが、朝夕共に過ごすウイグルの農民たちに学んだのです。

言語とは何でしょうか？　言語とは、人間の生活であり、人間の表現です。私は、生活を愛しています。それぞれの民族の人々を愛しています。ですから、言語を学ぶというのは、一つの大きな楽しみなのです。

私は思うのです。人生を生き抜くには、開かれた心を持つことです。異《こと》なる文化に対する関心を持つことです。多様性ということ、世界ということについてのイメージを持つことです。言語を、生き生きとした生き物として捉《とら》え、それを抱きしめ、仲良くすることとです。異なる言語を学ぶなかで、世界を感じ、生命を感じ、愛と信仰《しんこう》を、人間の力《ちから》を、大自然の力を感じることです。そして、遂《つい》には神の領域の力を感じ取るのです。

池田　語学を学ぶ若い世代への、示唆《しさ》に富《と》んだ指針《ししん》です。

また、世界に満《み》ちている色彩、音、リズム、形、動き――あらゆる生命の営《いとな》みに、人間は精神的な意味を見出《みいだ》すことができます。たとえれば、そのすべてが〝言語〟と言えるでしょう。古来《こらい》、それを鋭《するど》く感じ取って、人間が表現するなかで、詩歌《しいか》、文学が生まれてきました。

それぞれの文化には、魂《たましい》となる詩歌があるものです。ゆえに、その詩歌を学ぶことは、その文化に生きる人々の心を理解し、近づく扉《とびら》となるに違いありません。

王蒙先生は、『故郷へ』のなかで、新疆での人々との麗《うるわ》しい交流を描かれています。不当に執筆《しっぴつ》の権利を奪《うば》われ、苦境《くきょう》のさなかにいた王蒙先生を、アップトルフマンお爺《じい》さんは、自《みずか》らの信念を述べて励《はげ》ましてくれました。

「詩人がなければ、いったいそれが国っていえるかね」「安心なすっていい、いつまでもこんな政策がつづくわけがないのだから」[*6]

社会における詩の深き意義《いぎ》も込められた、心打たれる言葉です。

さらに、第二生産大隊の支部書記アシム・ユスーフは、王蒙先生がイリのバエンタイからウルムチへ出発する時に、こう励《はげ》ましてくれました。

「なにもびくびくすることはないんだ。堂々と行くんだよ！」「むこうがあんたを理解しなくても、われわれがあんたを理解している。いつでも一家で戻ってきなさい」[*6]

大隊の会計を担当したアップトルフマン・バクルバンも親《した》しみを込めて語りました。

「王蒙《ワンモン》兄さんが作家だなんて、ぴんとこないねえ。バエンタイの農民じゃないのかい」[*6]

ここには新疆《しんきょう》の人々の逞《たくま》しさ、信頼、温《ぬく》もり、真心《まごころ》が満《み》ち溢《あふ》れています。

王蒙先生は、新疆の人々に呼びかけておられます。

「生ある限り、わたしはあなたたちを裏切りはしない。あなたたちに背《そむ》くことはできない」[*6]

「私は信じる。人民の間で最《もっと》も大切なこと——それは愛であり、信頼であり、人情であり、喜《よろこ》びと活力、日々の生活、共鳴と融合《ゆうごう》である」

長年、平和と文化の民衆運動を進めてきた私にとっても、一言一言、心から共感《きょうかん》できます。

王蒙先生は、まさに新疆で「民衆という永遠の故郷」を勝ち得られたのではないでしょうか。

今日《こんにち》、人間の絆《きずな》の希《き》薄《はく》化が危惧《きぐ》されるなかで、王蒙先生の新疆文学には、決《けっ》して失われてはならない支え合いの心や人間の連帯感が描かれていますね。

王蒙　私が言わなければならないのは、新疆のどの民族の人々も、私に山の如《ごと》き恩を施《ほどこ》してく

思い出多き新疆を訪れた王蒙元文化相。美しき山々のふもとの草原で（2009年６月、イリ・カザフ自治州）

ださった、ということです。困難な状況のもとで、彼らは私を守り、温もりを送ってくれました。

香港《ホンコン》のマスコミの友人たちに、このことについて話したことがあるのですが、そこにいた友人の一人一人が、私も含めてですが、皆《みな》が落涙《らくるい》してしまいました。

最近、伺《うかが》った話ですが、とあるチベット族の学者が、ウイグル族の学者に尋《たず》ねたそうです。君たちはどうしてそんなに王蒙が好きなのか、と。

その答えは、王蒙さんは、彼の心を、新疆の各民族の人々に託《たく》してくれた。各民族の人々も、心を彼に託すことを望んだのだ、というものだったそうです。この話を伝え聞き、感激して、さらに奮《ふる》い立ちました。

新疆《しんきょう》での生活は、私にとって忘れられるものではありません。それは想像《そうぞう》するのは難しいでしょう。

あの特殊な時代に、私にはよりよい生活や命運があったのかもしれません。しかし、新疆で暮らして以降、私はより成熟《せいじゅく》し、より強くなりました。

とともに、私はなお楽観《らっかん》の陽光《ようこう》に満たされ、世界は美しいものであり、友情と善良さは決《けっ》して壊《こわ》されることはなく、知識と知恵《ちえ》も破壊《はかい》されることはないと確信しています。

幼稚《ようち》さと偏狭《へんきょう》さを捨て去る時、私たちは理念《りねん》と関心、そして喜《よろこ》びを失うことはないのです。

池田　王蒙先生が赴《おもむ》かれた新疆のイリは、中央アジアの多くの人種・民族が共存《きょうぞん》する天地だと伺《うかが》いました。

王蒙先生の新疆文学には、各人種・民族の多様《たよう》な美質や暮らしが映《うつ》し出されています。それとともに、多様性の奥底《おうてい》で、同じ人間として共鳴し合うものが描き出されています。

たとえば――

『おお、モハメッド・アマド』に登場するアマドは、閉鎖《へいさ》的な民族主義や偏狭な地方主義を脱して、異《こと》なる民族間の橋渡しをしています。その彼が、繰《く》り返《かえ》し発する言葉が「胸が痛む」[*6]です。時代も社会も異なりますが、フランスの哲学者シモーヌ・ヴェーユが、世界に通《つう》じる普遍的な心情《しんじょう》として、「胸を痛める心」[*7]を挙《あ》げたことが思い起こされます。仏法《ぶっぽう》でも「同苦《どうく》」――

他者の痛みを自身のものとして共有していくことが根幹の一つとなっています。

もう一つ例を挙げれば——

『淡《あわ》い灰色の瞳《ひとみ》』に登場する大工《だいく》のマルクです。彼の母は苛酷《かこく》な境遇《きょうぐう》を強《し》いられ、ロシアから中国へ転々と流れてきました。

彼は親愛の情を抱《いだ》いていた王さんに、こう嘆《なげ》きます。「いったい人間ってなんなのですか？」「人間は砂です。風が吹けば、吹くほうに集まる」[*6]と。

社会の混乱に翻弄《ほんろう》され、悲惨《ひさん》さを憂《うれ》えるマルクに対し、王さんは答えます。

「同意できない」「あんたがひと粒の砂だったら、あの木製品はなにか？　ひと粒の砂にどうして、あんなに精巧《せいこう》で美しい芸術品のような木細工《きざいく》ができるだろうか？」[*6]

この言葉に、マルクは元気づけられて応じます。

「おまえのいうとおりだ、砂に魂《たましい》はないが、自分にも木細工にも魂がある」[*6]

いかに厳《きび》しい苦難に直面《ちょくめん》しても、その時その場所で、価値《かち》あるものを創造《そうぞう》する。生きた証《あか》しを残す。価値創造こそ人間の証しです。

王蒙先生は、新疆の多様性のなかで、人間の普遍的本質を捉《とら》えておられます。そうした観点《かんてん》から、特に印象に残っている新疆の文化があれば、お話しください。

トインビーが重視した新疆の歴史と文化

王蒙　二〇一三年、広州《こうしゅう》の花城出版社から、私が三十数年にわたって封印《ふういん》してきた長編小説『這辺風景（こちら側の風景）』上下二巻が発刊されました。七〇万字になります。これはもっぱら、新疆《しんきょう》の各民族の人々の生活――特にイリ・カザフ自治州のイリ地区に暮らすウイグル族農民の生活を描いたものです。私はこの作品に、あまりにたくさんのことを書き入れてしまったかもしれません。ある評論家は「この作品には、生活の細部に至るまでが、もの凄《すご》い勢いで描かれている」と評しました。またある人は、「これはウイグル人の『清明上河図《せいめいじょうかず》』だ」とも言いました。

　先生のご質問の印象に残る新疆の文化について、一つだけ申し上げたいのですが、それは新疆の音楽――民謡や「十二マカーム」と呼ばれる組曲《くみきょく》などの大型作品です。私は、詩のなかで触《ふ》れました。マカームが聞こえたなら、世界はもう寂《さび》しくもなければ、荒れ果てることもない。これ以上、補足するには及ばないと思うのです。

池田　「十二マカームは子守唄《こもりうた》のようだ／ウイグル人はこの音楽とともに生まれ来た」と讃《たた》えられますね。

その味わい深い歌詞には、さまざまな人生の知恵《ちえ》も込められています。
「巍巍《ぎぎ》たる高山に登らずして　美しき景色は眺《なが》めがたい
黒き馬を駆《か》らずして　茫々《ぼうぼう》たる荒野を走り抜けることは難しい」
「いい加減な心の者に　どうして清《きよ》き涙を流す者の苦境《くきょう》がわかろうか
星たちの秘密は　夜通《よどお》し眠らぬ人を訪《たず》ねて訊《き》け」
「愚《おろ》かな者よ　速《すみ》やかに互《たが》いの恨《うら》みと敵意を捨てよ
さもなくば　どんなに知恵を絞《しぼ》ってみたところで
運命は変えられないのだ」
こうした歌詞を詠《えい》ずるだけでも、平和的、人間的な心情《しんじょう》が伝わってきます。
私は、人類史を俯瞰《ふかん》されてきた歴史家トインビー博士との語らいで、「博士が生まれてみたかったと思うのは、どの時代の、どの地方になりますか」と尋《たず》ねたことがあります。
博士は、こう答えられました。
「私は、多くの異民族、異文明が互いに出あい、接触し、融合《ゆうごう》したような国に生まれてきたかったと思います。できたら、西暦紀元が始まって間もない時代の新疆がよかったと思います。ちょうどその頃、大乗《だいじょう》仏教がインドから新疆を経《へ》て、東アジアへと伝えられています。当時の中央アジアは、仏教、インド文明、ギリシャ文明、イラン文明、中国文明が、すべて合流したところです。私も、当時のそうした種々の出来事のなかで、ひと働きしてみたかったと思うのです。もし、カシュガルやホータンのような中央アジアの一都市の住民として生まれていたら、最《もっと》もやりやすかったでしょう」

博士が、どれほど新疆《しんきょう》の歴史と文化を重視《じゅうし》されていたかが強く感じられました。

王蒙　おっしゃる通《とお》り、新疆は中国の西の門、西の窓です。ここでは、中国の中原《ちゅうげん》文化、西域《せいいき》文化、仏教文化、シャーマニズム、イスラム文化、そしてロシア文化が織《お》り混ざり一体となって、独特の文化的風景をつくりあげています。

池田　新疆は、仏教文化が大きく興隆《こうりゅう》した天地でもあります。

クチャ出身の鳩摩羅什《くまらじゅう》は、仏教経典の中国語への翻訳《ほんやく》に取り組み、成《な》し遂《と》げた訳経《やっきょう》は三〇〇巻にも及びます。なかでも『妙法蓮華経《みょうほうれんげきょう》』（法華経《ほけきょう》）は、日本にも伝わり、平安文化が花開く基盤《きばん》にもなりました。

なお、法華経は多くの言語で翻訳されており、そのなかに古ウイグル語も含まれています。以前、トルファン博物館より、ベゼクリク千仏洞《せんぶつどう》から出土した、鳩摩羅什訳『妙法蓮華経』の観世音菩薩普門品《かんぜおんぼさつふもんぼん》第二十五の断簡《だんかん》（五五九年書写）の貴重《きちょう》な複製を贈《おく》っていただいたことがあります。

観世音菩薩普門品には、「衆生《しゅじょう》は困厄《こんやく》を被《こうむ》って　無量《むりょう》の苦の身を逼《せ》めんに　観音《かんのん》は妙智《みょうち》の力《ちから》

新疆ウイグル自治区副主席、トルファン市長らを歓迎する池田名誉会長
（2001年12月、東京）　©Seikyo Shimbun

もて　能《よ》く世間の苦を救う」（法華経六三六ページ）とあります。そして、人々が苦しんでいるところには、いずこの地にも赴《おもむ》いて救っていく菩薩の生き方が記《しる》されています。

　こうした仏法《ぶっぽう》の「慈悲《じひ》」は、文化芸術の創《そう》造《ぞう》力の源泉《げんせん》ともなりました。

　ベゼクリク千仏洞の壁画《へきが》は広く知られています。また、ホータンのダンダンウィリク遺跡などに描かれた仏教芸術の手法は、唐《とう》の長《ちょう》安《あん》へ、日本の奈良へと伝わり、日本の美術に反映されているといいます。

　文化のさまざまな次元で、日本は新疆にご恩があります。

王蒙　新疆は文化の多《た》様《よう》性があり、それが渾《こん》然一体《ぜんいったい》となっている地域です。

　新疆の文化は東洋の文化として、中国文化

の「敬天積善、古道熱腸、崇文尚礼、仁徳教化、勤倹重農、太平有序」（天を敬《うやま》い善を積《つ》む。律《りち》儀《ぎ》で人情にあつい。文を尊《とうと》び礼を重んじる。仁徳をもって教化する。勤倹《きんけん》にして農を重んじる。平和と秩序有る世を求む）といった観念と一致《いっち》しますし、また、創価学会の文化運動を含め、日本の民族文化が目指す方向とも合致《がっち》するのではないでしょうか。

と同時に、歴史的にみますと、宗教・信仰《しんこう》における多様《たよう》性と変化の過程《かてい》を含む新疆《しんきょう》の文化は、文化的な、また民族的な激しい衝突《しょうとつ》をもたらすことが比較的少なかったと言えます。これは非常に重要《じゅうよう》なポイントです。一体ではあるが多様性を持つ。このことのもう一つの側面は、そこに包容性と相互《そうご》尊重があるということです。これは私たちにとって唯一《ゆいいつ》の選択肢《せんたくし》ではないでしょうか。これこそ、新疆の、また中国の、ひいては世界の希求《ききゅう》するところです。

池田　誠《まこと》に大事な点ですね。

王蒙先生が言われる、一体性と多様性、包容性と相互尊重の基盤《きばん》に、私は絶対の生命尊厳《そんげん》の価値《かち》観が不可欠《ふかけつ》であると思います。文学も、芸術も、教育も、宗教も、それぞれの分野で、その確立を目指していくべきでありましょう。

嬉《うれ》しいことに、創価大学は新疆からも、向学の留学生を迎えてきました。新疆大学、新疆財経大学、新疆医科大学、新疆師範大学とも交流を重ねています。

新疆医科大学の中心広場には、唐《とう》代の偉大な医学者・孫思邈《そんしばく》らの彫像があると伺《うかが》いました。

孫思邈は「思うに人命こそ最高至上《しじょう》、貴《とうと》きこと千金《せんきん》に価《あたい》するものであり、一つの処方にてそれを救うところの徳は、千金を超える[*8]」と綴《つづ》り残しています。そして、仏法《ぶっぽう》で説く「大悲大慈《だいひだいじ》」[*8]、孟子《もうし》が強調《きょうちょう》した「惻隠《そくいん》の心[*8]」で、「その貴賤《きせん》、貧富《ひんぷ》、長幼《ちょうよう》、美醜《びしゅう》、敵味方、同族異族、愚智《ぐち》なるを問わず」、あまねく人々を病苦《びょうく》から救うべきであると断言していました。[*8]

人類共生の未来を照らすシルクロードの精神遺産

池田　さて、王蒙先生の『おお、モハメッド・アマド』には、アマドが、北京《ペキン》から来た友に、「ウイグル語を学ぶのなら、文明的な美しい、詩と同じようなことばを学ばなくちゃ[*6]」と勧《すす》め、シルクロードの詩人ナワイーの詩を朗読《ろうどく》するくだりがあります。

実《じつ》は、創価大学の講堂の前庭には、ウズベキスタン共和国政府から寄贈《きぞう》された、ナワイーの像が立っています。

このナワイー像の台座の銘板《めいばん》には、彼の言葉が刻まれております。「全《すべ》ての人々よ／憎しみあうことなかれ／互《たが》いによき友人たれ／友情は人のなすべき道なり」と。

新疆と密接に結ばれた中央アジアの文化で、ナワイーをはじめ、王蒙先生が注目される文化・文学は何でしょうか。

王蒙　ナワイーは、新疆《しんきょう》においては、むしろウイグルの詩人と認識《にんしき》されています。ウイグル語とウズベク語は、もともと非常に近い言語なのです。私が一九八四年、ウズベキスタンを訪問《ほうもん》した折、あまり苦労せずに、当地の人々とウイグル語で会話することができました。この件《けん》（ナワイーははたしてウイグルの詩人なのか？　それともウズベキスタンの詩人なのか？）については、私はどちらの考えも否定するものではありません。

私が注目するのは、まず彼らの音楽であり、歌です。たとえば、マカームの歌詞、すなわち詩歌《しいか》です。

ナワイーは次の名言を残しています。

「憂鬱《ゆううつ》は歌の魂《たましい》である」

「稲妻《いなずま》は巨大だ。しかしそれは曲がっているので人の役に立たない。ロウソクはとても小さい。しかしそれは真《ま》っ直《す》ぐなので、家の中を照らすことができる」

心に響く言葉です。

次に注目したいのが、歴史上の文化的な物語です。たとえば、戦争で破壊《はかい》されてしまった、幾《いく》つかの有名な古代都市の物語です。サマルカンドやブハラなどの都市が経《へ》てきた歴史的な出来事です。

インドの元駐中国大使で、女性詩人のニルパマ・ラオ氏が、サマルカンドを謳《うた》った詩を書かれました。私は一読して、とても感激し、中国語に翻訳《ほんやく》して発表したことがあります。

人間の経験というのは不思議《ふしぎ》なものです。文化大革命《だいかくめい》のさなか、私は新疆のイリ地区で暮らしていました。中国全土の人々が不安にさいなまれていた時代に私は、ウズベキスタンとカザフスタンで出版されたウイグル語・ウズベク語——そこには、スラブ文字で発音が綴《つづ》られたウズベク語の書籍も含まれます——の本を数十冊読み、知的欲求は大いに満たされ、視野を広げることができました。劣《れっ》悪《あく》な条件下で、思いも寄らなかった読書の喜《よろこ》びに恵まれたのです。

創価大学に立つナワイー像　©Seikyo Shimbun

私の命運には、確《たし》かにいくらか不思議なところがあり、非常に幸運であったと言うべきでしょう。

こうしたことを中国の諺《ことわざ》で「逢凶化吉、遇難成祥」（不吉《ふきつ》なことに出くわしてもそれを吉事《きちじ》に変える。苦難に遭《あ》ってもそれが吉祥《きちじょう》と成《な》る）と言います。

池田　サマルカンドやブハラには、親《した》しみを感じます。これまで創価大学シルクロード学術調査団が、その地も見学し、ウズベキスタンのハムザ記念芸術学研究所と共同で、クシャーナ朝《ちょう》の遺跡（ダルヴェルジンテパ仏教遺跡）などで発掘《はっくつ》調査を行《おこな》ってきました。

二世紀頃、カニシカ王が築《きず》いたクシャーナ朝の版図《はんと》は、中央アジア、イラン、インドにまたがるもので、東は中国、西はローマとの交流もあり、多様《たよう》な文化を包容したとされます。カニシカ王は、信教の自由を認め、仏教を基盤《きばん》として、異《こと》なる文化の交流を積極的《せっきょく》に進めたのです。このクシャーナ朝における諸文化の交流・融合《ゆうごう》を背景としつつ、世界宗教としての大乗《だいじょう》仏教が興隆《こうりゅう》し、やがて東アジアへと伝えられていきました。

創価大学シルクロード学術調査団を指導してくださった国立民族学博物館名誉教授の加藤《かとう》九祚《きゅうぞう》先生は語られました。

「シルクロードの人々に仏教が広まったのは、人々の心を結びつける力《ちから》があったからでしょう。差別をなくし、幅広く助け合うことを徹底《てってい》して説いたのが釈尊《しゃくそん》です。あれだけ人間に信頼を置く教えは少ないと思います」*9

そして、一人の人を大切にし、人間の尊厳《そんげん》を守る生き方が、さまざまな文化の融合と平和の機軸《きじく》ともなったと言われていました。

シルクロードの要衝《ようしょう》であり、文化の交流と飛翔《ひしょう》の天地である、新疆《しんきょう》の歴史や精神遺産《いさん》の研究は、未来の共生《きょうせい》の世界構築《こうちく》に必《かなら》ずや資《し》するでありましょう。

第6章

尚文の伝統と文学

歴史に学ぶ　文化というソフトパワー

池田　ロシアの文豪《ぶんごう》トルストイは、名作『戦争と平和』のエピローグ（終結部《しゅうけつぶ》）のなかで綴《つづ》っています。

「善を愛する者は互《たが》いに手をつなごうではないか」「もし悪い人間が一つの力《ちから》に結合するならば、正直な人たちも同じようにしなければならない」[*1]

戦時中の空襲で、私は家を焼け出されて大事な本を失いました。月が照らす焼け跡《あと》で、『戦争と平和』のさまざまな場面や言葉を思い返したものです。当時、若い私たちも、人間社会の悲劇の流転を、痛切《つうせつ》に実感《じっかん》しました。

人間の心には「善」と「悪」の働きがあります。平和や文化を愛する心とともに、暴力や野《や》蛮《ばん》に走る心もある。そして、人間は悲惨な戦争を重ねてきました。断じて戦争の惨禍《さんか》を繰《く》り返《かえ》させてはなりません。これは世界中の人々の共通の願いでありましょう。

もう三〇年以上前（一九八四年）になりますが、招聘《しょうへい》をいただき、北京《ペキン》大学で「平和への王道――私の一考察」と題した講演を行《おこな》ったことがあります。

その際、光を当てたのが、中国が長く培《つちか》ってきた「尚文《しょうぶん》」、すなわち文化を尊ぶ気風《きふう》です。戦乱の時代を経《へ》つつも、武力より、文化の力によって社会を形成していく――この歴史と伝統から汲《く》み出された知恵《ちえ》は、最《もっと》も中国らしいものと言えないでしょうか。それは人間主義であり、文化主義を主軸とした道でもあります。

思えば、三国時代の魏《ぎ》の文帝《ぶんてい》・曹丕《そうひ》は「文章は経国《けいこく》の大業にして、不朽《ふきゅう》の盛事《せいじ》なり」＊2との有名な言葉を残しました。

また、皇帝から文化貢献《こうけん》を讃嘆《さんたん》され「文公《ぶんこう》」と諡《おくりな》された唐《とう》の詩人・白楽天《はくらくてん》は綴っています。

「聖人は人の心を感化して、天下が平和になるのである。人の心を感化するには先《ま》ず真心《まごころ》をもってせねばならず、それには先ずことばで始めねばならず、その声は何ものにも増して切実でなければならず、その意味するものは何ものにも増して深いものでなければならない。詩は真心を根とし、ことばを苗《なえ》とし、声を花とし、意味内容を果実とするのである」＊3と。

今回から、中国を代表する詩人や文学作品を通《とお》して、人間と社会を洞察《どうさつ》しながら、文化というソフトパワーによる平和と繁栄の道について語り合いたいと思います。

王蒙　ちょうどよいタイミングでした。先頃、私は天津《てんしん》でロシアのスタニスラフスキー&ネミロヴィチ＝ダンチェンコ記念音楽劇場の歌劇「戦争と平和」を鑑賞しました。原作はトルストイ、作曲はプロコフィエフですね。

最《もつと》も印象《いんしよう》深かったのは、戦争のなかにあっても、平和のなかにあっても、人間はやはり人間であり、その一人一人も、やはり彼は彼自身であり、彼女は彼女自身であるということでした。戦争の最中《さなか》にも友情があり、愛情があり、恋慕《れんぼ》があります。思い出があり、純真さがあり、そして平和への期待があります。

また、平和のなかにあっては、人間は往々《おうおう》にして、戦争の危険性とその代償《だいしよう》を十分に推し量《おはか》らないものです。世界には、責任感《せきにんかん》のある者もいれば、それをまったく欠《か》いて私欲だけを満足させようとする者もいます。

戦争と平和の入れ替わりに際して、人間はより多くのことを学ぶべきなのです。しかし時に人間は、よく学ぶということの意味を理解せず、現実を直視しないのと同じように、歴史を直視しないものです。

私は小学生時代、習字練習用の枠《わく》のある紙に「天下太平」の四文字を、少なくとも数百回は書きました。当時の社会環境《かんきよう》においては、普通の庶民も、子どもたちも、どれほどか「天下太平」を望んでいたことでしょう。

「智慧」をテーマに講演する王蒙元文化相（2012年9月）

二〇一四年、李《り》香蘭《こうらん》（山口淑子《やまぐちよしこ》）さんが亡《な》くなったという知らせを聞きました。私はかつて彼女の自伝を読み、中国の月刊誌『読書』に「人・命運・李香蘭」という一文を寄せたことがあります。そして一九九四年の訪《ほう》日《にち》時には、李香蘭さんと夕食を共にする機会があり、彼女の戦争に翻弄《ほんろう》された経験は重要《じゅうよう》だと感じました。

二〇〇〇年以上前の中国の諸子《しょし》百家《ひゃっか》は、多くが戦争に強く反対していました。

孔子《こうし》は、仁政《じんせい》と、和を貴《とうと》ぶことを主張し、「温良恭倹譲」（温《おだやか》で良《すなお》で恭ゝ《うやうや》しくて倹《つつま》しくて譲《へりくだ》であられる）[*4]という君子《くんし》の風格《ふうかく》を身につけようと提唱しつつも、もう文化というものが失われてしまったのか、と嘆《なげ》きました。墨《ぼく》子《し》は「非攻《ひこう》」を主張し、老子《ろうし》は、たとえ戦争で勝利を収めても、「葬式《そうしき》」の礼をもって相手に対するべきだと考えました。老子《ろうし》の箴言《しんげん》に「師之所処、荊棘生焉、大軍之後、必有凶年」（軍隊の駐屯《ちゅうとん》するところには荊棘《いばら》が生《は》え、大きな戦争の後では、かならず凶作になる）[*5]とある通《とお》りです。

池田先生は先ほど、見事な指摘《してき》をされました。孔子《こうし》と孟子《もうし》は共に、尚文《しょうぶん》の伝統を築《きず》こうと尽力《じんりょく》しました。東周《とうしゅう》の動乱と内戦の時代、孟子は、国と民衆を救う唯一の道は武力ではなく文化――道徳・礼節・仁愛《じんあい》――によると考えました。孔子と彼の弟子たちは「克己復礼、天下帰仁」（己《おの》れを克《せ》めて礼に復《かえ》れば、天下仁に帰す）[*4]と説いています。

池田先生は今、曹丕《そうひ》と白楽天《はくらくてん》の言葉を引用されました。素晴《すば》らしいことです。

それに対して、私は残念ながら、即座《そくざ》に日本の古典から文化人の名言を引用することができません。しかし、日本文化のなかにも、必《かなら》ずや尚文、そして平和を愛する見事な箴言があるはずだと信じています。

池田　しばしば日本人が中国の古典を引用するのは、それだけ日本が中国から多くの文化的恩恵を受けている証左《しょうさ》です。

とりわけ、ここで申し上げたいことは、中国を経由して日本に伝来した仏教、なかんずく生命の尊厳《そんげん》を説き、万人《ばんにん》に仏性《ぶっしょう》があること、万人が仏と成りうることを明かした法華経《ほけきょう》が、日本の平和思想を醸成《じょうせい》する基盤《きばん》となってきたということです。

現存する日本最古の書籍は、法華経を註解《ちゅうかい》する書『法華義疏《ほっけぎしょ》』です。一四〇〇年ほど前、聖徳太子《しょうとくたいし》が著《あらわ》したと伝えられてきました。この義疏では、人々を救う「慈悲《じひ》（苦を抜き、楽を与える）」について、繰《く》り返《かえ》し解説しています。[*6]

また、聖徳太子によるとされる日本最初の法律「十七条憲法」では、王蒙先生が言われた儒教《じゅきょう》の〝和を貴《とうと》ぶ〟思想をふまえつつ、仏教の慈悲を根幹とした「和」の思想を展開していると指摘されています。

そこには、「和をもって貴しとし」「人の違うことを怒らざれ。人みな心あり。心おのおの執《と》るところあり」「嫉妬《しっと》あることなかれ。われすでに人を嫉《うらや》むときは、人またわれを嫉む」「和諧《わかい》せよ」[*7]等と記《しる》されているのです。

怒り、嫉妬、憎悪《ぞうお》など、争いを引き起こす内的な要因を克服《こくふく》する、人間自身の変革《へんかく》があって、平和は実現できます。

平安時代、法華経を宣揚《せんよう》して文化の興隆《こうりゅう》に多大な影響《えいきょう》を与えた伝教大師最澄《でんぎょうだいしさいちょう》も、「怨《うら》みに対して怨みで対応している限り、怨みが止《や》むことはありません。怨みに対して徳をもって対応するならば、怨みは尽《つ》きます」[*8]と喝破《かっぱ》しました。また、「慈とは楽を与えることであり、悲とは苦を抜済《ばっさい》することです。この心、この思いを私は片時《かたとき》も忘れたことはありません」[*8]と述べています。

そして、鎌倉時代、日蓮大聖人《にちれんだいしょうにん》は、「一日の命は、宇宙《うちゅう》の全財宝を集めた以上の宝である」（御書九八六ページ）等、生命尊厳《そんげん》の絶対性を説かれました。

この時代は、自然災害や飢饉《ききん》、疫病《えきびょう》などが相次《あいつ》ぎ、戦乱の危機《きき》が迫っていましたが、宗教界は諸宗が仏意に違背《いはい》して、混迷《こんめい》、形骸《けいがい》化し、社会に厭世観《えんせいかん》が蔓延《まんえん》していきました。

苦しみ、惑《まど》い、悲嘆《ひたん》にくれる人々を救うために、日蓮大聖人は、法華経《ほけきょう》の真髄《しんずい》である妙法（南無妙法蓮華経《なんみょうほうれんげきょう》）を流布《るふ》したのです。

さらに、『立正安国論《りっしょうあんこくろん》』を著《あらわ》し、為政者《いせいしゃ》の誤《あやま》った宗教思想等を諌《いさ》めました。それゆえに、鎌倉幕府から命に及ぶ大迫害を何度も受けましたが、一歩も退《しりぞ》くことなく、平和と民衆の安穏《あんのん》のために、どこまでも対話と言論によって生命尊厳の仏法《ぶっぽう》を弘《ひろ》めたのです。ここには、慈悲《じひ》と非暴力《ぼうりょく》の偉大な実践があり、いわば尚文《しょうぶん》の精神が脈打《みゃくう》っています。

『立正安国論』には「国を失い家を滅《めっ》せば何《いず》れの所にか世を遁《のが》れん汝《なんじ》須《すべから》く一身《いっしん》の安堵《あんど》を思わば先《ま》ず四表《しひょう》の静謐《せいひつ》を禱《いの》らん者か」（御書三一ページ）とあります。

すなわち、自身の幸福を願うだけではなく、社会の繁栄と平和を祈り、その実現のために行動するなかに、自身の真の幸福も確立されると教えています。ここに、私たちの平和運動の立脚点があります。

なお、『立正安国論』は、二〇〇〇年、読売新聞の調査「読者の選ぶ二十一世紀に伝える

『あの一冊』」で、「日本の名著」の第二位に選ばれています（同年十一月二十九日付東京朝刊）。日本文化を代表する文献《ぶんけん》でもあるのです。

苦難をも創造へと昇華

池田　先ほどのお話に、歴史的に中国の思想家の多くが、戦争に反対したとありました。そうした点もふまえながら、これから、中国の古典文学に話題を進めたいと思います。
　まず、王蒙先生が、これまで最《もっと》も影響《えいきょう》を受けた文人《ぶんじん》・作家は、誰でしょうか。

王蒙　中国の古典について言えば、私が最も影響を受け、また気に入っているのは、蘇《そ》東坡《とうば》、李《り》白《はく》、曹雪芹《そうせっきん》です。私は彼らから、常《つね》にとても大きな影響を受けてきました。

池田　宋《そう》の詩人・蘇東坡の生涯は波瀾万丈《はらんばんじょう》ですね。国の要職を歴任し、社会のために、自《みずか》ら信ずるところを実践しました。一方、党派抗争が激化《げきか》するなか、誹謗《ひぼう》、投獄、流罪《るざい》を被《こうむ》ります。左遷《させん》や転出で地方の各地にも赴《おもむ》いています。
　しかし、決《けっ》して悲観《ひかん》に沈まず、いよいよ己《おのれ》を深め、〝精深華妙《せいしんかみょう》〟と讃《たた》えられる大文学者としての境涯を開いていきました。
　私は、蘇東坡の詩句「美好《びこう》、艱難《かんなん》に出《い》づ」[*9]（善《よ》きことは艱難より出ずる）を思い起こします。

蘇東坡《そとうば》は、法華経《ほけきょう》には無限《むげん》の世界が広がっていると称しています。その法華経に基《もと》づき、天台大師智顗《てんだいだいしちぎ》も、そして、日蓮大聖人《にちれんだいしょうにん》も、「変毒為薬《へんどくいやく》」（毒を変じて薬と為《な》す）という法理を説いています。

蘇東坡の人生からも、苦難を創造《そうぞう》へ、苦悩《くのう》を知恵《ちえ》へと転換《てんかん》する「創造的生命」の発現が感じられてなりません。

そうした蘇東坡の足跡《そくせき》は、王蒙先生と深く通《つう》ずるものがあると、私は思っております。

王蒙　恐れ入ります。私が蘇東坡を好むのは、特に不思議《ふしぎ》なことではありません。中国の学識者のほとんどは、蘇東坡を気に入っています。

蘇東坡は苦難に屈しませんでした。彼のように、自信を持ち、純真で、生きることそのものを愛し、文学を熱愛する人間を、外から壊《こわ》そうとしても難しいことです。恵州《けいしゅう》（広東省《カントン》）に流罪となった時も、彼は一粒のライチ（茘枝《れいし》）の実に感動し、喜《よろこ》びました。このような人物こそ無敵なのです。

蘇東坡の博学、多感さ、向かうところ敵無しの才華《さいか》、すべての物事《ものごと》に対する旺盛《おうせい》な関心、私はそれらが皆《みな》、大好きです。

私が蘇東坡から思い至るのは、その才能はある種の美しさを備《そな》えており、それはまた自信であり、視野の広さであり、喜びでもあるということです。美しいものは皆、帰着《きちゃく》するところは同じだと私は信じています。

また、蘇東坡の言う歓喜《かんき》と、仏教が説く歓喜には相通《あいつう》じるところがあるのではないかと感じています。この点について、池田先生にご教示いただきたいと思います。

池田　そうですね。蘇東坡の詩に「およそ物はみなどこか見るべき価値《かち》をもっている。かりにも見るべき価値をもっていさえすれば、すべて楽しむべきところがあるものだ[10]」とあります。世界の生きとし生けるものに価値や美しさを見出《みいだ》す精神は、仏法《ぶっぽう》と通じています。

釈尊《しゃくそん》は、仏法を弘《ひろ》める最後の旅で、樹々《きぎ》を楽しみ、「この世界は美しいものだし、人間のいのちは甘美なものだ[11]」と語ったともいいます。

美しさをもたらす本源は、生命の尊《とうと》さ、輝《かがや》きではないでしょうか。

法華経に基づいて、天台大師智顗、妙楽《みょうらく》大師湛然《たんねん》、そして日蓮大聖人は、自然界の一草《いっそう》・一《いち》木《もく》・一礫《いちりゃく》・一塵《いちじん》、さらに樹林《じゅりん》・山河《さんが》・大地にまで、皆、尊極《そんごく》の仏性《ぶっしょう》が具《そな》わっているとして甚深《じんじん》の法門《ほうもん》を説きました。仏法は、生命の実相《じっそう》と尊厳《そんげん》性を教え、それを輝かせるものです。

江戸時代、日蓮大聖人の思想を信奉《しんぽう》していた芸術家・本阿《ほんあ》弥《み》光悦《こうえつ》、俵屋宗達《たわらやそうたつ》、尾形光琳《おがたこうりん》、尾形乾山《けんざん》らは、京都を中心に活躍《かつやく》し、絢爛《けんらん》たる美術工芸の名作を残しました。信仰《しんこう》の発露《はつろ》の一つとして、草花など国土の自然を生き生きと描いていったとも考えられています。

また、今、王蒙先生が語られた、蘇東坡《そとうば》の揺《ゆ》るぎない「自信」すなわち「自《みずか》らを信ずる」という点で思い浮かぶのは、法華経《ほけきょう》に説かれた「衣裏珠《えりじゅ》の譬《たとえ》」です。

――ある貧《まず》しい人の衣《ころも》の裏に、親友が真心《まごころ》で無上の宝珠《ほうしゅ》を縫《ぬ》い付けてくれた。それに気づかないまま貧窮《ひんきゅう》の流浪《るろう》を重ねたが、その果てについに宝珠に気づき、「心は大いに歓喜《かんき》」（法華経三四一ページ）した、というものです。

この文を、日蓮仏法《にちれんぶっぽう》では「始めて我心本来《わがこころほんらい》の仏なりと知るを即《すなわ》ち大歓喜と名《なづ》く所謂南《いわゆるなん》無妙法蓮華経《みょうほうれんげきょう》は歓喜の中の大歓喜なり」（御書七八八ページ）と説きました。

何があろうと妙法を唱え、自身の生命に尊極《そんごく》の仏性《ぶっしょう》があることを覚知し、その仏性に具《そな》わる偉大な智慧《ちえ》と慈悲《じひ》と勇気を、人のため、社会のために発揮《はっき》するところに「歓喜の中の大歓喜」があります。

これは、いわば、自分を見つめ、本来の自身を発見し、その自分自身に生きる大歓喜でありましょう。

法華経の哲理《てつり》は、現実世界の無常《むじょう》や苦しみを悲観《ひかん》して、どこか別世界に浄土《じょうど》を求める厭世《えんせい》的なものではありません。この現実世界を歓喜ある世界に変えていこうとする主体的なものです。

蘇東坡は「詩人、思《おもい》、邪《じゃ》なく、孟子《もうし》、内《うち》に自ら反《はん》す」*9と詠《うた》いました。自身の内を省《かえり》みるという孟子の思想は、王蒙先生も深く注目されていますね。

蘇東坡は度々《たびたび》、地位や安住の地を追われ、人格の尊厳《そんげん》も奪《うば》われ、また、社会的差別を超えて庶民と交流したことで、自分自身、人間自身というものに対する洞察《どうさつ》を深めていったに違いない。苦難のなかで自身が鍛《きた》えられ、精神が浄化され、境涯が大きく開かれていったと考えられます。

蘇東坡が「至るところ、郷里となし、賢《けん》に事《つか》えて其仁《そのじん》を友とす*9」と詠った通《とお》りです。

自己発見は　生きる感動の発見

王蒙　私は青年時代、人間の精神生活というものに、深く深く惹《ひ》かれていました。

たとえば、読書です。読書の魅力《みりょく》というのは、それまでの生活で、特に何も感ずるところのなかった物事《ものごと》の存在に気づかせてくれることではないでしょうか。

たとえば、一本の大樹、一羽の鳥、一つの電気スタンド。これらも、世の中に対する、また生命に対する果てしない関心と思考を大きく促《うなが》してくれました。

孟子の「浩然《こうぜん》の気を養《やしな》う」という言葉も、孔子《こうし》から孟子へと続く精神的価値《かち》の追求《ついきゅう》であり、私も大きな感銘《かんめい》を受けています。

同時にまた、読書は自己《じこ》発見に繋《つな》がると深く感じています。青春《せいしゅん》・同情心・焦《あせ》り・不公正への憤《いきどお》り・献身への意欲・正義感からの衝動《しょうどう》、そして臆病《おくびょう》からの躊躇《ちゅうちょ》。読書を通《とお》し、自《みずか》らの至らなさや、弱さ、不完全さをさらに強く認識《にんしき》することができるのです。

また、自省や反省という面で、青年であった私に大きな衝撃《しょうげき》を与えたのは、トルストイとロマン・ロランでした。『復活』のネフリュードフの反省と懺悔《ざんげ》、『ジャン・クリストフ』の主人公の内心を襲《おそ》った暴風と波浪《はろう》を読み取った時、私はもう一度、自分というものを築《きず》き上げていこう、さらに良い王蒙となっていく必要がある、と思ったのです。

蘇東坡《そとうば》について印象《いんしょう》深いのは、そのスマートさと多感さです。「多情應笑。我早生華髪」（多情応《まさ》に笑われん。我の早くも華髪〈＝白髪《しらが》〉を生ぜるを）[*12]とあるように。

彼の、歴史に感動、生活に感動、不遇《ふぐう》にさえも感動という心の在《あ》り方は、それ自体が見事な幸運だと私は確信しています。

感動は生きるということであり、感動こそが生きることそのものなのです。感動がなければ、無駄《むだ》にこの世に生まれてきてしまったということになりましょう。

私にとって、蘇東坡のああしたさまざまな不遇は、さほど重要《じゅうよう》ではないのです。重要なのは、不遇が彼にもたらしたのは、少なくとも、主に彼から何かを奪《うば》ったり粉々《こなごな》に打ちのめしたのではなく、彼の人生を後押《あとお》しし、豊かにしていったことです。そして、さらにイマジネーションを呼び起こし発奮《はっぷん》させたことではないかと思うのです。

もしも彼の人生が順風満帆《じゅんぷうまんぱん》で、スムーズに昇進し、安定と富貴《ふうき》と長寿が備《そな》わっていたとしたら、詩人・蘇東坡は生まれたでしょうか？　「大江東去（大江《たいこう》は　東にながれ）」[*13]「明月幾時有（明月《めいげつ》よ　齢《よわい》いくばく）」[*13]「客亦知夫水與月乎（客《かく》も亦《ま》た夫《か》の水と月とを知るか）」[*14]を詠《よ》んだ蘇東坡はいたでしょうか？

私は、さまざまな地域で暮らした人生経験から、次のように言うことができます。文化、そして文学には、物事《ものごと》を消化していく力《ちから》があります。毒を排出《はいしゅつ》し、免疫力《めんえきりょく》を高める機能を持っています。悲哀《ひあい》を深みのある力にかえ、横暴《おうぼう》をユーモアとし、義憤《ぎふん》を先見の明へと高め、失望《しつぼう》を品格ある静謐《せいひつ》さと期待へと転換《てんかん》することができます。

つまり、尚文《しょうぶん》にはある種の免疫力があるのです。精神面から言えば、蘇東坡も、そしてまた彼の政敵であった王安石《おうあんせき》にとっても、そのように言えるでしょう。二人は、政治的見解《けんかい》では鋭《するど》く対立していました。仕官の道においてもライバルでした。しかし、文化的伝統や文化的品格において、二人は一致《いっち》しているのです。こうした人物を、叩《たた》きつぶすことなどできるわけがなかったのです。

池田　素晴《すば》らしいお話です。

日蓮仏法《にちれんぶっぽう》では、「難来《きた》るを以《もっ》て安楽と意得可《こころうべ》きなり」（御書七五〇ページ）とも、「必《かなら》ず三障四魔《さんしょうしま》と申す障《さわり》いできたれば賢者はよろこび愚者は退《しりぞ》く」（御書一〇九一ページ）とも説かれます。

敷衍《ふえん》して言えば、苦難が襲《おそ》ってきた時こそ、自身を大きく向上させるチャンスである。喜《よろこ》び勇んで挑戦《ちょうせん》していくべきだということです。そうした観点《かんてん》からも、大事なご指摘《してき》だと思います。

王蒙先生が先に挙《あ》げられた、トルストイの『復活』、ロマン・ロランの『ジャン・クリストフ』は、私も若き日から大好きでした。『ジャン・クリストフ』には、こう記《しる》されていますね。

「真の偉大さが認められるのは、苦にも楽にも喜悦《きえつ》することのできる力《ちから》においてである」[*15]

「一つのたくましい精神が健《すこ》やかに活動しているときには、あらゆる力を――敵対的な諸力をさえも――摂取《せっしゅ》して、それらを自分の肉にする」[*16]

ですから、青年は、いかなることがあろうと、断じて負けずに、強く生き抜いてもらいたい。苦難との戦いを、自身の滋養《じよう》にして大きく成長していってもらいたい。

また、王蒙先生が言われた「感動こそ生きることそのものだ」との卓見に関連して申し上げますと、日本文学には、現存する最古の歌集『万葉集《まんようしゅう》』以来、草木、花鳥《かちょう》、山河《さんが》、海、星、月、太陽など自然の命の営《いとな》みに感動、共感《きょうかん》し、そこに自分の思いを託《たく》して歌を詠《よ》む伝統があります。

平安時代前期に編集された歌集『古今和歌集《こきんわかしゅう》』の序《じょ》には、「自然の間に生を営むものにして、どれが歌を詠まないと申せましょうか」「すべて歌をうたっているのである。万物《ばんぶつ》みな歌を持っていることは自然の理法である」[*17]と記されています。生きとし生けるものが、それぞれ自《みずか》らの歌を詠《うた》っている。それに感動して、人間も自らの心を響かせて歌うというのです。

江戸時代、俳諧《はいかい》の巨匠《きょしょう》・松尾芭蕉《まつおばしょう》は、「俳諧というものは、天地自然に則《のっと》って、四季の移り変《かわ》りを友とするものである。見るものすべてが花であり、思うことすべてが月でないということはない」[*18]と、綴《つづ》りました。

変化しゆく世界の、あらゆるものに美を見出《みいだ》して感動し、自然と共に生きるなかに、人間らしさを発見していく。そこに尚文《しょうぶん》の心もあるでしょう。

王蒙先生は、日本の俳句《はいく》がお好きだと伺《うかが》っています。日本の古典文学について何か所感《しょかん》をお聞かせください。

王蒙　日本人の、小さくかつ精緻《せいち》なものへの取り組み、その努力《どりょく》には驚くべきものがあります。一粒の砂に世界を見、一輪の花に楽園を見出し、瞬間のなかに永遠を留《とど》めています。

これは宗教であり、詩であり、特に俳句は哲学であり、科学であると思います。

それは東洋の思惟《しい》形式でしょうが、イギリスの詩人ウィリアム・ブレイクの詩篇《しへん》にも、こうあります。

「一粒の砂にも世界を
一輪の野の花にも天国を見、
君の掌のうちに無限《むげん》を
一時《ひととき》のうちに永遠を握る」[*19]

池田　よくわかります。ところで、蘇東坡《そとうば》は、文学、芸術、思想、歴史など文化の多彩な次元で、際立《きわだ》った足跡《そくせき》を残したことが知られています。

彼の書画論では、単なる技巧に拘泥《こうでい》せず、芸術家自身の人格や精神性を重視《じゅうし》しています。「凡《およ》そ書は其《そ》の人と為《な》りに象《かたど》る」（いったい書は書者の人となりを象徴するものである）[*20]と。

人間という根本《こんぽん》から出発し、多様《たよう》な文化活動へと展開する。とともに、多様な文化活動を通《とお》して、人間という根本を探究《たんきゅう》する。そうした絶《た》え間なき往還《おうかん》作業があってこそ、創造《そうぞう》力もいや増していくのではないでしょうか。

その点で、ヨーロッパ文化の有名な標語となった、古代ローマの劇作家テレンティウスの「私は人間だ。人間のすることは何ひとつ私にとって他人事とは思わない」[*21]との一節が想起されます。

こうした大いなる精神性こそ、現代社会で求められるものでありましょう。

王蒙　池田先生がおっしゃったことは、まさに文学の根本ですね。文の根本は人間であり、人間への関心、思いやりです。また、社会に対する心馳《ば》せであり、非人間化への抗議でもあります。それはまた、すべての人間の不幸に同情し、それを理解し慰《なぐさ》めることです。

文学にはさまざまなスタイルがあります。たとえば、自分自身の天地で、独自の言葉を発見し美しい言葉を創造する。このタイプに、アメリカのイマジズムの詩人エミリー・ディキンスンや中国の李賀《りが》、日本の俳人・正岡子規《まさおかしき》、さらに愛の詩人ツァンヤン・ギャツォ（ダライ・ラマ六世）などがいます。

蘇東坡は、このタイプとは異《こと》なります。彼の心には世界と歴史、現実が収まっています。四方を旅し、山河《さんが》を歩き、毎日の暮らしを愛しました。古典を重んじて現在を論じ、詩歌《しいか》を詠《うた》い散文を綴《つづ》り議論を進めました。さらには、喜劇を演じ、漢方薬を煎《せん》じ、すべての物事《ものごと》に関心を寄せ、森羅万象《しんらばんしょう》に好奇心を抱きました。その度量は広大にして、生命力の強さもこの上なく、趣味は多方面に及び、生き方はオールラウンドでした。

蘇東坡の表現は孔子《こうし》を想起させます。孔子は、自《みずか》らが何かの専門家であるとは認めませんでした。蘇東坡の関心事――彼が長《た》けていたのは、自らを高め世を良くしていこうと努め、世間の道理と人情、道徳哲学という人間の根本を修《おさ》めようとすることでした。

私が好きな蘇東坡の詩は、中国の多くの民衆と同じように、一つは『念奴嬌《ねんどきょう》　赤壁懐古《せきへきかいこ》』です。もう一つは、『水調歌頭《すいちょうかとう》』です。「明月幾時有、把酒問青天」（明月《めいげつ》よ　齢《よわい》いくばく／酒ささげ　大空に問わまし）[*13]――中秋の名月の夜、この詩以外に私たちが愛誦《あいしょう》すべき詩は、他にないでしょう。さらに『赤壁賦《せきへきのふ》』の前後二篇があります。まさに王国維《おうこくい》が言うように、蘇東坡は「其《そ》の内に入り、また其の外に出る」ことのできた詩人でした。

宋《そう》時代に蘇東坡《そとうば》という人物が生まれたことで、その後の中国の読書人の暮らしに、大きな輝《かがや》きを与えてくれました。それは、中国にとって、幸運でした。

中国の文人たちの社会参加の伝統

池田　ここで、さらに時代を遡《さかのぼ》って、唐《とう》の大詩人の一人、白楽天《はくらくてん》についても語り合いたいと思います。その詩は当時の庶民も愛誦《あいしょう》し、日本でも海外諸国でも愛読されました。日蓮大聖人《にちれんだいしょうにん》は白楽天の詩篇《しへん》のなかで社会を諫《いさ》め、正すものにも注目し、「白楽天が楽府《がふ》」（御書九〇九ページ）等、この先達《せんだつ》の足跡《そくせき》について言及《げんきゅう》されています。

王蒙　それは素晴《すば》らしい。

日本の友と語る度《たび》に、中国文化に話題が及びます。そうした友の熱心さと深い理解に、私は感動しています。

日本には、中国文化を深く理解する友がたくさんいます。中国・安徽《あんき》省の馬鞍山《まあんさん》市の采石磯《さいせきき》にある李白《りはく》の墓を訪《おとず》れる日本人観光客は、大詩人・李白を偲《しの》んで涙を流すという話を聞いたことがあります。

また、蘇州《そしゅう》の寒山寺《かんざんじ》では、毎年大晦日《おおみそか》に、日本の旅行者がわざわざ「夜半鐘聲到客船」（夜《や》

半《はん》の鐘聲《しょうせい》　客船《かくせん》に到《いた》る）[22]と詠《うた》われた鐘の音を聴きに来るといいます。中華文化に対する、日本の友人の皆《みな》さんの深い思いに、私も大きな感動を覚えます。

池田　白楽天の文学の特質の一つは、「新楽府」にも見られるように、社会の変革《へんかく》、窮乏《きゅうぼう》や災難からの民衆の救済を目指した点にありますね。

白楽天は「権豪《けんごう》の怒《いかり》を懼《おそ》れず」[23]と、勇敢《ゆうかん》に、人々を虐《しいた》げる者、嘘偽《うそいつわ》る者らを責めました。

白楽天は詠っています。

「一体男子たる者は天下を兼済《けんせい》する（＝天下の人を兼ね救う）志《こころざし》がなければならない。自分ひとり善《よ》ければ人はどうでもよいというものではない」[23]

白楽天も蘇東坡もそうですが、中国の詩人の多くが、現実社会と隔絶《かくぜつ》せず、困難渦巻《うずま》く社会に参画するなかで、文学を創造《そうぞう》しています。

王蒙　おっしゃる通《とお》りですね。

白楽天は民衆の苦しみを注視《ちゅうし》していました。と同時に、その文学、そして詩の世界は、星空の如《ごと》く、大海の如く広大です。私はそのような現実社会を見つめた文学作品に感動を覚えます。

私はまた、自分自身の暮らしのなかの、精神、感情、そして芸術を深く突き詰めていった作家や作品も大好きです。

白楽天と蘇東坡、二人の大詩人はいずれも、左遷《させん》されて杭州《こうしゅう》に行き、地方官を務《つと》めました。

杭州《こうしゅう》の西湖《せいこ》には、「白堤《はくてい》」があり、また「蘇堤《そてい》」があります。私は、多くの日本の友人と同じように、西湖を訪《おとず》れるのが好きです。

池田　四〇年以上前（一九七四年）、私も西湖を訪れたことがあります。湖上の船や湖のほとりの公園で、人々と交流を重ね、白楽天《はくらくてん》や蘇東坡《そとうば》の足跡《そくせき》にも思いを馳《は》せたものです。今日《こんにち》、美しい西湖の景観は世界遺産《いさん》となっていますね。西湖を整備した白楽天を偲《しの》んで「白堤」と呼ばれる堤防、蘇東坡が築《きず》いた「蘇堤」と呼ばれる堤防、その辺《あた》りの詩情豊かな光景は、人々から愛されていると伺《うかが》いました。

白楽天も蘇東坡も、中央政治を去り、地方の行政官として自《みずか》ら灌漑《かんがい》事業などの施策《しさく》を実現しました。現実の上で、地域のため、人民のために、社会の改善《かいぜん》を進めたと言えましょう。

白楽天の親友である、詩人の元稹《げんしん》は詠《うた》いました。

「達すれば億兆（万民）を済《すく》い、窮《きゅう》するも亦豪釐《またごうり》（少数の民）を済う。人を済うに大小なし」*24

自分が、どのような境遇《きょうぐう》にいるにせよ、自分のいる場所や地域で、できうる限り人を救うという心情《しんじょう》です。大きな立場にいれば活躍《かつやく》するが、その立場を失えば何もしないのではありません。目の前に苦しんでいる人がいれば、一人でも多く救っていくという点に、私は仏法《ぶっぽう》の慈悲《じひ》に通《つう》じる精神性を感じます。

研《と》ぎ澄《す》まされた文学者の眼は、社会の不条理を決《けっ》して見逃しません。

白楽天や蘇東坡ら多くの詩人に詠われた西湖（杭州市）。その中国文化を象徴した景観は世界遺産に　©PPS通信社

二十世紀、フランスの哲学者サルトルは、「書くとはどういうことか？　何故書くか？　誰のために？」[*25]と述べました。また、飢《う》えた子どもたちに文学は何ができるか、との問いもあります。

文学を通《とお》して社会にいかなる精神的価値《かち》をもたらしていくのか、という真摯《しんし》な問いかけは、常《つね》に求められるでしょう。社会参加によって、文学と現実世界との繋《つな》がりを回復しようとする努力《どりょく》も大切でしょう。

二十一世紀に入っても、世界の各地で紛争やテロ等が起こり、貧困《ひんこん》や格差が広がっています。

フランスの作家アンドレ・マルロー氏は、「要は、自分は一個の人間としてなにができるか、なにごとにたいして行動できるかということが大事のはずです」[*26]と、私に語られていました。

私は、こうした問いかけは、もともと中国の文学にあったと見ております。

中国に流れる文学者の社会参加の伝統、文学が社会で果たす役割《やくわり》を重視《じゅうし》する歴史は、そのまま、王蒙先生が継承《けいしょう》されております。

文学と社会の関わりについては、いかがでしょうか。


王蒙　それについては、歴史には多くの良い例があります。

たとえば、イギリスのディケンズの小説は、イギリス社会の児童労働の問題解決を促《うなが》しました。とはいえ、社会・政治・人々の暮らしの問題を直接的に解決するという意味では、文学の働きはそれほど明確なものではありません。

文学の力《ちから》は、人間の心を動かすところにあります。人間の心が、より善良になり、同情心と他人を尊重する心が豊かになり、最低限の正義と道徳を守り抜くようになり、美しい純朴《じゅんぼく》さを求めるようになれば、その果たす役割はなんと偉大なことでしょうか。

池田　青春時代《せいしゅん》、我が恩師・戸田城聖《とだじょうせい》先生のもとでディケンズの名作を学んだことが、脳裏《のうり》に蘇《よみがえ》ります。
ディケンズは、「わたしは考える力と表現する力のある限り、この世の残酷《ざんこく》と抑圧《よくあつ》を追究します」[*27]と、社会悪と戦い、虐《しいた》げられた人々に寄り添《そ》いました。物語では庶民を重要《じゅうよう》な登場者と

フランス・パリ郊外にあるアンドレ・マルロー氏の自宅を訪問し語り合う池田名誉会長（1975年５月）　©Seikyo Shimbun

して描いてもいます。

文学においては、社会の表面には出てこない、人間の悲しみ、苦しみ、喜《よろこ》び、楽しみにも光を当てることができます。それが、読む人の心を動かしていくのでしょう。

人々の苦悩《くのう》を深く受けとめ、その克服《こくふく》のために声をあげる文学の力は、古《いにしえ》より存在していました。

たとえば、先ほど申し上げた日本の『万葉集《まんようしゅう》』も、そうです。さらに、中国の『詩経《しきょう》』も、そうです。そこには、戦争、社会の不正、貧窮《ひんきゅう》、病気、死などによる、民衆の多くの悲嘆《ひたん》や苦悩が詠《うた》われています。

『詩経』のなかの「民労」で強調《きょうちょう》されている「民は苦しみ疲れている。どうか安《やす》んぜよ」[*28]との叫《さけ》びが、今も深く印象に残っています。

王蒙　孔子《こうし》は、詩は「興《きよう》・観《かん》・群《ぐん》・怨《えん》」を可能とする、と言いました。つまり詩は、人間の魂《たましい》を啓発《けいはつ》し、世界に対する認識《にんしき》を深め、他の人々との交流を促《うなが》し、憂鬱《ゆううつ》な気持ちを言葉として発する力《ちから》があるというのです。

また、『詩経《しきよう》』にあるそれぞれの詩の特色を概括《がいかつ》すると、恨《うら》みがあっても怒ることはせず、楽しみがあっても取り乱すことはせず、哀愁《あいしゆう》をたたえても心が傷つくことはない、となりましょうか。

こうした、極《きわ》めて美しい在《あ》り方が、古代中国の詩の教えの伝統を形作ってきたのです。

ただ、こうした伝統にも、何か物足りないところがあるように思えます。フランスのユゴー、ロシアのドストエフスキーの作品には、台風のような凄《すさ》まじさや危険な波濤《はとう》の如《ごと》き強烈さがあり、これもまた人類の宝であり財産です。文学は、つまるところ、作家がつくり出すフィクション（虚構《きよこう》）を持っています。そうしたフィクションであるという条件のもとでの強烈さや不思議《ふしぎ》さを備《そな》えた作品が、私は好きです。

一人一人の作家に、それぞれの時代や環境《かんきよう》があり、各人の性格と、何に出あったかという特色があります。すべての作家を評価する共通の物差《ものさ》しはありません。蘇東坡《そとうば》の不遇《ふぐう》時代は、王安石《おうあんせき》が得意の絶頂でした。その一〇〇〇年後、私たちは蘇東坡の物差しで王安石を批判《ひはん》することはできませんし、また王安石の物差しで、蘇東坡が王安石の政治改革を支持しなかったことを責めることもできないのです。

現代の中国を例にとれば、汪曽祺《おうそぎ》は中国最後の「士大夫《したいふ》」と尊《とうと》ばれ、宗璞《そうはく》は「蘭《らん》の息吹《いぶき》、玉の精神」と賞讃《しょうさん》されています。賈平凹《かへいおう》は長編小説の巨匠《きょしょう》と言われ、莫言《ばくげん》の創作には、固有の伝統と現代意識《いしき》の結合、優《すぐ》れた想像力《そうぞう》が表《あらわ》れています。これらの作家はそれぞれまったく異《こと》なりますが、いずれも敬愛《けいあい》すべき文学者です。

彼らを羨《うらや》ましくも思いますが、私は私であることしかできませんし、私の特色も、彼らがすべて備えているわけでもありません。

私の文学的追求《ついきゅう》は、社会と人々の暮らしにある中華的伝統への関心を受け継ぐことであり、これは私の歴史的背景や環境により定まったことでもあります。しかし私も時にそれを乗り越え、変化させていくこともあります。また、自《みずか》らの心のなかに立ち返ったり、逆にその波動やリズムを聞いたり、さらに心の生活の神秘を探ることも大好きです。

人間の心の内奥に広がる壮大な光景

池田　実《じつ》に含蓄《がんちく》に富《と》むお話です。

真の意味で、自分が自分らしくあることこそ、人間の本然《ほんねん》的な願望でありましょう。

逆に、自分が自分以外の誰かになろうとしたり、人間が人間以上の何かになろうとしたら、不幸と悲劇が生じるでしょう。

王蒙先生が言及《げんきゅう》された文豪《ぶんごう》ユゴーの『レ・ミゼラブル』に、「海洋よりも壮大なる光景、それは天空である。天空よりも壮大なる光景、それは実《じつ》に人の魂《たましい》の内奥《ないおう》である」[*29]との一節があります。これは創価大学の講堂に設置したユゴー像の台座にも刻まれています。

一人の人間は、決《けっ》して小さな存在ではない。自分の心の内奥には、〝宇宙的《うちゅう》大我《たいが》〟とも言うべき広がりがあり、偉大な可能性が秘《ひ》められているからです。

とともに、自分という存在は、他と切り離された、孤立したものではありえません。他者や社会との関係があり、さらに、自然との関係もあります。そうした幾重《いくえ》にもわたる関係性のなかで、自分というものが成り立っています。

自身の一念《いちねん》(瞬間の生命)に三千《さんぜん》の諸法(現象世界のすべて)を具足《ぐそく》しているとしたのが、天台大師智顗《てんだいだいしちぎ》の一念三千の法門《ほうもん》です。そして、日蓮大聖人《にちれんだいしょうにん》は、現実に、万人《ばんにん》が胸中《きょうちゅう》に、宇宙大の尊極《そんごく》なる生命を顕現《けんげん》しつつ、最高に自身を輝《かがや》かせ、限りない向上の人生を歩むための具体的な方途《ほうと》を明かしました。

白楽天《はくらくてん》は「心は玉と同じく火にも焼けず、松と同じく霜《しも》にも枯れない」「心中《しんちゅう》守る所の主《しゅ》あらば外物《がいぶつ》も敢《あえ》て犯すことは出来ない[*23]」と詠《うた》いました。

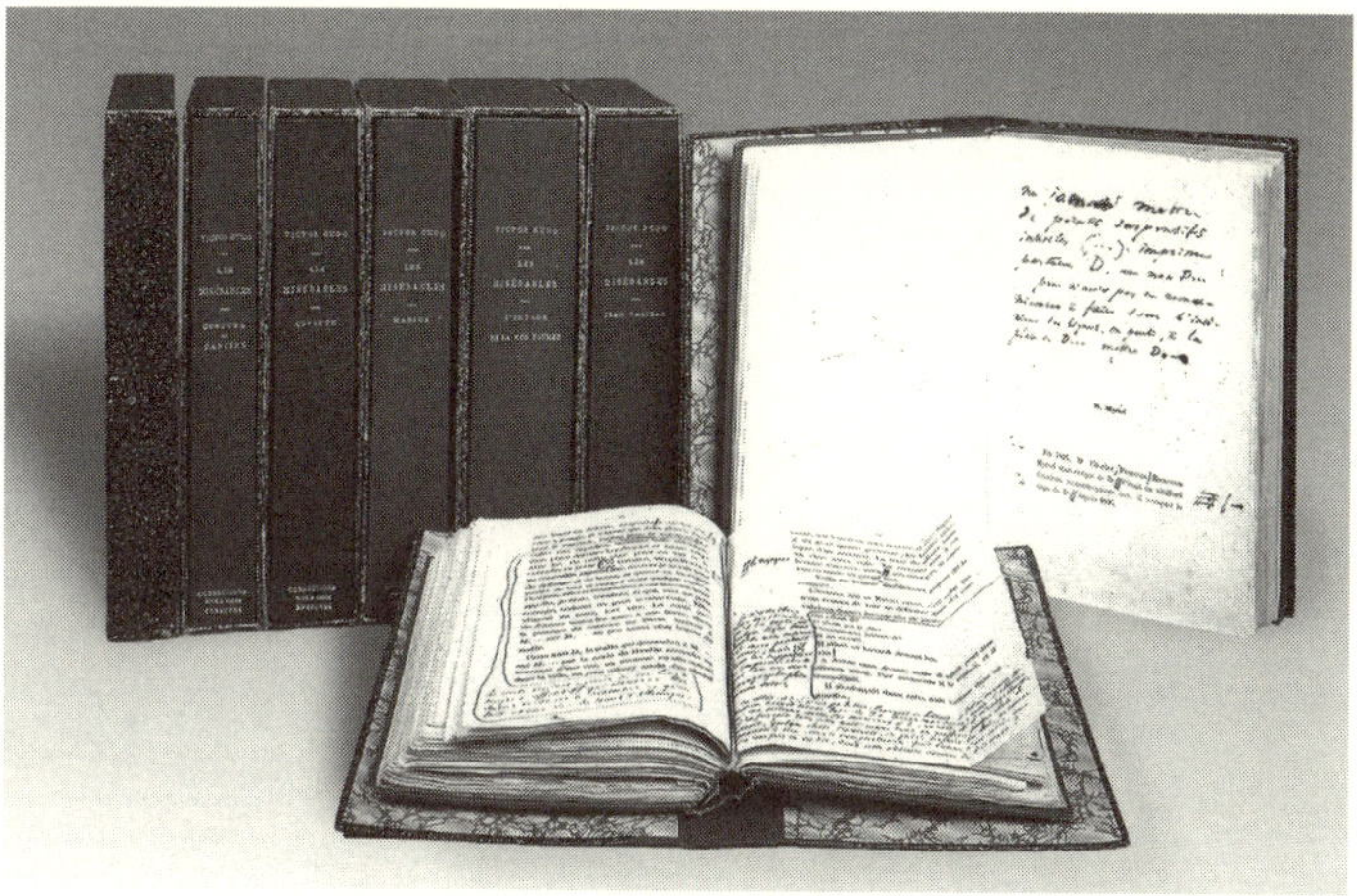

フランスの国宝に指定されている『レ・ミゼラブル』のユゴー自筆の校正入りゲラ刷り（ヴィクトル・ユゴー文学記念館所蔵）　©Seikyo Shimbun

何ものにも壊《こわ》されない、自身の強き一念があれば、困難を乗り越え、地域へ、社会へと変革《へんかく》の波動を起こしていける。ゆえに、人間の心を啓発《けいはつ》する文学は、社会を改善《かいぜん》する原動力となっていくのではないでしょうか。

　ここで、特に印象に残る白楽天の詩句や足《そく》跡《せき》などがあれば、お聞かせください。

王蒙　私は永遠に「長恨歌《ちょうごんか》」と「琵琶行《びわこう》」を忘れることはないでしょう。日本の方は、楊《よう》貴妃《きひ》がお好きなようですね。確《たし》かに愛すべき人物です。ぜひ、白楽天の「花非花《かひか》」を挙《あ》げさせてください。

「花非花。霧非霧。／夜半来。天明去。／来如春夢幾多時。／去似朝雲無覓處」

(花か花に非《あら》ず、霧《きり》か霧に非ず。／夜半《やはん》に来《きた》り、天明に去る。／来ること春夢《しゅんむ》の如《ごと》く幾多の時ぞ。

／去ること朝雲《ちょううん》に似て覓《もと》むる處《ところ》無し）[*30]

白楽天《はくらくてん》はまた、可能な限り「婦人や子どもにも理解できるように」わかりやすく表現しようと努めました。その一方で、彼には独自のロマンと清純さもあります。

池田 だからでしょうか、女性が活躍《かつやく》した平安文学をはじめ日本の文学には、『白氏文集《はくしもんじゅう》』が典拠《てんきょ》とされる表現が多く指摘《してき》されます。

多くの人に読まれるためにも、「わかりやすい」ことは大切ですね。

日蓮大聖人《にちれんだいしょうにん》は、当時、仏教に関する文書は漢文で著《あらわ》すことが常識でしたが、より広く人々にわかる仮名《かな》文字をまじえて、多くの手紙を逆境と闘う門下などに認《したた》められました。

どれほど文は励《はげ》ましの力《ちから》となるか。私は、常々《つねづね》、聖教新聞の記者等に、わかりやすく、読者の心に響く言葉や文章となるよう念願してきました。これは、多くの社会の指導者たちが心がけている点でもありましょう。

中国の歴史上で、特に文に秀《ひい》でた指導者は誰でしょうか。

王蒙 文章（詩）のユニークさや強烈さという意味で、想起するのは屈原《くつげん》です。沈鬱《ちんうつ》さ、もの悲しさでは、曹操《そうそう》でしょう。気魄《きはく》と自信では、もちろん毛沢東《もうたくとう》です。彼らの文学的実績は稀《まれ》なものです。

ただ、それが模範《もはん》かと言えば、私は模範という類《たぐい》の言葉は使いたくありません。模範とは、彼らに学ぶということですよね。しかし文学は、今あるサンプルを学んでも、そこから何かを汲《く》み取ることは不可能なのです。

第7章
唐詩と『紅楼夢』を語る

「負けじ魂」の人・李白の誇り高き人生

池田　王蒙先生は大きな影響《えいきょう》を受けた詩人として、蘇東坡《そとうば》と共に、李白《りはく》を挙《あ》げておられます。

李白は、多くの文人《ぶんじん》とは異《こと》なり、科挙《かきょ》を受けず、出世の道を歩《あゆ》みませんでした。皇帝の側近となった時期もありましたが、嫉妬《しっと》と讒言《ざんげん》によって宮廷から追われ、遍歴《へんれき》の人生を送っています。そうしたなかで、李白は民歌《みんか》（民間歌謡）に深く根ざしながら、かえって天と地と人を包みゆく大いなる気概《きがい》の詩風を確立しました。

二十世紀の初頭、音楽家マーラーは、李白などの唐詩《とうし》のドイツ語訳に深く感激しています。そして、それらに改編を加えて歌詞とし、独唱を伴う交響曲《大地の歌》を作曲しました。

特に第一楽章では歌われています。

「天空は無限《むげん》に蒼《あお》く、大地は永遠に揺《ゆ》るぎなく、

春ともなれば花々が咲き乱れる。だが、人間よ、
お前はどれほど長く生き永らえるのか？」＊1

永遠なる天地とは、まさに雄大な中国の自然のイメージです。それを人間の存在意義《いぎ》への問いかけとして、不朽《ふきゅう》の人生の探求《たんきゅう》へと昇華《しょうか》させていくべきでしょう。

中国の文学がお好きだった恩師・戸田城聖《とだじょうせい》先生は、私にもよく「好きな漢詩を言ってみなさい」と求められたものです。

そのような時に、私は、気迫に満《み》ちた李白の有名な詩「行路難《こうろなん》」の一節を詠《えい》じたことがありました。

「長風浪《ちょうふうなみ》を破る、会《かなら》ず時あり。／直《ただち》に雲帆《うんぱん》を挂《か》けて滄海《そうかい》を済《わた》らん」＊2（大風が吹いて、万里の波を破りつつ突き進む――そういう時が必《かなら》ず来る。その時こそ、まっしぐらに、雲のように速い帆《ほ》をかけて、青き大海原を渡っていこう）と。

中国の文学は、私にとって、人生の師との忘れ得ぬ思い出と結びついています。

王蒙　日本の皆《みな》さんがこれほど李白を気に入っていることに、私は感動を覚えます。李白は豪《ごう》邁《まい》な雅量《がりょう》があり、幾度《いくど》も挫折《ざせつ》しながらも、負けじ魂《だましい》を持ち続けました。特に――中国語では「詩胆《したん》」と言うのですが――詩人特有の胆力と識見を備《そな》えた勇気がありました。そして、中国の代々の詩人と、詩を読む人々を育《はぐく》んでいったのです。

李白《りはく》には、文人《ぶんじん》が持つある種の誇り、自尊心がありました。豊富な知識を持つ誇り、優《すぐ》れた才能を持つ誇りです。知恵《ちえ》を持つゆえの尊厳《そんげん》です。こうしたことから、家柄や権勢《けんせい》、財産などを笠に着る者とは一線を画《かく》していました。

池田先生が引用された李白の詩は、私も大好きです。私はその他に、「将進酒《しょうしんしゅ》」や「宣州《せんしゅう》の謝朓《しゃちょう》の楼《ろう》にて校書叔雲《こうしょしゅくうん》に餞別《せんべつ》す」[*3]もよく吟《ぎん》じます。そのなかの一節「長風万里送秋雁／対此可以酣高楼」（遠く吹き渡る風は、万里のかなたから秋の雁《かり》を運んでくる。／この時この景色に向きあえば、高楼で酔《よ》い尽《つ》くすこそ相応《ふさ》わしい）[*3]を愛誦《あいしょう》するたびに、何か悟《さと》りを得るための知恵を授けられたような思いにもなります。

池田　幾度《いくど》、挫折《ざせつ》しようと、負けじ魂《だましい》を持ち続ける。ここにも「心は万夫《ばんぷ》に雄《ゆう》たり」（心は万《ばん》人《にん》に優れております）[*4]と、誇り高かった李白らしさが伝わってきますね。

李白には、「かの大鵬《たいほう》が九万里を飛ぶというように、我が志《こころざし》を遂《と》ぐる日を豫《あらかじ》め期して努力《どりょく》すべく、中途で先《ま》ず退《しりぞ》くというようなことは、決《けっ》して為《な》さぬ積《つも》りである」[*5]との詩句もあります。志を遂げるまで、断じて一歩も退かない。この不屈の心こそ、人生を開く力《ちから》であるに違いありません。

もう一つ、人生の尊《とうと》い宝は友情です。

李白が、広大な中国の各地を遍歴《へんれき》し、さまざまな交友を結びつつ詠《うた》った詩も、時を超え、国

作家の謝冰心氏（右）と語り合う王蒙元文化相（1994年）

を超えて親《した》しまれてきました。

たとえば、「愛す、君が山岳心移《さんがくこころうつ》らず」[5]という詩句があります。それは、今日、交流を結んでも、明日には見向きもしないような酷《こく》薄《はく》な世相のなかで、君の心は堂々たる山岳のごとく揺《ゆ》るがず、変わらないという人間の絆《きずな》への讃歌《さんか》です。

終生、敬愛《けいあい》に満《み》ちていた李白と杜甫《とほ》の友情はよく知られていますし、日本からの遣唐《けんとう》留学生であった阿倍仲麻呂《あべのなかまろ》との友誼《ゆうぎ》も、大変に有名です。日本の遣隋使《けんずいし》や遣唐使は、中国の人々と文化から学び、友情を培《つちか》ってきました。これも貴重《きちよう》な交流の結晶です。

一九七四年、初めての訪中《ほうちゆう》の時、私は、遣唐使が目指した国際的大都市・長安《ちようあん》――今日《こんにち》の西安《せいあん》を訪問《ほうもん》しました。陝西《せんせい》省博物館には、遣唐使《けんとうし》についての記録も展示されていました。

多くの人々が使命と責任《せきにん》を担《にな》い、命がけで波濤《はとう》を越え、長安《ちょうあん》に到達《とうたつ》した。そして学び得た知識と膨大《ぼうだい》な書籍を携《たずさ》え帰国したわけです。当時の交通事情を考えれば、その俊英《しゅんえい》たちの壮図《そうと》と求道心には胸打たれます。それは、まさに勇気なくしては開けなかった文化と友情の道でした。

何よりも、中国の人々が広々とした心で、文化の精華《せいか》を伝えてくださったことに深く感動します。

王蒙　文学の交流、詩の交流を進め、互《たが》いの作品を味わうこと。その意義《いぎ》は、長期にわたるもので、根本《こんぽん》的に、友好的で多角的、民主的で開放的な姿勢《しせい》が貫《つらぬ》かれています。

中日両国の文化の歴史と、現代の総合的な交流、そしてまた互いに影響《えいきょう》を与えつつも、それぞれが特色を持ちながら、友として一緒に歩んできたことに思いを馳《は》せると、私はそこに温《ぬく》もりを感じるのです。

池田　大事な点ですね。文学を通《とお》した麗《うるわ》しい心の交流は、幾重《いくえ》にも人と人を結びます。

中国の思想・文学も糧《かて》とした奈良時代の『万葉集《まんようしゅう》』には、歌人・大伴家持《おおとものやかもち》が、家族を亡《な》くし、自身も病《やまい》で悲しんでいた際、友から真心《まごころ》の歌と文を受け取り、憂《うれ》いも消え去ったと感謝の歌と文を送り返す――そういった交流が含まれています。

さらに、平安時代の王朝物語『浜松中納言物語《はままつちゅうなごんものがたり》』は、唐と日本が舞台《ぶたい》です。日本の貴族・浜松中納言の父が死去後、唐の皇子《みこ》に転生《てんしょう》。その父を求めて中納言が唐に赴《おもむ》くなど、自由な想像《そうぞう》力を駆使《くし》して、時空と生死を超える、特異な筋書《すじがき》となっています。また、この物語では、唐でも日本でも共通して、法華経《ほけきょう》が信奉《しんぽう》されています。法華経が、両国共通の文化の基盤《きばん》であったことは、歴史の事実と言えましょう。

二〇〇〇年に及ぶ歴史を持つ、日本と中国の文化の絆《きずな》は、アジアの安定と世界の平和にとって重要《じゅうよう》です。私は、そのように、歴史家トインビー博士をはじめ識者と語り合い、一致《いっち》してきました。

杜甫らの詩に見る文学と宗教

池田　もう少し唐の詩人について触《ふ》れておきたいと思います。日本人の好きな中国の詩人として、李白《りはく》、杜甫《とほ》、白楽天《はくらくてん》がよく挙《あ》げられます。やはり、いずれも唐の時代の詩人たちです。

王蒙　李白は「詩仙《しせん》」と称され、杜甫は「詩聖《しせい》」と呼ばれます。これにはもちろん理由がありますね。

詩をよく理解しない人々ほど、この二人について、どちらが偉大でどちらが優《すぐ》れているかを議論します。しかし、二人は互いに取って代わることはできず、比較のしようもないのです。

池田　杜甫《とほ》の人生も、挫折《ざせつ》と不遇《ふぐう》、流浪《るろう》の連続でした。当時の混乱した社会状況のなかで、科挙《かきょ》の試験に合格できず、就職も難航《なんこう》し、安定した仕事にも、安住の場所にさえも、長くは恵まれませんでした。

その一方で、杜甫の文学には、社会の不正への憂《うれ》いと戦いがあり、自分の内面の凝視《ぎょうし》がある。さらに、自然の観照《かんしょう》があり、矛盾《むじゅん》多き世界の達観《たつかん》がある。実《じつ》に多彩な作風を誇りますが、特に人間に対する誠実さで貫《つらぬ》かれていると言われます。

二〇〇三年、光栄にも、創価大学に中国作家協会・中華文学基金会の代表団をお迎えした折、筆を剣のように揮《ふる》う、雄々《おお》しい杜甫のブロンズ像を贈《おく》っていただきました。そこには「筆落驚風雨　詩成泣鬼神」（ひとたび筆を揮えば、風や雨さえも驚かせ、詩歌《しいか》を作れば、鬼神《きじん》をも泣かせる力《ちから》がある）との文字が刻まれていました。これは、杜甫が李白《りはく》を励《はげ》ました一節です。天地をも揺り動かしゆくような文の力、精神の力への信念――ここに尚文《しょうぶん》の真髄《しんずい》を見る思いがしてなりません。

王蒙先生が、特に心に留《とど》めておられる杜甫の詩があれば、お聞かせください。

王蒙　杜甫の「八月秋高風怒号」（八月秋高くして風怒号《どごう》す）*6、「人生不相見／動如参与商」（人生相《あ》い見ず／動ゝ《やや》もすれば参《しん》と商《しょう》との如《ごと》し）*7、「露従今夜白　月是故郷明」（露《つゆ》は今夜従《よ》り白し　月は是《こ》れ故郷のごとく明らかなり）*8、「感時花濺涙／恨別鳥驚心」（時に感じては花にも涙を濺《そそ》ぎ／別れを恨《うら》んでは鳥にも心を驚かす[*7]）等――世の中の巡《めぐ》り合わせと情感が、最高の境地に達しています。

これらは皆《みな》、杜甫がその心と血と涙、そして仁愛《じんあい》によって書き記《しる》した詩篇《しへん》です。

池田先生は、どういう杜甫の詩がお好きですか。

池田　そうですね。印象《いんしょう》深い杜甫の詩を、幾《いく》つか挙《あ》げるとすれば――

「人民はさまざまのきずをあつめてうけ、多くのわるものは嗜《し》欲《よく》を満足させて肥《こ》えふとっている。君はわるいことをばそしりいましめ多く諫諍《かんそう》を為《な》せ[*9]」

ここには、社会悪と戦《たたか》わずにはおかないという、強い正義感が光っております。

また、「行路《こうろ》難何《なんなに》か有らん」「勇猛《ゆうもう》を心の極《きょく》と為す[*9]」との力強い詩句にも、度々《たびたび》励まされました。

中国作家協会・中華文学基金会から池田名誉会長に贈られた詩聖・杜甫の像　©Seikyo Shimbun

この詩句がある長詩のなかには、「粗衣《そい》をきながら仏法《ぶっぽう》の真理に向《むか》おうとおもう」「自分は晩年に多く仏教の妙理《みょうり》をきいた。その説くところの教《おしえ》をふみおこなうて過去のあやまちの責《せめ》をふさごうと思うのだ」[*9]と詠《うた》われています。

苦難多きなかで、勇敢《ゆうかん》に真摯《しんし》に人生の道を求める杜甫《とほ》の心が伝わってきます。

思えば、白楽天《はくらくてん》も、母の死、娘の死に直面《ちょくめん》した時、そして誹謗《ひぼう》され、罪を被《かぶ》せられて追放された苦難の時、さらに親友の元稹《げんしん》らに先立たれた時に、仏教の思想を深く探究《たんきゅう》したと言われています。

白楽天は、詩文のなかで法華経《ほけきょう》等の経典に言及《げんきゅう》しつつ、妻を亡《な》くし職場《しょくば》も左遷《させん》された元稹を励《はげ》まして、こう呼びかけました。

「まして元稹と私とは、外には儒教《じゅきょう》道徳を身につけ、内には仏道修行を理想として既《すで》に久しい。今より以後、悟《さと》りの道に立ちもどるのでもなく、仏門に帰依《きえ》するのでもなければ、一体どこに返るところがあろう。どこに帰るところがあろう」[*10]

杜甫や白楽天が示したように、人間形成や人生の総仕上げという課題、生老病死《しょうろうびょうし》や愛別離苦《あいべつりく》という苦悩《くのう》の打開は、文学のテーマであるとともに、宗教のテーマでもあります。

いかに人間の幸福を築《きず》くかという点で、文学と宗教は深く通《つう》じ合うものです。文学と宗教の関わりについて、ご意見をお聞かせください。

王蒙　宗教の経典には、明らかに極《きわ》めて大きな文学性があります。そして多くの文学作品は、究極的な戸惑《とまど》いと探求《たんきゅう》があり、究極的な答えへの渇望《かつぼう》と探求があります。それらは、互《たが》いに深く通じ合っています。

と同時に、かみ合わないところもあります。風刺《ふうし》的で批判《ひはん》的な文学では、しばしば宗教教団や聖職者に対する疑問の声が投げかけられます。それを受けて、教会はしばしば誰それという作家やどれそれという作品が邪悪《じゃあく》で嘘《うそ》にまみれている、戒律に反していると指摘《してき》するのです。

もちろん、仏教では、「およそ生きもののなかまに含められるかぎりの生きとし生けるもの、卵から生まれたもの、母胎《ぼたい》から生まれたもの、湿気から生まれたもの、他から生まれず自《みずか》ら生まれ出たもの、形のあるもの、形のないもの、表象《ひょうしょう》作用のあるもの、表象作用のないもの、表象作用があるのでもなく無いのでもないもの、その他生きもののなかまとして考えられるかぎり考えられた生きとし生けるものども、それらのありとあらゆるものを、私は《悩みのない永遠の平安》という境地に導き入れなければならない。しかし、このように、無数の生きとし生けるものを永遠の平安に導き入れても、じつはだれひとりとして永遠の平安に導き入れられたものはない」[*11]と説いています。

万物《ばんぶつ》には高低や貴賤《きせん》、大小、多少、長短といった対立的区別はない。こうした視点に立てば、違うように見えるものも、それは通じ合うものの、もう一つの表現形態なのかもしれません。

池田　かつて私は、ハーバード大学で「二十一世紀文明と大乗仏教《だいじょう》」というテーマで講演した際、「はたして宗教をもつことが人間を強くするのか弱くするのか、善《よ》くするのか悪くするのか、賢《かしこ》くするのか愚《おろ》かにするのか、という判断を誤《あやま》ってはならない」と申し上げたことがあります。

本来《ほんらい》、人間のために宗教があります。人間が、より賢明になり、より強くなり、より善く生きて、平和と繁栄の社会を築《きず》いていくためにこそあります。断じて宗教のための人間ではありません。

これまでの歴史を見ると、聖職者が、宗教の権威をもって人々を支配したり、宗教を利用して私利私欲《しりしよく》を満たすなどの、転倒《てんとう》がありました。

さらに、聖職者が自身の邪見《じやけん》や偏見《へんけん》から、本来の教義を曲げて、勝手な教義を唱えた痛恨《つうこん》の歴史があります。

ゆえに、中国の天台大師智顗《てんだいだいしちぎ》も、日本の伝教大師最澄《でんぎょうだいしさいちょう》も、日蓮大聖人《にちれんだいしょうにん》も、原点である釈尊《しやくそん》、「最《もっと》も第一」（法華経三六二ページ）の経典である法華経《ほけきょう》に帰るよう主張したのです。

そして、日蓮仏法《ぶつぽう》では、宗教を見極《みきわ》める基準《きじゅん》として、「文証《もんしょう》」「理証《りしょう》」「現証《げんしょう》」の三証《さんしょう》を挙《あ》げています。

「文証」とは、その宗教の教えに経文等の文献《ぶんけん》的な裏付けがあるかどうか。「理証」とは、道理にかなっているかどうか。「現証」とは、宗教の教えを実践して現実の生活と社会のなかで結果があるかどうか、です。この三つのすべてを備《そな》えて、はじめて正しい宗教と言えるのです。その上で大聖人は「現証」が最も重要《じゅうよう》であるとしています。

これからの宗教は、まず、現実に人間を幸福にしているか、平和と人道の社会建設にどれだけ貢献《こうけん》しているかが、問われねばならないと考えます。

白楽天《はくらくてん》は「如来《にょらい》の経文にして、最上の仏の教え（であるこの経典は）、西方インドから来《きた》って、禁中《きんちゅう》（＝皇帝の居所）に秘蔵《ひぞう》されていた。他者にまで恵みを及ぼそうとするならば、必《かなら》ずはっきりと世に表し示すことが肝要《かんよう》である」[12]と綴《つづ》っていました。

こうした文からも、あくまで人生の真実の道を探求《たんきゅう》し、他者に貢献しようとする息吹《いぶき》を感じます。

王蒙　池田先生の宗教思想には、大きな啓発《けいはつ》的意義《いぎ》がありますね。台湾《たいわん》に星雲大師がいますが、彼も人間《じんかん》仏教を強く訴《うった》えています。

実《じつ》は、唐《とう》時代の詩人のなかで、私が最も好んでいるのは李商隠《りしょういん》です。

李商隠は、悲哀《ひあい》を詩へと変えていきました。それは、日本の作家・川端康成《かわばたやすなり》の「悲即美《ひそくび》」という説の具体的な表現とも思われます。李商隠は、詩とはある種の浄化と昇華《しょうか》であると、私たちに語りかけます。人生の苦難を、奥深い優雅《ゆうが》さと重厚な華麗《かれい》さを備えた花園へ、宮殿《きゅうでん》へと高めていったのです。

池田　李商隠《りしょういん》は、次々と職を換《か》え、居場所も各地を転々とするなど、苦渋《くじゅう》の人生を生きたようですね。李商隠の詩には、次のような一節もあります。

「茫々《ぼうぼう》ととりとめなく拡《ひろ》がる世界の万物《ばんぶつ》、それは動き続ける馬車のように止まることはありません」「奥深い宇宙《うちゅう》を考えると、尋《たず》ねてみたくなります、これを主宰《しゅさい》しているのは誰なのか、と」

「人生、いつまでも無意味であってよいものか。いにしえの英傑《えいけつ》を慕《した》い、ふるさとをなつかしむ、その二つの思いが私の髪を白くする」[*13]

悲哀《ひあい》のなかで紡《つむ》ぎ出された、人生と世界に対する「問いかけ」や「葛藤《かっとう》」もまた、文学の源ではないかと思います。

そうしたなかで、我が子のわんぱくぶりを見事に描写した「驕児《きょうじ》（愛児）の詩」は、かえって新鮮な感じがしました。詩には「春のうららかな日、いとこたちに混じって遊びまわる。／広間を駆《か》けめぐったかと思うと、林の中へ突進。まるで金の鼎《かなえ》が沸騰《ふっとう》するかの騒ぎ」[*13]等とあります。はつらつとした幼い生命の躍動《やくどう》と、未来への希望があります。

川端康成《かわばたやすなり》氏とは、一度お会いすることになっていました。三〇年以上前（一九八三年）、東西冷戦の時代にルーマニアを訪問《ほうもん》し、作家同盟の方々と懇談《こんだん》した折、皆《みな》さん、翻訳《ほんやく》本を読まれていたのでしょう、日本の古典文学や、現代作家では川端氏のことも、よく知っておられて、驚きました。川端氏が、「美は古今《ここん》を貫通《かんつう》し、万国に流通する。自然と人間のなかにも遍在《へんざい》する」[*14]と綴《つづ》っていたことを思い出します。

氏は、王蒙先生がご存じの東山魁夷《ひがしやまかいい》画伯《がはく》とも深い交流がありました。

東山画伯は、幼い頃から病気がちで、戦時中には戦車に体当たりする過酷《かこく》な訓練を強《し》いられました。また、青年時代、父母兄弟を次々と病気で失っています。[*15]まさに死と隣り合わせのような苦しみのなかで眼を開かれたのが「生命の輝《かがや》き」[*16]だったといいます。

私は、ここにも古今東西を貫《つらぬ》く美があると考えます。

王蒙　忘れがたいのは、東山画伯の作品と、ご本人のお振る舞いの端正《たんせい》さ、丁寧《ていねい》さ、そして美に対する誠意です。さらに、子どものような純真さ、ある種の完成された親《した》しみのある礼儀《れいぎ》正しさです。画伯がそこに座《すわ》っていらっしゃるだけで、たとえ一言も発せられなくとも、ご自身の存在と、その作品の存在が絶妙《ぜつみょう》に調和《ちょうわ》して、そこに感動が生まれるのです。

『紅楼夢』が描く栄華と没落の諸相

池田　ここからは、中国の四大古典小説『三国志演義《さんごくしえんぎ》』『水滸伝《すいこでん》』『西遊記《さいゆうき》』『紅楼夢《こうろうむ》』について語り合えればと思います。

王蒙先生は、歳月《さいげつ》やマーケットに左右されない、中国の高尚《こうしょう》な文化を代表する長編小説として『紅楼夢《こうろうむ》』を挙《あ》げられています。四つのなかでは最《もっと》も新しい、十八世紀、清朝《しんちょう》・乾隆帝《けんりゅうてい》時代の作品ですね。

全一二〇回（八〇回は曹雪芹《そうせっきん》作、続篇四〇回は高蘭墅《こうらんしょ》補作など）を通《つう》じて、『紅楼夢』は、名門である賈《か》家の貴公子《きこうし》・宝玉《ほうぎょく》と、彼と縁《えん》ある女性たちが織《お》り成《な》す物語であり、賈家の栄華《えいが》と没落《ぼつらく》の物語です。

『紅楼夢』には、名家の富貴《ふうき》栄華の陰で、それを支えるために従属的な立場、虐《しいた》げられた境遇《きょうぐう》に置かれた女性たちの心理や生き様も描かれています。

そうした女性たちが、見識も態度《たいど》も男性よりも勝《まさ》っていたということなどが、物語の主題とされています。

王蒙　『紅楼夢』のテーマは立体的です。

私に言わせれば、『紅楼夢』とは、寄生《きせい》的貴族の没落衰亡《すいぼう》と、そうした環境《かんきょう》のなかでの乙女たちの青春《せいしゅん》を描いたものです。また、彼女たちの、実現できない愛の悲哀《ひあい》とそれへの憧《あこが》れが表現されています。

『紅楼夢』はさらに、時間と空間を、階層と身分の垣根《かきね》を飛び越え、人生の華やかさと無常《むじょう》さ

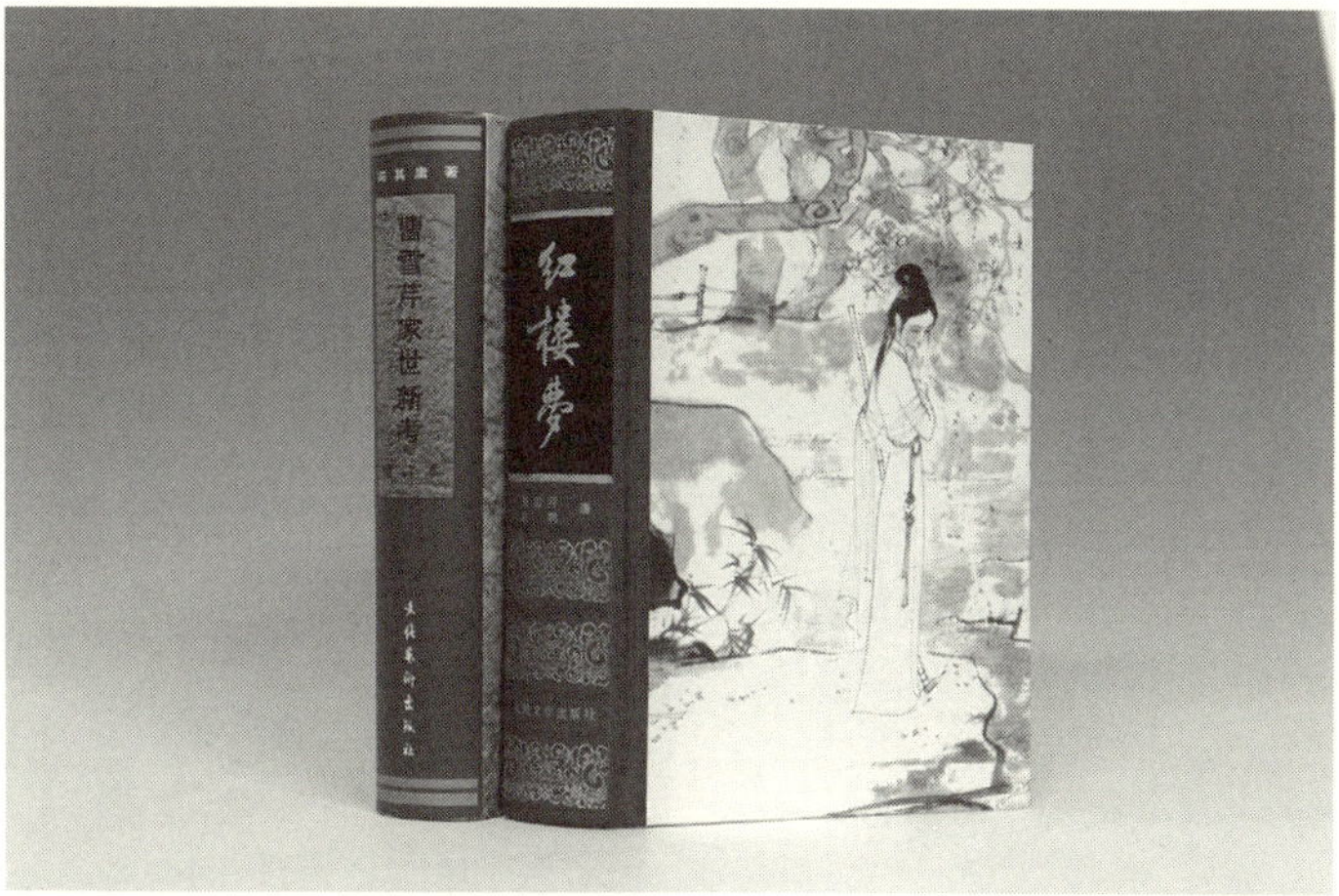

中国紅楼夢学会の馮其庸会長から池田名誉会長に贈呈された『紅楼夢』と作者である曹雪芹に関する研究書

を描き出しています。人生の富貴栄華と悲しさや哀《あわ》れさを、愛や温《ぬく》もりと冷たさや恨《うら》みを、命に刻みつけるべき人生の大切なことと中身のない空《むな》しさを、私たちに見せてくれます。『紅楼夢』はまた、読者を恋愛へと誘《いざな》うとともに、それを手放す様子《ようす》も綴《つづ》っています。いわば「四大皆空《しだいみなくう》なり」の世界です。

池田　少々、具体的に人物像を見ていきたいと思います。

女性の主要な登場人物・林黛玉《りんたいぎょく》の「葬花《そうか》の詩」は有名です。

「花謝《ち》り花飛び　飛んで天に満《み》ち／紅《くれない》消え香り断《た》えなば誰ありてか憐《あわ》れまん」[*17]

散る花に託《たく》して、美しき命もやがて去り、忘れられていく定めにあることを詠《うた》っております。

この林黛玉《りんたいぎょく》は、早く父母を失い、兄弟姉妹もなく、故郷を離れて親戚の賈《か》家に身を寄せています。詩才に恵まれ、気丈《きじょう》な心を持ちながら、病弱で早世《そうせい》してしまいます。その人生は、どこか、生きる「根」のない、浮遊感があります。

また、黛玉の友・薛宝釵《せつほうさ》は、徳行《とっこう》に優《すぐ》れながらも、堕落《だらく》した家族に苦しめられます。夫となった賈宝玉《かほうぎょく》への献身《けんしん》も実を結びません。

黛玉も宝釵も、それぞれ美質を持ちながら、それを活《い》かせず、努力《どりょく》も報われずに終わります。『紅楼夢《こうろうむ》』では、賈家に縁《えん》する女性たちの多くが、悲劇や不幸の影を引きずっています。

それに対して、地味でも前向きに生きているのが、たとえば、李紈《りがん》や劉《りゅう》ばあさんでありましょう。

李紈は、早く夫を失いますが、真面目《まじめ》に生き抜いた陰徳《いんとく》で、息子が立派に成長して宰相《さいしょう》となります。そして、この息子が没落《ぼつらく》した賈家を再興《さいこう》し、李紈も安らかな晩年を送っています。

また、劉ばあさんは、庶民的な逞《たくま》しさと知恵《ちえ》を持ち、賈家の子を悲惨《ひさん》な状況から救っていきます。

『紅楼夢』に描かれている女性像に接すると、女性の幸福、人間の幸福について考えさせられます。

人間には、どのような環境《かんきょう》にあろうと、生老病死《しょうろうびょうし》や愛別離苦《あいべつりく》という根本《こんぽん》的な苦悩《くのう》がある。また、華やかな生活が、かえって苦悩や悲惨の因《いん》となることもある。環境は大事ですが、最終的に幸福と不幸を分かつのは、自身の生き抜く力《ちから》であり、人間としての善《よ》き生き方であり、信じられる人間の絆《きずな》であると言えましょう。

王蒙先生が、『紅楼夢』で、特に心に残った女性像についてお話しください。

王蒙　他の人があまり言及《げんきゅう》しない点をお話ししたいと思います。

まず林黛玉についてですが、劉ばあさんをあまりにも人間として扱っておらず、とても残念です。

次に、なぜ多くの読者が妙玉《みょうぎょく》を嫌うのでしょうか。実《じつ》は私は、妙玉に同情的です。中華的な思考形式は全体的なものですので、真・善・美を結びつけながら考えてみましょう。

王熙鳳《おうきほう》は美はあるのですが、どちらかというと悪であり、単純な評価はできません。芳官《ほうかん》は純真で自分を大切にしますが、思うようになりません。宝釵の悲哀《ひあい》は封建的な文化が生んだ悲哀です。尤三《ゆうさん》ねえさんの悲劇は、信じることの難しさによるものです。王夫人の決まり事を守ろうとする努力は、彼女を殺人鬼に変えてしまいました。

人生の悲劇性。生老病死。愛情や恋愛と恨《うら》み。これらが、仏教へと向かう重要《じゅうよう》な契機《けいき》となっています。『紅楼夢』にいつも現れる仏教や道教の要素と影は、偶然ではありませんね。

人間は、願い通《どお》りに良くなっていくものでもありませんし、憤《いきどお》りを抱《いだ》く人々が言うほどひどいものでもありません。すべては、自身の心によるものであり、自身の選択《せんたく》にかかっており、信念にかかっているのです。

池田　重要な点を指摘《してき》してくださいました。

天台大師智顗《てんだいだいしちぎ》は一念三千《いちねんさんぜん》の法門《ほうもん》を説く際、華厳経《けごんきょう》の「心は工《たくみ》なる画師が種々の五陰《ごおん》を造るがごとし」[*18]との文も用いています。[*18]心は名画家のように、現実の上に、巧《たく》みに事象を描き出すというのです。

この人間の「心」という問題を離れては、人生の悲哀《ひあい》や苦悩《くのう》を克服《こくふく》する道も、確《たし》かな幸福への道も見出《みいだ》すことはできないでしょう。

『紅楼夢《こうろうむ》』が描く社会には、地位や富《とみ》を持つ者の傲慢《ごうまん》があり、それを持つ者への諂《へつら》い、それを持たぬ者への差別があります。

一方で、地位や富を失った者の弱さも、彼らから手の平《ひら》を返したように離れていく人間模様なども、鋭《するど》く記《しる》されています。

『紅楼夢』は、富貴栄華《ふうきえいが》は儚《はかな》く、〝永遠の恃《たの》み〟でないことを強調《きょうちょう》しています。[*19]

王蒙　池田先生の総括《そうかつ》は素晴《すば》らしいと思います。人間は、なんと愛すべきものか。しかし人間には、その罪深さもあります。自分がかわいく、プライドがあります。と同時に、自《みずか》らを傷つけ滅《めっ》しようとするものでもあります。

池田　また、『紅楼夢』の賈家《かか》の変遷《へんせん》が示していることは〝外部からではなく、内部から崩《くず》れる〟[20]という点です。内部から崩れるとは、内部の人間が堕落《だらく》して、互《たが》いの妬《ねた》み、憎しみ、驕《おご》りで、諍《いさか》いが絶《た》えないことです。まさに、人間社会の常《つね》として見られる、凋落《ちょうらく》の時の姿です。

そうした賈家や社会の腐敗《ふはい》に抵抗する青春《せいしゅん》の声には、真実の響《ひび》きがあります。たとえば、貴公子《きこうし》・宝玉《ほうぎょく》と、貧《まず》しい友・秦鐘《しんしょう》が互いに惹《ひ》かれ合う場面では、秦鐘は「思えば貧富《ひんぷ》の二字ゆえに、人と人とのあいだに垣根《かきね》が設けられるとは！　人生にこれより大きな不快事があろうか！」[19]と慨嘆《がいたん》します。

さらに地位や富が人間の値打ちであるとする賈家の風潮《ふうちょう》のなかで、若き女性たちは、見かけの栄華より、心通《かよ》い合う家族の絆《きずな》や友情という人間的なものを願い求めます。

青春の生命は本然《ほんねん》的に伸びようとし、その糧《かて》として真の人間性を求めるものでしょう。物語の最後、主人公の宝玉は、思いを寄せた黛玉《たいぎょく》の死、賈家の没落《ぼつらく》に衝撃《しょうげき》を受け、世を捨てようとします。しかし、世から退《しりぞ》いても、自分から逃れることはできません。

妻の宝釵《ほうさ》が宝玉を諫《いさ》め、諭《さと》したのも、俗世から逃れることではなく、社会のなかで自分という一個の人格を培《つちか》うことでした。人や民のために生きることでした。

『紅楼夢』で私の印象に残った一つは、宝釵が強調した「自らを棄《す》つるなかれ」[21]という言葉です。また、「あなたはつまらぬ慰《なぐさ》みごとに熱中して、ご自分を踏《ふ》みにじっていらっしゃいます」[*22]という叫《さけ》びです。
富貴栄華《ふうきえいが》――物質的・社会的に恵まれた環境《かんきょう》のすべてを失った時に残るもの、すなわち、自分自身のなかに何を持っているのか。これこそが最《もっと》も大事です。そして、栄枯盛衰《えいこせいすい》は世の常《つね》であるがゆえに、栄えている時こそ驕《おご》らず、将来のどのような事態にも備《そな》えて堅実《けんじつ》に生活を築《きず》いていく。そうした生き方が、『紅楼夢《こうろうむ》』の物語では一家の安泰《あんたい》の基《もとい》として求められています。
王蒙先生は、『紅楼夢』に描かれた名家の栄華と没落《ぼつらく》の様相のなかで、どこに注目されるでしょうか。

王蒙　寄生《きせい》が腐敗《ふはい》の主な原因ということです。長期にわたって、貴重《きちょう》な試練《しれん》に立ち向かおうとしない。自《みずか》らを改革したり、文化を改《あらた》めようとはしない。これでは、陳腐《ちんぷ》化・皮相《ひそう》化は免《まぬか》れず、その場を取り繕《つくろ》うだけで、最後には冷酷《れいこく》な衰退《すいたい》へと向かってしまいます。
この作品では、こうした生き様、こうした一族の没落と滅亡していく様子《ようす》を目《ま》の当《あ》たりにするわけですが、それでもそこには青春《せいしゅん》と文化があり、美しさを感じることができます。たとえば、乙女たちと宝玉《ほうぎょく》が詩を詠《うた》い連ねていくところなどです。感慨無量《かんがいむりょう》です。

池田　永続《えいぞく》的な繁栄は、常に努力《どりょく》し戦ってこそ、勝ち取ることができるものでしょう。
特に、王蒙先生が指摘《してき》されたように、苦難の時に、どう立ち向かうかで決まります。改革して、より強くなり、浄化できるか。淘汰《とうた》されて、滅びるか、です。

「寄生」――まさに、人の労苦《ろうく》の上に自分の幸福を得ようとする生き方には、必《かなら》ず無責任《むせきにん》と堕落《だらく》が生じます。真の幸福は、自分の力《ちから》で価値《かち》を創造《そうぞう》してこそ生まれます。

心こそ大切――『源氏物語』の世界

王蒙　『紅楼夢』と言えば、私は日本の『源氏物語《げんじ》』を想起します。私は、池田先生の、『紅楼夢』と『源氏物語』についてのお考えを、ぜひお伺《うかが》いしたいと願っています。

池田　もとより私は専門の研究者ではありませんが、『源氏物語』について、世界の識者の方々とも語り合ってきました。

世界最古の長編小説『源氏物語』は、平安朝の宮廷などを舞台《ぶたい》に、主人公の光源氏《ひかるげんじ》と女性たちが織《お》り成《な》す王朝物語です。男性に対して女性が従属的な立場にあった平安時代、作者・紫式部《むらさきしきぶ》は、この物語を通《とお》して、女性の苦悩《くのう》を描きつつ、その救済も探求《たんきゅう》したとされております。

今の『紅楼夢』の話題をふまえ、幾《いく》つか感じた点を申し上げます。

第一に、「心こそ大切」という点です。王蒙先生は「すべては心による」と言われましたが、『源氏物語』には、さまざまな状況のもとで、自身の心を、より前向きなほうへ積極的《せっきょくてき》に働かせ、身を処していくことも示されています。

『源氏物語《げんじものがたり》』で、光源氏《ひかるげんじ》は、ヒロインの一人である紫《むらさき》の上《うえ》に、こう語ります。

「心の持ちよう次第で、人はどうにでもなるものです。心の広い器量の大きな人には、幸いもそれに従って多くなるのです[*23]」と。

紫の上は、心苦しく思う相手に対しても、でき得る限り主体的に、思いやりをもって関わり、調和《ちょうわ》を築《きず》こうとする女性です。

紫の上が逝去《せいきょ》すると、皆《みな》から慕《した》われ、惜《お》しまれる様子《ようす》が、こう描かれます。

――世間では、幸福で立派な人は妬《ねた》まれ、身分が高い人は傲慢《ごうまん》になって他の人を苦しめることもある。しかし、紫の上は、他の人に心遣《づか》いをして、折々に気の利《き》いたことをし、誰からも敬《うやま》われた[*24]、と。

一方、早い時期に光源氏の恋人となった六条御息所《ろくじょうのみやすどころ》は、やがて光源氏に顧《かえり》みられなくなると、他の女性を強く嫉妬《しっと》し、死に追いやります。

しかし、この女性は、娘にこう戒《いまし》めます。

「ゆめゆめお宮仕《みやづか》えの折にも、人と争い嫉《ねた》む心をお起《おこ》しなさいますな[*25]」

人を妬み、争うことは、救いのない悲惨しか生じないからでありましょう。

日蓮大聖人《にちれんだいしょうにん》が女性門下に、「さいわい《福》は心よりいでて我をかざる」（御書一四九二ページ）と示されたことが思い起こされます。

第二に、法華経《ほけきょう》という点です。王蒙先生は『紅楼夢《こうろうむ》』に見られる人生の悲劇性が、仏教へ向かう契機となっていると語られました。『源氏物語』で、人々、特に女性の支えになっているのが法華経です。

実《じつ》は、法華経以前の経典では、女性は成仏できないとされていました。しかし、法華経では、女性の成仏が明確に説かれたのです。

その女性の代表として法華経に登場する竜女《りゅうにょ》は、釈尊《しゃくそん》に誓います。

「仏のみが自分の成仏を知ってくださっています。私は大乗《だいじょう》の教え（法華経）を開いて、苦悩《くのう》の衆生《しゅじょう》を救ってまいります」（法華経四〇七ページ）と。

これは、古《いにしえ》の〝女性の人権宣言〟とも言うべき画期的な内容です。紫の上は、この法華経を大切にした女性でした。

第三に、教育という点です。王蒙先生は、『紅楼夢』の貴族たちが、他者に寄生《きせい》して腐敗《ふはい》し、危機《きき》に臨《のぞ》んでも自己変革《じこへんかく》できなかった点を指摘《してき》されました。『源氏物語』では、教育によって自身の力《ちから》と人格を磨《みが》くことを重視《じゅうし》しています。

光源氏は、あえて、我が子をすぐには高い地位につけず、大学寮に入れて、徹して学問をさせ、苦労させることに決めます。そして、その理由を、こう述べています。

――地位だけ高くなり、遊び戯《たわむ》れていると、世間の人は表《おもて》は媚《こ》びるが、内心は馬鹿《ばか》にする。

お世辞を真《ま》に受けて、自分は偉い人間のように錯覚《さっかく》していると、やがて時世が変わり、勢力が衰えた時、たちまち人から軽蔑《けいべつ》され、誰にも頼れなくなる、[*26]と。

正論と言えましょう。もしも栄華《えいが》を失ったとしても、悲哀《ひあい》に沈むことなく、でき得る限り一人の人間として自分を高め、生きた証《あか》しを残していこうと努力《どりょく》する人生が、どれほど尊《とうと》いか。

一九八〇年春、来日中の巴金《ばきん》先生、謝冰心《しゃひょうしん》先生と静岡で歓談し、『源氏《げんじ》物語』が話題に上った時に、冰心先生は紫式部《むらさきしきぶ》と近い時代にあたる宋《そう》の女性詩人・李清照《りせいしょう》について語られました。

戦乱の時期を生きた李清照は、厳《きび》しい生活上の苦難、祖国の苦難に直面《ちょくめん》しています。そうしたなかで、こう詠《うた》いました。

「天にまじわる雲の濤《なみ》　暁《あかつき》の霧《きり》に連《つら》なり／銀河は回転しようとして　千の帆《ほ》が舞う[*27]」と。

大宇宙《だいうちゅう》を仰ぎつつ船が波濤《はとう》を越えて進むように、先駆の道を歩む中国の女性の、大いなる気《き》概《がい》を感じたものです。

王蒙　池田先生の解説から、多くの啓発《けいはつ》をいただきました。興味《きょうみ》深く、また感動した点として、『源氏物語』と『紅楼夢《こうろうむ》』の間には、文献《ぶんけん》的に相互《そうご》関連性があり、互《たが》いに説明し合い、互いに証明し合う関係があるということです。

文学と文学、文学と宗教、仏教とその他の宗教との間にも、相互関連性、互いに説明し合うこと、互いに証明し合うことがあるのではないでしょうか。

作家の巴金氏（左）の自宅を訪問し会談する池田名誉会長（1984年6月、中国・上海）　©Seikyo Shimbun

文学者の銭鍾書《せんしょうしょ》の言葉を借りれば、「東洋の学問にしても、西洋の学問にしても、その論ずるところは分裂してはおらず、南方であれ、北方であれ、学問の理解には相《あい》通《つう》じるところがある」ということです。また、費孝通《ひこうつう》教授の言葉を借りれば、「すべての人にそれぞれの美しさがあり、その美しさを愛《め》でられるようになれば、美と美が互いに交わるようになり、天下大同《だいどう》を実現できるだろう」となります。

多様《たよう》性・地域性・民族性・世界性、そして人類性――これらはどれも軽視できないものです。

曹丕《そうひ》は言いました。「文人相軽、自古而然」（文人《ぶんじん》あい軽《かろ》んずるは、古《いにしえ》よりして然《しか》り[*28]）。これを受けて、私は言いたいのです。「文人相通、於今彰明」（文人相通《ぶんじんあいつう》ずるは、今において明らかなり）と。

青年は、麗《うるわ》しい伝統的な中華文化を学び、伝承していくと同時に、創造《そうぞう》的で、現在の世界の文化と相通じ合う新たな刷新と展開を進めていくべきと思います。

『紅楼夢《こうろうむ》』の作者は、自身の作品によって、人々がさらに現状を乗り越えていくとともに、身の周りの事々を大切にし、追慕《ついぼ》していくようになれば、と幾度《いくど》も期待を述べています。

乗り越える。大切にする。追慕する。そして、脱却する。これらは皆《みな》、人生に必要な全方位的な体験と心の準備と言えましょう。

第8章

『三国志』の魅力に迫る

『三国志』における王道と覇道の相克

池田　「正しい道を思ったなら幸福であるというのは、まさに自然の道理である」[*1]

これは、「三国志《さんごくし》」の英雄・諸葛孔明《しょかつこうめい》の含蓄《がんちく》ある言葉です。

三国志は、日本でも長年、人々に愛されてきました。私が創立《そうりつ》した東京富士美術館でも、二〇〇八年、日中平和友好条約の締結三〇周年を祝賀して、中国文化部、中国国家文物局、中国文物交流センター等のご支援《しえん》をいただき、「大三国志展——悠久《ゆうきゆう》の大地と人間のロマン」を開催《かいさい》しました。

これには中国の三四に及ぶ博物館・文化機関が、国家一級文物（日本の国宝・重要《じゆうよう》文化財に相当）五三点を含む、大変、貴重《きちよう》な品々を出展してくださいました。

さらに日本の六都市を巡回《じゆんかい》した同展は、鑑賞者数が一〇〇万人を突破し、日本国内で行われ

東京富士美術館での「大三国志展」。展示物は、三国時代に用いられた木戦車の複製品。常に南を指し示す機械仕掛けの人形を搭載し指南車とも呼ぶ（2008年）　©Seikyo Shimbun

た中国関係の展覧会として、当時の最高記録となりました。それほど日本人にとって三国志は身近な作品なのです。

『三国志演義《えんぎ》』の物語は、後漢《ごかん》の末期から、魏《ぎ》・呉《ご》・蜀《しょく》の三国が争う時代となり、晋《しん》に統一されていく、二、三世紀の中国を舞台《ぶたい》としています。『正史《せいし》　三国志』をふまえ、民間で流布した伝承なども取り入れて、明《みん》代にまとめられた歴史小説です。

スケールの大きさといい、多彩な人物像といい、そのダイナミックなストーリーに、読者は、引き込まれるように読み進んでいきますね。

王蒙　『三国志演義』の物語性は強烈です。あれほど多くの政治闘争・軍事闘争の名人がいて、君王《くんのう》・軍師・武将《ぶしょう》・義士《ぎし》・才子《さいし》が登場しながら、その一人一人が生き生きと描かれています。

この作品は、「演義《えんぎ》」というスタイルによって、中国古代の精鋭たちの政治的な情報を伝えています。一般民衆にとって、それはとても新鮮で、興味《きょうみ》深かったのです。

特に、そのなかの知略の部分は、多くの人を啓発《けいはつ》してきました。その智・勇・忠・義、そしてまた、奸《かん》・佞《ねい》・偽《ぎ》・悪の描写は、いずれも見事な水準です。


池田　『三国志《さんごくし》演義』では、劉備玄徳《りゅうびげんとく》が、徳によって政《まつりごと》を行う「王道《おうどう》」を志《こころざ》し、関羽《かんう》・張飛《ちょうひ》の義兄弟《ぎきょうだい》、軍師・諸葛孔明《しょかつこうめい》らと共に、「蜀《しょく》」を建設します。

一方、「魏《ぎ》」の曹操《そうそう》は、優《すぐ》れた人材を慈《いつく》しみもしますが、支配欲や残虐《ざんぎゃく》性を持った面があり、いわば、「覇道《はどう》」の奸雄《かんゆう》として描かれています。

私の恩師・戸田城聖《とだじょうせい》先生は、「孔明も玄徳も理想論者であった。しかし、この三国志においては、曹操のごとき現実論者が、理想論者に打ち勝ってしまったという悲しみがあり、三国志は、その大きな背景によっている。しかし曹操のごとき現実論では完全でなく、後に司馬《しば》氏にかわられたようなことになるのも、無理はない」と、洞察《どうさつ》されていました。

王道と覇道の相克《そうこく》は、歴史に度々《たびたび》、見られます。一九二四年、近代中国の指導者・孫文《そんぶん》先生は、日本の神戸で、有名な「大アジア主義」の講演を行いました。

そのなかで孫文先生は、中国では古来《こらい》、功利と強権、すなわち武力で人を圧迫《あっぱく》する文化を

「覇道をおこなう[*2]」と言い、仁義《じんぎ》道徳、すなわち正義と人道で人を感化する文化を「王道をおこなう[*2]」と言ってきたと力説しました。そして、近代日本は決《けっ》して覇道の手先とはならず、王道の楯《たて》となり城となるよう呼びかけています[*2]。

王蒙　おっしゃる通《とお》りですね。古代の中国では、孔子《こうし》・孟子《もうし》にせよ、老子《ろうし》・荘子《そうし》にせよ、皆《みな》、力《ちから》、特に軍事力による立国という考えを認めませんでした。孔子の思想は、「政《まつりごと》を為《な》すに徳を以《もっ》てするは、譬《たと》えば北辰《ほくしん》の其《そ》の所に居《い》て、衆星《しゅうせい》の之《これ》に共《きょう》するが如《ごと》し[*3]」というものです。孟子の思想は、王道を尊《とうと》び覇道を卑《いや》しむ、というものでした。王道の者は天下を得、覇道の者はその身を亡《ほろ》ぼすのです。

老子と荘子は「清静無為」（心静かで何事も自然にまかせる）と掲《かか》げました。老子が考えた最良の状況とは、民衆が政治権力に対して「不知有之」（之有るを知らず）という感覚を抱《いだ》くことです。つまり、民衆にはそれぞれ安定した仕事があって、政治の権力が及んだり、あるいは圧力を加えてくることを感じなくてすむということです。これは、マルクスが人類最高の理想と考えた「国家死滅論」と相通《あいつう》ずるところがあります。

しかし残念ながら、実際の歴史と現実は、そうしたレベルとは、はるかにかけ離れています。『三国志演義』に綴《つづ》られている理念《りねん》も同様ですね。

比較してみますと、物語の三国志のなかの蜀は、儒家《じゅか》の旗幟《きし》を鮮明《せんめい》にすることに力を入れているようです。「劉《りゅう》」姓の「正統性」を十二分に活用しています。物語のなかに一度ならず現れるのが、劉備《りゅうび》が諸葛孔明《しょかつこうめい》の作戦を押しとどめ、他の者に属する土地を奪《うば》うのは忍びないという場面です。

しかし、三国志《さんごくし》の登場人物は総《そう》じて、中華文化の理念《りねん》からかなり離れています。また、現代の民衆根本《こんぽん》という理念とも、かなり距離があります。

申し訳ありませんが、私は「五・四運動」の新文化の洗礼《せんれい》の影響《えいきょう》を大きく受けすぎているのかもしれませんね。私は『三国志演義《えんぎ》』の物語を読むのは「好き」ですが、そこに登場する非王道理念や前近代的な部分は、残念に思っています。

池田　ご指摘《してき》の意味は、よくわかります。

歴史上、政治に精神性・道徳性が活《い》かされた例は少ないのが現実でしょう。それが実現した一例として、私は、紀元前三世紀頃、仏教に深く帰依《きえ》したインド・マウリヤ朝《ちょう》のアショーカ王の政治が挙《あ》げられるのではないかと考えます。私が対談を重ねた、「ヨーロッパ統合の父」と称されるクーデンホーフ＝カレルギー伯爵《はくしゃく》も、最《もっと》も尊敬したい王であると強調《きょうちょう》されていました。

釈尊《しゃくそん》は、慈悲《じひ》を繰《く》り返《かえ》し説きました。

「一切《いっさい》の生きとし生けるものは、幸福であれ、安穏《あんのん》であれ、安楽であれ」

「あたかも、母が己《おの》が独《ひと》り子を命を賭《か》けても護《まも》るように、そのように一切の生きとし生けるものどもに対しても、無量の（慈《いつく》しみの）こころを起《おこ》すべし」[*4]

そして、アショーカ王は慈悲と寛容《かんよう》の精神に基《もと》づく政治を目指しました。王の詔勅《しょうちょく》には次のように記《しる》されています。

「わたしはいかなるところにあっても、人民の利益のために力《ちから》を致《いた》す」

「実《じつ》に、世のすべての人々の利益をなすよりも崇高《すうこう》な事業は存在しない」[*5]

アショーカ王は、戦争を放棄《ほうき》し、「武力」ではなく「法」による勝利こそ真実の勝利であるとしました。そして、民衆のための多くの慈善事業・福祉事業を行うとともに、信教の自由を認め、多様《たよう》な民族の共存《きょうそん》に努め、精神文化の発展《はってん》を図《はか》りました。平和の使節を派遣《はけん》して、地中海沿岸の西方諸国、ヘレニズム世界とも交流を進めました。

こうしたアショーカ王の政治を、二十世紀に継承《けいしょう》したのが、インド独立の父マハトマ・ガンジーではないでしょうか。

事実、ガンジーは、「ある国が非暴力《ひぼうりょく》にもとづくことは可能です。言いかえれば、武力にもとづく世界連合に対しても非暴力の抵抗をもって立ち向かうことはできると言えます。そのような実例にアショーカ王の国家があります。そして、その実例はくりかえされるはずです」[*6]と語っています。

一九八五年、私は東京で、インドのラジブ・ガンジー首相と会談しました。首相が、釈尊の慈悲《じひ》の精神こそ人類生存の必要条件であるとし、マハトマ・ガンジーの非暴力《ひぼうりょく》の精神を継承《けいしょう》して、人類に貢献《こうけん》しようとされていたことが思い起こされます。

人類が培《つちか》ってきた平和と非暴力、仁義《じんぎ》と道徳、慈悲と寛容《かんよう》の精神を、現実の社会建設にどう活《い》かすかは、いっそう、これからの挑戦《ちょうせん》となるでしょう。

とりわけ、私は、民衆の一人一人が精神革命しながら、平和への連帯を広げていくことが、大きな変革《へんかく》の基盤《きばん》となり、最《もっと》も大事な鍵《かぎ》になると考えています。

大事業のために地盤と人材を

池田　さて、『三国志演義《さんごくしえんぎ》』では、後漢《ごかん》末の壮絶な権力抗争、社会の混乱が描かれます。そこから、いかに社会を安定させ、新しい時代を築《きず》いていくかがテーマになります。

たとえば、主君・曹操《そうそう》を、参謀《さんぼう》の荀彧《じゅんいく》が、こう諫《いさ》めています。

「むかし高祖《こうそ》皇帝は関中《かんちゅう》を、光武《こうぶ》皇帝は河内《かだい》を根城《ねじろ》として、根本《こんぽん》を深く固めたればこそ、天下を制することもできたのでございます。進んでは敵に勝ち、退《しりぞ》いては堅く守るに足るだけの足《あし》場《ば》がありましたので、戦い不利になることはあっても最後に大業を成しとげました」[*7]

孔明《こうめい》が劉備《りゅうび》に漢室の復興《ふっこう》について語ったのも、曹操にも、孫権《そんけん》にも制圧されていない地域

（蜀《しょく》）を獲得《かくとく》して足場となし、「人の和」を築いて天下を目指すという「天下三分《さんぶん》の計」、三国鼎立《ていりつ》の構想でした。

大事業のために、まずは地盤《じばん》を固める、そして最後に勝つという点を強調《きょうちょう》しています。劉備らにとって、それは、乱れた世を治め、民を苦しみから救うためでした。

王蒙　池田先生のお話はとても正鵠《せいこく》を射《い》ています。

初めてインドを訪《おとず》れた折、たまたまニューデリーでインド映画「アショーカ王」を鑑賞する機会がありました。大変、印象《いんしょう》深い作品でした。

ただ単に地盤を欲するなら理念《りねん》は不要であり、自《おの》ずと覇道《はどう》の悪人となります。これに対し、単に理念を求めるなら地盤は必要ありません。わずかばかりの地盤があっても役には立ちませんし、理念の遂行《すいこう》と、人類・民衆・国家・故郷の幸福にも繋《つな》がりません。自ずと孤立して失望《しつぼう》を抱《かか》える哀れむべき者となってしまうでしょう。

理想主義か現実主義か。いかにして道徳・法律と人民の利益を総合的に最大化していくか。これは古今東西《ここんとうざい》の政治家、さらに一般の人々にとっても常《つね》に悩ましい課題です。

池田　そうですね。

この点、私がお会いした統一ドイツのヴァイツゼッカー初代大統領は語っていました。

「人間は、自分の生活のためにも、社会の中で生きていくためにも、倫理的・道徳的な基盤が必要です。その基盤《きばん》とは、共に生きている人間の権利と尊厳《そんげん》を尊重することにほかなりません。歴史と政治において賢明であるには、利害関係と道徳を分離するのではなくて、両者を一致《いっち》させることが求められています」[*8]と。

まさに、利益を考慮《こうりょ》しない道徳は無謀《むぼう》ですし、道徳を考慮しない利益は争いを招きます。理想と現実、道徳と利益の調和《ちょうわ》をどれだけ図《はか》れるかに、指導者の責任《せきにん》と技量があります。恩師・戸田《とだ》先生も、「慈悲《じひ》」が「政治の要諦《ようてい》」であり、民衆の幸福を実現するための「技術」が政治である、との信念を持っていました。

そしてまた、三国志《さんごくし》の歴史ドラマで深く心に残るのは、すべてを決するのは「人間」であり、「人材」であるという、不変《ふへん》の事実です。

たとえば、『三国志演義《えんぎ》』には、「大業を成《な》しとげんとならば、何よりも人が根本《こんぽん》」[*9]「人を得るものは昌《さか》え、人を失うものは亡《ほろ》び」[*10]「功業は必《かなら》ず人に因《よ》りて成就《じょうじゅ》する道理」[*11]と強調《きょうちょう》されています。

いかによき人材を見つけ、獲得《かくとく》し、活《い》かしていくか。いかによき指導者を見つけ、仕《つか》え、自分の力《ちから》を発揮《はっき》していくか。それが合致《がっち》することは実《じつ》に重要《じゅうよう》です。その象徴が劉備《りゅうび》と孔明《こうめい》でありましょう。

さらに、多くの英雄や賢者が登場する、この物語には、知恵《ちえ》の戦い、勇気の戦い、団結の戦いがあります。すなわち、人間としての、あらゆる能力の真剣勝負《しんけん》がある、と言えるかもしれません。

こうしたことからも、三国志は、大事業を成し遂《と》げていくために必要なものは何か、それを考える糧《かて》となるのではないでしょうか。

王蒙　中国人の考え方として、いかなることも「天の時」「地の利」「人の和」で決まる、というものがあります。しかも、天の時は地の利に及ばず、地の利は人の和に及ばないのです。

天の時とは、宿命的な政治力の盛衰《せいすい》のリズムです。私の個人的な見方ですが、天の時とは、長期にわたって積《つ》み上げられたプラスとマイナスの要素によるのではないでしょうか。ある政治的勢力が、世代から世代へと伝わる時、そこに悪の要素が積み重なっていけば、その運勢は尽《つ》き、挽回《ばんかい》不可能な滅亡へと向かうでしょう。

たとえば明《みん》王朝の末期、社会の抱《かか》える矛盾《むじゅん》は、その積み重なりが、いつ大動乱が起こってもおかしくないレベルに達していました。ただ崇禎帝《すうていてい》のみが状況を把握《はあく》し、焦燥憂慮《しょうそうゆうりょ》して奮闘《ふんとう》するも、明を滅亡から救うことはできませんでした。崇禎帝は、今は天の時が不利であるとしか理解できなかったのです。

地の利とは、資源を有しているかどうかであり、池田先生が先ほどおっしゃった地盤《じばん》のことではないでしょうか。

しかし、さらに重要《じゅうよう》な要素が、人的資源です。君主が、人々を団結させ、良く用い、うまく心を惹《ひ》きつけていく力《ちから》があるかどうかです。

ただここまでは、エリート政治の局面の話です。崇禎帝《すうていてい》は人心・民心の重要性——水は船を動かすこともできれば、船を転覆《てんぷく》させることもできるという道理を疎《おろそ》かにしてしまいました。

中国には別の言葉もあります。すなわち、民心を得た者が天下を得、民心を失った者は天下を失う、と。ですから民心とは天の心です。

古来《こらい》、たとえば老子《ろうし》は次のように言っています。

「聖人無常心。以百姓心為心」（聖人には一定不変《ふへん》の心というものはなく、万民の心を己《おの》れの心とする）[*12]

さらに、「我有三宝。持而保之。一曰。慈。二曰。倹。三曰。不敢為天下先」（わたしの道には三つの宝があり、大切に守りつづけている。その一つは「慈」——いつくしみの心であり、その二つは「倹」——つづまやかさであり、その三つは世の人の先に立たぬことである）[*12]と。

「慈」は、民を愛し民に親《した》しむことです。「倹」は、民の力と財産・資源を大切にすることです。また、「世の人の先に立たぬ」とは、自《みずか》らがあえて世に先駆《さきが》けて新たな創造《そうぞう》をしない、ということではなく、天下を穏やかに治めるには、君主は人々に対し、とても付いてはいけないような、先鋭《せんえい》的なスローガンや綱領《こうりょう》を打ち出してはならない、ということです。

池田　そのことで思い出されるのが、劉備《りゅうび》が、やむなく曹操《そうそう》の大軍から避難《ひなん》する際、自分を慕《した》ってくれた民衆を見捨てまいとし、民衆と行動を共にしながら戦ったことです。

恩師・戸田《とだ》先生は、劉備の存在意義《いぎ》は、仁政《じんせい》のない時代のなかで、仁を立てていったところにある。そこに諸将《しょしょう》も民衆も、劉備を慕った理由があると語られていました。

今、王蒙先生が指摘《してき》された、民心こそ天の心であるという思想は、まさに古来、中国の歴史の奥底《おうてい》を流れ続けてきたものでしょう。『孟子《もうし》』には「民を貴《たっと》しとなし」[*13]、『史記《しき》』には「王者は民をもって天とし」[*14]、『国語《こくご》』には「衆心城《しゅうしんしろ》を成《な》し」[*15]とあります。そして、近代には孫文《そんぶん》先生が「人民を皇帝とし」[*16]と叫《さけ》びました。

実《じつ》は、日蓮大聖人《にちれんだいしょうにん》はたくさんの中国の古典を参照されていますが、前に申し上げた『立正安国論《りっしょうあんこくろん》』では、「くに」を表すのに、「口」（くにがまえ）の中に「玉《ぎょく》」（王の意）」ではなく「民」を配《はい》した「囻《くに》」という文字を多く用い、国の中心は民衆であるとの意義を留《とど》められています。

そして、「王は民を親とし」（御書一五五四ページ）、また、為政者《いせいしゃ》は「万民の手足為《た》り」（御書一七一ページ）と強調《きょうちょう》されていました。

当時の日本は封建時代です。そのなかにあって、いわば民衆が主役の在《あ》り方を志向《しこう》されていたのです。

ところで、王蒙先生が、『三国志演義《さんごくしえんぎ》』で、特に共感《きょうかん》を持たれる人物や場面、注目されている点などがあれば、ぜひお聞かせください。

乱世に光る孔明の知恵と赤誠

王蒙　私が最《もっと》も感動した場面――そしてそれをよく思い返すのですが、「赤壁《せきへき》の戦い」で敗れた曹操《そうそう》が、窮地《きゅうち》に追い込まれ華容道《かようどう》を逃走する時、そこを守っていた関羽《かんう》に出くわす場面です。

曹操は絶体絶命《ぜったいぜつめい》のピンチのなかにあって、冷静さと威厳を保ち、関羽に対して礼を尽《つ》くして挨拶《あいさつ》します。「将軍、一別以来、お変わりはないか」[*17]。ここで、彼と関羽の個人的な情誼《じょうぎ》を暗示したのでしょう。「一別以来、お変わりはないか」[*17]という一言をここに置いたのは、感動に過ぎます。

このシーンを思い浮かべる度《たび》に、私は曹操と関羽の心を思い、目頭《めがしら》が熱くなります。

池田　有名な場面ですね。

おっしゃる通《とお》り、『三国志演義《さんごくしえんぎ》』では、孔明《こうめい》の知恵《ちえ》と雄弁で主君・劉備《りゅうび》と孫権《そんけん》の連合が成立し、曹操の大軍に「赤壁の戦い」で勝利しています。この勝利によって、劉備はさらに「天下三分《さんぶん》の計」の実現へと踏《ふ》み出せました。

乱世であるほど、外交戦で勝てるかどうかが、発展《はってん》と衰亡《すいぼう》を分けるものです。外とは同盟関係を結んで守りを固めながら、内部を調《ととの》え、強め、力《ちから》をつけることが、孔明の知恵でもありました。

王蒙　孔明は「三顧《さんこ》の礼《れい》」の時点で、三国のなかで勢力最弱の蜀《しょく》が三国鼎立《ていりつ》の一角として活路を開くには、呉《ご》と連合を組み、魏《ぎ》を除くしかないとわかっていたのです。

劉備が逝去《せいきょ》して以降、蜀は没落《ぼつらく》していきますが、これはその戦略・方針の実行がうまくいかなかったことに関係しています。

それは、最大限に広範で統一的な戦線を構築《こうちく》できるか否《いな》かということが、一人の政治家にとって、一つの政治力にとって、生死存亡を分ける重要《じゅうよう》な鍵《かぎ》の一つだということを表しています。

池田　劉備の遺志を受け継いだ孔明が、その理想を実現するために、「臣　鞠躬尽瘁《きくきゅうじんすい》し（＝身を捧《ささ》げて労苦《ろうく》を尽くし）、死して後已《のちや》まん」[*18]と我が身を削って指揮を執《と》る「報恩《ほうおん》」「赤誠《せきせい》」の姿には胸打たれます。

後に杜甫《とほ》も孔明を敬愛《けいあい》し、「君臣共済《きょうさい》に当《あた》る」（孔明と其《そ》の主人先主《しゅじんせんしゅ》〈劉備〉とは力《ちから》をあわせて共に天下をすくう事業にあたり）[*19]等と詠《うた》っています。

二〇〇六年、民主音楽協会は、中国文化部直属の中国国家京劇院《きょうげきいん》を日本にお招きして、「三国志――諸葛《しょかつ》孔明」の公演を全国各地で行《おこな》い、大盛況《だいせいきょう》でした。私も創価大学講堂での特別公演を拝見しましたが、「三顧の礼」「赤壁の戦い」「五丈原《ごじょうげん》」といった三国志の名場面の熱演には、まさに孔明《こうめい》の「鞠躬尽瘁《きくきゅうじんすい》」の精神が満《み》ちていました。

王蒙　孔明は、忠誠と知恵《ちえ》のモデルであり、いつの時代にあっても中国人に愛されてきました。彼の「出師表《すいしのひょう》」は前後二編とも、なんと感動的でしょうか。

小説のなかの、劉備《りゅうび》が諸葛《しょかつ》孔明に対して礼と義、そして誠意を尽《つ》くす描写は、大きな感動を呼びます。

ただ、孔明の政治的選択《せんたく》に対しては、包括《ほうかつ》的な表現が欠《か》けています。政治的選択は、「主君」からの礼遇や態度《たいど》によって決まるものでは、まったくありません。このあたりの表現に、物足りなさがあります。より重要《じゅうよう》なのは、形勢の分析と自身の政治的な探求《たんきゅう》ということになるでしょう。

金克木《きんこくぼく》教授に至言《しげん》があります。教授は昔の中国について「官僚の世界に政治は無い」と言いました。これは往時《おうじ》の官僚の世界では、知遇の恩や忠実と不忠の区別、出世の喜《よろこ》びや罪を被《こうむ》る危険性のみを見ていて、政治の大綱《たいこう》や政策、政治的原則や政治的主張を省《かえり》みなかったということです。ここに、思索《しさく》に値《あたい》するポイントがあると思います。

池田　中国には、隋《ずい》に始まる科挙《かきょ》など、長い官僚制の歴史がありますね。それだけに、重みのある言葉です。

とともに、唐《とう》の詩人・柳宗元《りゅうそうげん》は、「思うに役人は、人民のために働くものであって、役目で

中国国家京劇院の特別公演「三国志——諸葛孔明」の「三顧の礼」の場面。左から孔明、劉備、関羽、張飛（2006年、創価大学）　©Seikyo Shimbun

人民を追い使うだけではないのである」[20]と記《しる》しました。自身を犠牲《ぎせい》にしても、民衆のために尽くす。この誇り高い使命感を持った優秀な人材がいなくなれば、社会は低迷せざるをえません。

孔明の丞相《じょうしょう》時代にも、高い官位の重臣らが、蜀《しょく》の建国の目的も、大局も見失って、利己《りこ》的な感情や欲望、名誉などを優先して振る舞い、政治を乱していたことが伝えられています。

それは、『三国志演義《さんごくしえんぎ》』のさまざまな局面に見ることができます。

たとえば、孔明が、劉備亡《な》き後、宿願であった魏《ぎ》の打倒《だとう》に迫りながら、撤退を余儀《よぎ》なくされる場面があります。それは、味方が自己《じこ》保身から裏切って主君を動かし、誤《あやま》った詔勅《しょうちょく》で孔明を呼び返したためでした。

信頼する人物に裏切られること、卑《いや》しい私欲《しよく》の人物のために大事業が妨害《ぼうがい》されることは現実にあることです。

孔明《こうめい》は「なにがむずかしいといって、人間を見分けるよりもむずかしいことはない」[*21]との言葉を残しています。そして、人物を用いる時には「困難な事態に対処させてみて、相手の勇気を観察する」[*21]など、さまざまな観点《かんてん》から信頼に足るかどうかを確《たし》かめ、見定めようとしました。それは、内部からの崩壊《ほうかい》を防ぐためでもあります。


王蒙　同じような悲劇が歴史上、数多く繰《く》り返《かえ》されてきました。岳飛《がくひ》と比べると、諸葛孔明《しょかつ》はまだ幸せだったと言えるでしょう。

人物を見定めるということについて、私は考えたことがありませんでした。私の特徴と言えば、文人《ぶんじん》であって、いわゆる政治家ではなかったからです。私は、その風格《ふうかく》が私と極《きわ》めて異《こと》なる友を受け入れることができます。

文人たちがいつも口にする大言壮語《たいげんそうご》や自己陶酔《じことうすい》、さらに互《たが》いに納得し合えないこと、内輪《うちわ》もめを気の毒だとも思います。

と同時に、私はより多くの人――国籍《こくせき》や文化的背景の異なる人々を信頼したいと願っていますし、短所からその人を判断したくないとも思っています。たとえ私が、その人の弱点をわかっていたとしても。

池田　大事な点ですね。

自分と異なる点や短所と見える点にこだわり、他者を拒絶すれば、決《けっ》して人の良さは見えないでしょう。それでは、自分も進歩《しんぽ》しません。

向上を続ける人は、他者の長所を見て、そこから学び、他者の短所を見て、自身を省《かえり》み正すものです。

孔明は、「当代の人物の能力を充分にひき出した」[*22]という讃嘆《さんたん》を寄せられています。それとともに孔明は、人の和を重視《じゅうし》し、仲が悪く、足を引っ張り合うなどの内部の不和には注意を払《はら》っていました。[*21]

社会のどのような団体、組織でも、それぞれの人材が長所の力《ちから》を発揮《はっき》し、協力し合うところは発展《はってん》します。ひとたび内部の不和で濁《にご》りが生じたところは、停滞《ていたい》し、衰退《すいたい》せざるをえません。また、責任《せきにん》ある立場に適格な人を得られなかった場合、多くの人々を苦しめる結果となりかねない。

魏《ぎ》・呉《ご》・蜀《しょく》の英雄の「創業《そうぎょう》」の苦闘と競争のドラマは、『三国志演義《さんごくしえんぎ》』の魅力《みりょく》の一つでもあります。

それだけに、「守成《しゅせい》」において、たとえば、劉備《りゅうび》の後継者・劉禅《りゅうぜん》が、大理想とした漢室の復興《ふっこう》へと進む決定的な局面で孔明の足を引っ張る愚行《ぐこう》を犯《おか》し、酒色《しゅしょく》にもおぼれ、悪臣がはびこり、ついに蜀を滅ぼしてしまうくだりは、誠《まこと》に悲痛で教訓《きょうくん》に富《と》んでいます。

蜀《しょく》のみならず、曹《そう》氏の魏《ぎ》も、孫《そん》氏の呉《ご》も滅び、三国いずれもが、後継の問題、いわゆる「守《しゅ》成《せい》」においては早くに破綻《はたん》しています。

『正史《せいし》　三国志《さんごくし》』には「先人のあとを嗣《つ》ぐ者には、先人の敷《し》いた道を正しく承《う》けつぎ、それを大きく発展《はってん》させて、立派な業績として成《な》しとげることが、なによりも求められるのです[*23]」と諫《いさ》める言葉があります。

よき後継者を得ていくことがいかに難事であり、それを実現した時の繁栄がいかに大きいか。これは、古今東西《ここんとうざい》に共通の歴史です。

師から弟子へ、先輩から後輩へ、人材から人材へ、精神と知恵《ちえ》を継承《けいしょう》していくために、後継者が自覚すべきことは何であるとお考えですか。また、社会も組織も、繁栄を持続し、発展させていくことは至難《しなん》ですが、教訓《きょうくん》となる歴史はありますか。

後継者の育成こそ勝利の要諦

王蒙　中国の宮廷時代の歴史には、しばしば「竜頭蛇尾《りゅうとうだび》」（＝頭は竜で尾は蛇《へび》、つまり最初の勢いは素晴《すば》らしいが、最後はふるわないの意）の現象が見られます。一つの王朝の建国の君子《くんし》は、辛酸《しんさん》をなめ、戦《いくさ》では血の雨を浴《あ》び、艱難《かんなん》を克服《こくふく》し、ついには国の大権を掌握《しょうあく》する。しかし、その後の代の子孫は、甘やかされ、横暴《おうぼう》にのさばり、他人が自分に尽《つ》くしてくれることに慣《な》れ、贅沢《ぜいたく》な道楽におぼれ、腐敗《ふはい》し、堕落《だらく》してしまうのです。国家の大業の継承が難しくなるわけですね。

世界の多くの大業というものは、幾《いく》つかの事が相反《あいはん》しながらも互《たが》いを成り立たせていって創りあげられるものです。

一つの権力、一つの学説、一つの事業、一つの組織、さらには一つのブランド商品も、挑戦《ちょうせん》を受けず、疑いの眼を向けられることもなく、苦難と失敗を経験せず、自己変革《じこへんかく》・自己革新《かくしん》をなさなければ、徐々《じょじょ》に時代遅れとなり、腐敗し、衰退《すいたい》し、滅亡へと転げ落ちるのです。

こうした意味から、成功は危険を孕《はら》み、輝《かがや》きには暗闇《くらやみ》が隠されていると言えるでしょう。地位というものには目がくらみがちで、巨大な富《とみ》も極《きわ》めて容易に壊滅させられてしまうのです。

池田　おっしゃる通《とお》りですね。

そうした教訓が窺《うかが》える日本の古典文学に『平家物語《へいけ》』があります。貴族が政治を行《おこな》ってきた平安時代の末期、武家である平家が勃興《ぼっこう》して政権を担《にな》い、栄華《えいが》を極め、やがて源氏《げんじ》に敗れ、没落《ぼつらく》する物語です。

たとえば、物語では、栄華のなかで弱体化した平家の様子《ようす》が、こう描かれています。すなわち、各地の源氏が蜂起《ほうき》して都に攻めのぼろうという状況の時に、平家はそんな波風を気にとめないかのように、華やかに振る舞っていた、と。[24]
そして、源平《げんぺい》の合戦のなかで、心ある平家《へいけ》の将が味方に告げます。
「合戦は、自分自身の一大事だと思ってこそ、よく戦えるのです。狩《かり》や漁《りょう》などのように足場《あしば》のよいところへ向かおう、悪いほうへは向かうまいなどと言っていたのでは、戦いに勝つことはけっしてないでしょう」[25]
平家には戦う心が衰え、一方、源氏《げんじ》は、将の源 義経《みなもとのよしつね》が「戦いはひたすらただ攻めに攻めて勝つのが心地よいものだ」[26]と語ったように、万難《ばんなん》を排《はい》して攻め抜く気迫がありました。
受け身でなく攻めの精神で、また、油断や慢心を排し責任感《せきにんかん》を持続して、戦い続けられるかどうか。ここに勝利の要諦《ようてい》があります。
大事業は、一世代だけではなく、時に何世代にもわたって発展《はってん》させていくものです。
しかし、建設は死闘、破壊《はかい》は一瞬《いっしゅん》です。しっかりした後継の人材がいなければ、どんな大事業もたちまち衰退《すいたい》せざるをえません。
帝王学の書『貞観政要《じょうがんせいよう》』は、「創業《そうぎょう》」と「守成《しゅせい》」を共に困難で重要《じゅうよう》であるとしました。[27]
大事業を起こすことが創業であれば、守成とは、それを受け継いで守り、さらに発展させていくという〝新しい創業〟とも言えるでしょう。
この点をめぐって、二〇年前（一九九六年）、キューバのフィデル・カストロ国家評議会議長

江戸時代、日本画の土佐派によって描かれた源平の合戦の名場面「一の谷合戦図屏風」。写真は屏風の一部（東京富士美術館所蔵）　©東京富士美術館イメージアーカイブ／DNPartcom

（当時）と語り合ったことも忘れられません。いずこの社会や団体でも、創業の精神、また、苦難のなかで道を開いた歴史を、常《つね》に立ち返るべき原点として、伝統として確立していくことが大切でしょう。

そして、後継の人材を確実《かくじつ》に育てることが、何より不可《ふか》欠《けつ》となります。教育・鍛錬《たんれん》のなかで、王蒙先生が言われたような、あらゆる挑戦《ちょうせん》、苦難、失敗なども経験して自己革《じこかく》新《しん》し、最後は必《かなら》ず勝利していける人間を創ることです。

私は、中国の思想家・荀子《じゅんし》が、「青はこれを藍《あい》より取れども藍よりも青く」[*28]と言い、天台大師《てんだいだいし》智顗《ちぎ》が『摩訶止観《まかしかん》』に「藍よりしてしかもより青しとやせん」[*29]と掲《かか》げたことの深い意味が思われます。

中国の文化史にも、徹した研鑽《けんさん》や精進《しょうじん》を積《つ》み重《かさ》ねながら、弟子が師匠を超え、後輩が先達《せんだつ》を超えていく、麗《うるわ》しいドラマがありますね。

私自身のことになりますが、創価学会第二代会長の戸田《とだ》先生から受けた薫陶《くんとう》が、第三代の私のすべてです。

戸田《とだ》先生は、初代会長・牧口《まきぐち》先生と共に日本の軍部政府の迫害によって牢獄《ろうごく》に入り、二年間の獄中闘争を戦い勝った方です。

戸田先生の私に対する訓練は、厳《きび》しく徹底《てってい》したものでした。約一〇年にわたって、万般《ばんぱん》の学問も教えてくださいました。恩師は、晩年のある時、「私はもう、全部、君に教えた。今度は、君が私に教えてくれ」「君の本当の舞台《ぶたい》は世界だ。世界へ征《ゆ》くんだ。この私に代わって」と言われていました。本当にありがたい先生でした。今も師と心の対話を続ける日々です。

その体験から、後継の人材を創るということは、師弟という強靭《きょうじん》な人間の絆《きずな》のなかで成《な》しうるところが大きいのではないか、と思います。

王蒙　私たちは、一人の人間、一つの王朝、あるいは一本の映画、一冊の大著においても、竜《りゅう》頭蛇尾《とうだび》という残念な状況をしばしば目にすることがあります。

スタートにおいて、その創業者《そうぎょうしゃ》や、新たな創造《そうぞう》を成した人々の気力は充実し、新鮮な感覚を持っているのは自然なことでしょう。ほとんど向かうところ敵無しという勢いです。しかし時の経過とともに「蛇尾」の時期を迎えると、あちらこちらに綻《ほころ》びが生じ、満身創痍《まんしんそうい》となり、均《きん》衡《こう》を失い、力《ちから》が衰えてしまうこともあるのです。

その意味では、伝統と事業を守り続けていくのは、創業よりもさらに難度が高いと言えましょう。と同時に、私は「守成《しゅせい》」という言葉に戸惑《とまど》いも覚えます。守りにまわり前に進まず、成し遂《と》げたことを変えようとしないというのでは、「守る」こともできないし、また「成す」こともできないのです。

万物《ばんぶつ》は時の流れとともに変わっていきます。革新《かくしん》・創造・突破、そして発展《はってん》があってこそ、本分である基盤《きばん》を守り、初心を貫《つらぬ》くことができるのです。

単に守成のための守成であっては、政治の理想も、戦略・計画も、政治的探求《たんきゅう》も、進むべき方向性も見失ってしまうでしょう。先に示した金克木《きんこくぼく》教授の言葉のように、政治そのものすら見失ってしまうのです。

創価学会に対する私の理解はまだ十分とは言えませんが、池田先生のお仕事の全世界に与える大きな影響《えいきょう》に対し、私は敬意を捧《ささ》げます。それはまた、戸田先生の人を見抜く慧眼《けいがん》と、その人材の能力を発揮《はっき》させる力への惜《お》しみない賞讃《しょうさん》でもあります。

第9章 『水滸伝』の英傑たち

民衆が共感した「勧善懲悪」の物語

池田　京劇《きょうげき》は中国文化を代表する古典劇です。私が創立《そうりつ》した民主音楽協会（民音《みんおん》）は、これまで中国国家京劇院を三度、日本に招聘《しょうへい》しました。

私も名優の方々と出会いを重ね、峻厳《しゅんげん》なまでの芸術の精進《しょうじん》に感嘆しました。また、「以文促信」（文を以《もっ》て信を促《うなが》す）――文化を通《とお》して信頼を築《きず》くという強い使命感に立たれていることにも感銘《かんめい》します。

二〇〇九年、中華人民共和国《ちゅうかじんみんきょうわこく》の建国六〇周年を記念しての日本公演は、「新作『水滸伝《すいこでん》』宋《そう》江《こう》と梁山泊《りょうざんぱく》の英傑《えいけつ》たち～水滸之誓《ちかい》～」でした。『水滸伝』は古来《こらい》、日本でも人気の高い小説だけに大反響がありました。

これは、北宋《ほくそう》時代の末期、乱れた世相のなかで、英雄豪傑《ごうけつ》たちが自然の要塞《ようさい》「梁山泊」に集結し、世直しのために立ち上がり、身を挺《てい》して戦う物語ですが、恩師・戸田城聖《とだじょうせい》先生も『水滸伝』を通して、人生観や社会観などを、青年に語られたものです。

王蒙　身を挺して抗《あらが》う。これはその通りです。しかし、世直しは、必《かなら》ずしも成《な》し遂《と》げられるものではありません。そしてまた、多くの反抗者は、世直しが成功した後、もともと彼らの反抗の対象であった者たちの姿を模倣《もほう》してしまいます。

中国国家京劇院の民音公演「新作『水滸伝』」の第11場。囚われた盧俊義の救出に尽力する女将軍・扈三娘（後ろ）と兵士（2009年、東京）　©Seikyo Shimbun

かつて彼らが最《もっと》も反発していたこと——民衆の迫害を始めてしまうのです。

魯迅《ろじん》は『阿Q正伝《あキューせいでん》』のなかで、阿Qにおける同様の心理の変化を描いています。

阿Qは、彼自身のいわゆる〝革命〟が成功し、趙《ちょう》夫人・趙旦那《だんな》が味わっているような幸運を自分も味わいたい、と願うようになってしまうのです。

池田　過去の政治的な革命が、おびただしい流血を伴《ともな》ったり、また、新たな腐敗《ふはい》を生んだことは、史実が示しています。

王蒙先生は短編『寸草《すんそう》の憂《うれ》い』でも、民衆のための革命を成《な》し遂《と》げた功労者が、特権的地位に安住するようになり、民衆から遊離《ゆうり》していく様相を描かれていますね。

アメリカの哲学者デューイ博士は、「高い地位につけば、精神が鈍《にぶ》り、振舞《ふるまい》が傲慢《ごうまん》になり、階級の利害や偏見《へんけん》に執着するようになる」「権力は毒薬なり」[*1]と訴《うった》えました。一九一九年、博士は中国を訪《おとず》れ、滞在中に起こった「五・四運動」に共感《きょうかん》も寄せています。

権力の持つ魔性《ましょう》を民衆が鋭《するど》く見抜き、賢明に、心して厳《きび》しく監視していくことが重要《じゅうよう》です。そうした民衆の連帯が存在しない社会はあまりにも脆《もろ》く、危《あや》うい。これは歴史の教訓《きょうくん》です。

ここから、もう少々詳《くわ》しく、『水滸伝《すいこでん》』の内容に触《ふ》れてみたいと思います。

悪人が、卑《いや》しいやり方で権力を手にし、権勢をほしいままにして、民衆を虐《しいた》げていることに怒りを燃やし、英傑《えいけつ》が梁山泊《りょうざんぱく》に集まってきます。ある者は愛する家族を奪《うば》われ、ある者は社会の底辺に追いやられ、また、社会の理不尽《りふじん》さに自《みずか》ら地位を捨てた者もいます。

そのなかで、梁山泊のリーダーとなる宋江《そうこう》が「替天行道」すなわち「天に替《か》わって道を行《おこな》う」[*2]と語って、それが旗印《はたじるし》となり、大義となっていきます。

『水滸伝』の前半では、悪の登場人物の一人、元副知事の黄文炳《こうぶんぺい》に対して、宋江らは勝利を収めます。

『水滸伝』の後半では、より舞台《ぶたい》が大きくなり、皇帝の下の四人の悪臣《あくしん》（蔡京《さいけい》・童貫《どうかん》・高俅《こうきゆう》・楊戩《ようせん》）が相手となります。

梁山泊の軍は、悪臣・高俅の率《ひき》いる軍には何度も勝利します。しかし、梁山泊の豪傑《ごうけつ》が朝廷に帰順《きじゆん》した後は、悪臣たちの陰謀《いんぼう》に敗北し、宋江らは悲劇の死を迎えることになります。

そして、悪臣たちは、言葉巧《たく》みに処罰を免《まぬか》れ、生きながらえていきます。

恩師・戸田《とだ》先生は、『水滸伝』のなかの「勧善懲悪《かんぜんちようあく》」が、広く民衆に共感を持たれてきた理由の一つだろうと論じていました。ともに、宋江らが志《こころざし》を果たし得ず、無念の死を遂げる悲劇の結末にも、人々の心を捉《とら》える理由があると言われていました。

王蒙　私の理解では、「天に替わって道を行なう」[*2]は、老子《ろうし》の思想に基《もと》づいているものです。

老子の説いた「天の道は恰《あたか》も弓に弦《つる》を張る時のようであって（弓に弦を張る時は上弭《うわはず》を抑え下弭《したはず》を挙《あ》げる）、高い者は抑え、下《ひく》い者は挙げる。また（水が余れば溢《あふ》れ出て凹地《くぼち》に注《そそ》ぐように）余りある者を減らし、足らない者に与える。天の道は余り有る者を減らし、それを足らぬ者に補っているのである。しかるに、人の道はそうではなくて、足らないで苦しんでいる者を更に減らして、それを余り有る者に奉じている」[*3]という思想です。

つまり、老子《ろうし》は次のように考えたのです。天の道は、強者・富裕者《ふゆう》が、弱者・貧困者《ひんこん》を助けるよう促《うなが》す。一方、人の道は、弱者・貧困者を圧迫《あっぱく》し搾取《さくしゅ》していくものだ、と。『水滸《すいこ》伝《でん》』の「天に替《か》わって道を行《おこ》なう」[*2]とは、「転倒《てんとう》した一切《いっさい》のものを再《ふたた》び転倒させ、もとに戻す」ということです。

池田　作品の背景にある思想を知っていくことは大事ですね。

確《たし》かに、人間の世界には、弱者を犠牲《ぎせい》にして強者が驕《おご》るといった、弱肉強食《じゃくにくきょうしょく》そのものの姿が、あまりに多く見受けられます。

中国にも日本にも訪《おとず》れたことがある、インドの詩聖《しせい》タゴールは「人間の歴史は、侮辱《ぶじょく》された人間が勝利する日を、辛抱《しんぼう》づよく待っている」[*4]と詠《うた》いましたが、このような願いは、古今東西《ここんとうざい》、人々が共通して心の奥深く抱《いだ》いてきたのではないでしょうか。

『水滸伝』には、善が勝ち栄える場面も、善が負ける悲劇も描かれています。

しかし、『水滸伝』で何度も強調《きょうちょう》されているのは、「善を行えば善のむくいあり、悪を行えば悪のむくいある」[*5]という因果《いんが》の法則性です。善は栄え、悪は災《わざわ》いを受けるという道理です。

王蒙　私は原則的に、善を行えば善の報《むく》いあり、悪を行えば悪の報いあるという因果応報《おうほう》を信じています。善と悪は、共に消え去ることはありません。善と悪は種のようなもので、いつかは実となって現れるのです。

しかしこの因果応報というのは、すぐに、明らかに、現れるものではありません。

荘子《そうし》が「為善無近名、為悪無近刑」（善《よ》いことを行なうときは、世間の評判の立たないようにし、悪いことを行なうときは、刑罰に触《ふ》れないようにし）*6 というのもまた、真実でありましょう。

善悪の判断基準と仏法の人間観

池田　歴史では、往々《おうおう》にして、悪人が栄え、善人が苦しんでいる。その現実は変えられない、という見方もあります。そうした考えは、突き詰めると、人間は死ねばすべてが終わるのだし、ごまかせれば何でもするというような、倫理性のない生き方を放任しかねません。

思えば、ドストエフスキーは『カラマーゾフの兄弟』で、永遠の神がなく、不死がないなら、善行はない、何をしようとすべてが許される、という論題を提起《ていき》しました。

世の中には、あたかも、法律に抵触《ていしょく》しなければ何をしても自由だと言わんばかりの事態もあります。しかし、いくら法律の目をくぐって悪事を働き、社会の目を欺《あざむ》けても、自分自身はごまかせない。自分の善悪の行いに対する根本《こんぽん》的な報いは、誰人も免《まぬか》れることはできません。仏《ぶっ》法《ぽう》では、その厳粛《げんしゅく》なる生命の因果の法則を明かしています。

人間の「行い」、つまり、身体での行動（身業《しんごう》）、口で発する言葉（口業《くごう》）、心の動き（意業《いごう》）

の三つの業（カルマ）は、すべて自身の生命に刻まれ、原因となって、それに応じた報《むく》いの結果（果報《かほう》）が顕《あらわ》れていく。ですから、結論的に言えば、いかに自身の生命内奥《ないおう》の悪業《あくごう》を転換《てんかん》し、善業《ぜんごう》を積《つ》んでいくかを示したのが、仏法《ぶっぽう》なのです。ゆえに、自分の人生は不幸に決まっているといった、宿命論、決定論、悲観《ひかん》論は、仏法の本義ではありません。むしろ、そうした諦観《ていかん》を打破して、主体的に、より善《よ》く生きることを志向《しこう》しているのです。

仏法では、人間の心の作用を精緻《せいち》に分析しています。

外界と接触し種々の感覚を得る、眼識《げんしき》・耳識《にしき》・鼻識《びしき》・舌識《ぜつしき》・身識《しんしき》の「五識《ごしき》」、現象・概念《がいねん》を内面で認識《にんしき》する第六識の「意識《いしき》」、その意識の奥にある自我に強くとらわれる第七識の「末那《まな》識《しき》」（思量識《しりょうしき》）、すべての善悪の業が蓄積《ちくせき》された自身の根源となる第八識の「阿頼耶識《あらやしき》」（蔵識《ぞうしき》）を説きます。さらに、第九識の「阿摩羅識《あまらしき》」（真浄識《しんじょうしき》・根本《こんぽん》浄識）の次元を洞察《どうさつ》します。

仏法の精髄《せいずい》においては、この第九識――仏界を自身の生命に涌現《ゆげん》させ、悪業が積み重なった生命も、本来《ほんらい》の清浄な生命へと変革《へんかく》していく現実的方途《ほうと》を、明かしているのです。

では、何が善で何が悪か、何が正義で何が邪義《じゃぎ》かは、時と場合によって変化もする難しいテーマですが、王蒙先生が、その普遍的な基準《きじゅん》として考えられていることはありますか。

王蒙　先生は、最《もっと》も重要《じゅうよう》なことをおっしゃいました。

単純に、人の言うことをそのまま信じ、善悪を判断するのでは、一方が善ならば他方が悪となってしまう。それでは、ややもするとゼロサムのように善悪の争いを処理することになり、人類に災禍《さいか》をもたらすことになるでしょう。

こうしたことから、古代の中国で荘子《そうし》の提議があるのです。

荘子は「彼亦一是非、此亦一是非」（彼《かれ》も一つの是非《ぜひ》であり、此《これ》も一つの是非である）[*6]と説きました。荘子は、誰であっても安易《あんい》に物事《ものごと》の是非を、善悪を判断する権利はないのだ、と考えたのです。

文豪・魯迅の子息である周海嬰氏（上海魯迅文化発展センター理事長）から池田名誉会長に贈られた『阿Ｑ正伝』の主人公・阿Ｑのブロンズ像
©Seikyo Shimbun

人生の在《あ》り方、世界の在り方というものは、善と悪の間で、殺し合いの続く永遠の安寧《あんねい》なき日々であってはなりません。

多くのケースでは、すべてが善で、またすべてが悪である人々の暮らしということはないでしょう。今日、この日に善であったとしても、それは明日あるいは明年、善であることを保証するものではまったくありません。同様に、今日、善が存在していないからといって、明日あるいは明年、善の要素が現れないと決まっているわけでもないのです。

実際には、摩擦《まさつ》があり、激しい争いがある一方、しかしそれ以上に親《した》しき仲もあります。意見の相違《そうい》があれば、それ以上の意思の疎通《そつう》もあります。不平不満があれば、他の人を理解することが重要《じゅうよう》だという、より大きな心もあります。

他者の悪と戦うと同時に、己心《こしん》の悪と戦う自省も必要です。自身の心には、愚かさや苛立《いらだ》ち、恨《うら》みもあり、さらに、嫉妬《しっと》心なども必《かなら》ずあるからです。

自分の相手を「悪人」と見なすよりも、この世には「善《よ》き人」と「さほど善くない人」がいると考えてはどうでしょうか。

「善き人」と「さほど善くない人」の判断基準《きじゅん》は、相手のことを思っての善き行為があるかどうかです。

権力の運用の面から言えば、善悪を判断するというよりも、違法なのか合法なのかをもって判断するほうがいいかもしれません。

そうすれば、それぞれが自分の言い分を言い張ったり、価値《かち》観の闘争、イデオロギーの闘争、そして相手を悪魔と見なすような闘争を安易《あんい》に起こしたりすることは、避けられるでしょう。

池田　ご指摘《してき》は、よくわかります。

『水滸伝《すいこでん》』の話からは離れますが、私は、絶対の生命尊厳《そんげん》という立場に立って、生命を破壊《はかい》し傷つけるものは悪であり、生命を守り育《はぐく》むものは善である、と言えるのではないかと考えます。

仏法《ぶっぽう》の根本《こんぽん》原則は「殺すなかれ」です。釈尊《しゃくそん》は「『かれらもわたくしと同様であり、わたくしもかれらと同様である』と思って、わが身に引きくらべて、（生きものを）殺してはならぬ。また他人をして殺させてはならぬ」[*7]と語りました。

生命の破壊について、善悪をあいまいにし、中立的な姿勢《しせい》でいることは、むしろ悪を助長することになります。この点は、歴史家トインビー博士とも意見が一致《いっち》した点でした。

また、しばしば紛争や対立においては、次のような共通点が見られます。一方的に相手を悪とし、自分を善と見なす。そして、相手の内にある善を見出《みいだ》そうとはせず、自身の内にひそむ悪から目をそらす等々――。

ですから、王蒙先生が危惧《きぐ》されているごとく、善悪を誤《あやま》って決めつけないよう判断に慎重《しんちょう》であることは、自他の生命の尊厳を守る「寛容《かんよう》」にも通《つう》じるでしょう。

デューイ博士は、日本でこう語りました。

「悪い人間というのは、今まで善であったにせよ、現に堕落《だらく》し始めている人間、善が減り始めている人間のことである。善い人間というのは、今まで道徳的に無価値であったにせよ、善くなる方向へ動いている人間のことである。私たちは、こういう考え方によって、自分を裁《さば》くのに厳格になり、他人を裁くのに人間的になる」*8

誰もが内に善悪それぞれの可能性を持つゆえに、今、何をしているか、これから何をしていくか、その行動が重要《じゅうよう》です。

仏法《ぶっぽう》では、自身の生命の内にある「貪欲《とんよく》」（貪《むさぼ》り欲しがること）・「瞋恚《しんに》」（怒り憤《いきどお》ること）・「愚癡《ぐち》」（道理と非理の区別がつかず愚《おろ》かなこと）を克服《こくふく》する道を示し、一人一人の人間の変革《へんかく》から出発するのが肝要《かんよう》であることを教えています。

社会の不条理と迫害の構図

池田　『水滸伝《すいこでん》』に話を戻しますが、この小説で、度々《たびたび》、強調《きょうちょう》されているのは、邪悪《じゃあく》な者は、賢者、善良な者、能力ある者を妬《ねた》むこと。讒言《ざんげん》、陰謀《いんぼう》、権力などを使って迫害すること。そのために社会は乱れ、民衆の生活が破壊《はかい》されるという点です。

こうした悪による迫害の構図について、恩師・戸田《とだ》先生もよく語られていました。戸田先生自身、迫害され、二年間にわたる獄中闘争を貫《つらぬ》かれただけに、権力悪や邪智《じゃち》の謀略《ぼうりゃく》などを鋭《するど》く見破られました。

それは、詩人・屈原《くつげん》が「世が乱れ濁《にご》って、善悪のけじめもなく、好んで他人の善美を蔽《おお》いかくしてねたみにくむ」[*9]と慨嘆《がいたん》していたように、古来《こらい》、中国文学が喝破《かつぱ》していたものでした。釈尊《しやくそん》以来の仏教史上にも、正しい人に対する迫害には、「嫉妬《しつと》」があり、しばしば「讒言《ざんげん》」がなされる構図がありました。法華経《ほけきよう》では、「猶多怨嫉《ゆたおんしつ》」「悪口罵詈《あつくめり》」（法華経三六三・四一八ページ）と説き、怨《うら》みや嫉《ねた》みを多く抱《いだ》かれ、悪口を言われ罵《ののし》られる、とされています。

王蒙　先生のご高見に呼応させてください。

嫉妬と讒言。これは人間の最《もつと》も卑劣《ひれつ》な弱点の極《きわ》みと言えましょう。

同時に私は左宗棠《さそうとう》の対句《ついく》「能受天磨真鉄漢、不遭人嫉是庸才」（天の試練《しれん》に耐えてこそ真の不屈の男である。他人から嫉妬されない者は凡才《ぼんさい》である）を思い出しました。まさに、言い得て妙です。

ですから私は、一つに、他人に嫉妬するな、二つに、他人から嫉妬されることを恐れるなと言いたい。さらには、何ら実績も挙《あ》げられない者が、実績のある者に対して毒の炎のような嫉妬心を向けることを、憐《あわ》れんでもいいのです。他人を嫉妬することは、嫉妬されることよりも、さらに苦しいに違いありません。

池田　その通《とお》りですね。嫉妬されるのは、むしろ知恵《ちえ》や美徳の光る人である証《あか》しです。

ドイツの哲学者ヘーゲルは、「自由な人間というものは嫉妬心などもたず、高貴な偉業をすすんでみとめ、それが存在することによろこびを感じるものです」[*10]と強調《きょうちょう》しました。

　正しいこと、優《すぐ》れたことを讃《たた》え、喜《よろこ》んでいける人は、信頼も増し、さらに発展《はってん》していきます。進歩《しんぽ》や喜びを破壊《はかい》しようとする嫉妬《しっと》は、まさしく悪の本質であり、自身を貶《おとし》め、苦しみに束縛《そくばく》されていくだけです。


王蒙　『水滸伝《すいこでん》』のなかで、私が最《もっと》も印象《いんしょう》深く感じているのは悪人ではありません。それは、無実の罪を着せられたり、ダメージを与えられたりした人々です。作品全体を通《とお》して、最も心を揺《ゆ》さぶられたのは林冲《りんちゅう》であり、「風雪《ふうせつ》の山神廟《さんじんびょう》」の場面です。

　抵抗の好漢《こうかん》も、時にありえないようなことをしでかしたり、過度の暴力を振るったりしてしまうこともあります。血なまぐさい描写は読者の反感を呼ぶでしょう。少なくとも、残念な気持ちを起こさせます。特にここに登場する好漢たちの女性に対する態度《たいど》はひどいもので、これは残念ですね。

　文学作品には常《つね》に、ある種の芸術的誇張《こちょう》や、虚構《きょこう》の極限が描かれるものです。この点で、文学は歴史ではなく、法廷の記録でもなく、また振る舞いの指南《しなん》役でもありません。いかなる社会でも、暴力による抵抗は、皆《みな》、危険な行為です。しかし、小説の上では戦闘や暴力的抵抗の場面が多くなりがちです。

　私も小説書きですが、過度に小説の描写に傾倒して読む方法には、あまり賛成できません。

中国図書交易博覧会の「読者大会」で語らう王蒙元文化相（右）（2012年6月、銀川）

やはり『水滸伝』も、言葉は誇張が多く、不満の発散といった要素もあります。痛快な言い回しもありますが、それは現実には実行できない事柄との、バランスを取るためではないでしょうか。

人間は、現実世界のなかで圧迫《あっぱく》され、屈辱《くつじょく》を受け、困り果てることも少なくありません。ですから、小説のなかでは、痛快に、悪い役人を亡《な》き者にし、極悪《ごくあく》な頭目《とうもく》を除き、正義の士を救い、弱きを助ける。さらには武術を身につけ、仲間たちと意気投合し、崇高《すうこう》なる正義感を胸にしながら、大いに食らい、多くの金銭《きんせん》を山分けする――。もちろん、このようなことは、小説のなかでのみ起こりうるとは限らないかもしれませんが。

池田先生はどのようにお考えでしょうか。

池田　王蒙先生の憂慮《ゆうりょ》を、私も共有しております。文学だけでなく、今日《こんにち》の技術の進歩《しんぽ》は、現実と酷似《こくじ》した虚構《きょこう》の映像などを作り出しています。それだけに、暴力、欲望、偏見《へんけん》等を煽《あお》るものについては、注意が不可欠《ふかけつ》です。

ともかく、いかなる問題も、暴力によって根本的《こんぽん》に解決できるものはありません。暴力がさらなる暴力を引き起こし、かえって問題を泥沼《どろぬま》化させるだけです。

ただ、真実を表すには、一見、虚構に思われるダイナミックな言葉や筋書《すじがき》が必要な場合もあるでしょう。なぜなら、文学の対象となる、見えない人間精神の世界は広大です。その信念の美しさ、喜《よろこ》びの躍動《やくどう》、葛藤《かっとう》の激しさ、苦悩《くのう》の深さにふさわしい表現を見つけねばならないからです。ですから、重要《じゅうよう》なのは、写実的であれ、虚構的であれ、それが何を表現しようとしているかではないでしょうか。

林冲《りんちゅう》のように、無実の罪を被《こうむ》ったり、不当に虐《しいた》げられた人々は、数知れないでしょう。それだけに、その苦悩と願望を代弁してくれる物語に思いを託《たく》すことは、十分ありうることです。

たとえば、日本の江戸時代を代表する長編小説『南総里見八犬伝《なんそうさとみはっけんでん》』は、小説家・滝沢馬琴《たきざわばきん》が『水滸伝《すいこでん》』等を参照して著《あらわ》したものでした。この作品も、なかに「善人を虐げた過《あやま》ちを悟《さと》るがよい」[*11]との台詞《せりふ》がある通《とお》り、勧善懲悪《かんぜんちょうあく》のファンタジーです。『南総里見八犬伝』が、歌舞伎《かぶき》や浮世絵《うきよえ》をはじめ、芸術・文化の題材として人気を博してきたのは、『水滸伝』の人気と相通《あいつう》ずるものがあるかもしれません。

『水滸伝』の魅力《みりよく》の一つは、社会の不条理《ふじようり》によって追い込まれるなどした豪傑《ごうけつ》たちが、一人また一人と梁山泊《りようざんぱく》の連帯に加わり、一〇八人に至るくだりにもあります。

この連帯は、大義を掲《かか》げ、心を合わせ、苦楽を共にしていく〝兄弟〟の絆《きずな》として描かれます。それは、妬《ねた》みや陰謀《いんぼう》の渦巻《うずま》く人間関係とは、対照をなしています。

梁山泊の連帯は、さまざまな個性を持った豪傑が、自身の持ち味を発揮《はっき》したものです。

戸田《とだ》先生は、梁山泊の豪傑たちの人物評をされた時に、宋江《そうこう》を深く慕《した》う、闘争的な李逵《りき》について、「くよくよしないで、のびのびした性格が愛せる」「青年は自分の行動について、これくらいの確信をもって、のびのびとやることだ」と言われていました。

そして、燕青《えんせい》が梁山泊陣営を一身《いっしん》に担《にな》って外交工作を成功させたことなどに触《ふ》れながら、「いかなる場合にも、人物を適材適所におくということが非常に大切である」とも教えられました。

王蒙　素晴《すば》らしい解説ですね。『水滸伝』に対する日本の知性《ちせい》の考察は、私の認識《にんしき》をはるかに超えていて、大きな啓発《けいはつ》を受けました。

歴史を決する「人材」「団結」「勢い」

池田　王蒙先生が『水滸伝《すいこでん》』で注目されている人物像や場面について、さらに、お聞かせください。

王蒙　最《もっと》も深みのある人物として描かれているのは、やはり林冲《りんちゅう》でしょう。李逵《りき》のタイプの人物は、印象《いんしょう》には残りますが、林冲のように読む者を感動させるには至りません。

林冲はそもそも反乱など起こしたりしたくはなかったのです。彼は否応《いやおう》なくそうした状況に追い込まれたのです。草料場《そうりようじよう》は焼かれ、風雪《ふうせつ》の山神廟《さんじんびよう》にこもり、ここに至って英雄は困窮《こんきゆう》し、豪傑《ごうけつ》は梁山泊《りようざんぱく》に落ちのびるしかなかったのです。

多くの人が崑曲《こんきよく》の一人芝居「林冲夜奔《やほん》」に魅《み》せられるのも頷《うなず》けるわけです。そのなかの台詞《せりふ》「男子たるもの、軽々しく涙を見せてはならぬ。心の底まで深く傷つくまでは」に、どれだけの男たちが悲哀《ひあい》に震《ふる》えたことでしょうか。

もう一つ、宋江《そうこう》が流されたあと、酒を飲み過ぎ、潯陽楼《じんようろう》の壁に詩を書きつける場面は忘れられません。もちろん反乱というのは、自分と家族の命も財産も捨て去っての、やむにやまれぬ最終的な選択《せんたく》です。

この小説には、そうした反乱者の内心の苦痛が描かれています。

そのほか、武松《ぶしょう》や武大郎《ぶたいろう》、西門慶《せいもんけい》、なかでも潘金蓮《はんきんれん》をめぐる物語には、複雑《ふくざつ》な思いに駆《か》られます。潘金蓮はすらっとした美女ですが、実《じつ》はとても弱い女性であり、（財産家の）張大戸《ちょうだいこ》に押さえつけられ蹂躙《じゅうりん》されます。一方、その弱者は、さらに弱い武大郎を蹂躙します。

こうした描写は、中国の古典文学ではあまり見られません。よくあるのは、善悪を明確に分ける描写法です。

池田名誉会長と中国の文豪・金庸氏。両者は対談で『水滸伝』についても語り合った（1995年11月、香港） ©Seikyo Shimbun

池田 戸田《とだ》先生が『水滸伝』の登場人物評を語られたなかで、今でも忘れられないのが、特に宋江についてです。

恩師は青年たちに問いました。——小役人あがりの宋江が、なぜ梁山泊の豪傑たちの首領《しゅりょう》になりえたのか、と。青年たちの思い思いの意見を聞かれたあと、先生はまったく次元の違う視点を示されました。

「宋江《そうこう》は、外見は、いかにも平凡な男であったが、ただ一つ、相手の人物をとことんまで見抜く特別の力《ちから》をもっていたんです。彼は、誰に会っても、相手の才能というものをよく見抜いて、その才能を心から愛しもし、尊敬もした。理解の深さにかけては、第一級の人物であった」と。

そして、その点を、『史記《しき》』の言葉「士はおのれを知る者のために死し[*12]」を引いて深め、教えてくださいました。

指導者が、各人の長所を知って正しく評価し、尊重してこそ、皆《みな》が安心して、真剣《しんけん》に力を発《はっ》揮《き》していけるものです。

『三国志演義《さんごくしえんぎ》』を通《とお》しても語り合いましたが、いかなる組織や団体、社会であれ、発展《はってん》していくためには、人材を糾合《きゅうごう》すること、人材を育て、活《い》かし、団結することが不可欠《ふかけつ》です。

そうした点で、際立《きわだ》っている指導者はいるでしょうか。中国や世界の歴史上の人物でも結構です。


王蒙　歴史上の多くの大人物は、その個人的な資質《ししつ》がずば抜けていたのではなく、むしろ多くのずば抜けた人物を団結させたからこそ、大きな功績を残すことができたのです。

韓信《かんしん》の故事《こじ》は、ご存じのことと思います。次のような内容ですね。

韓信が劉邦《りゅうほう》と出兵について協議した際、彼が「陛下《へいか》（＝劉邦）は一〇万ほどの兵を引き連れていけばいいと思いますが、私は多ければ多いほどよいのです。私が兵を率《ひき》いる能力は、兵の数に限りはないのです」と言うと、劉邦は尋《たず》ねました。「そういう君が、なぜ私の指揮に従う必要があるのか？」。韓信は、「陛下の特質は、『将』の『将』たる器《うつわ》であることです。『兵』を率いることではなく、『将』を率いるところに発揮されるのです」と答えました。

池田 有名な逸話ですね。

劉邦のもとで、武将《ぶしょう》・韓信、軍師・張良《ちょうりょう》、宰相《さいしょう》・蕭何《しょうか》が、それぞれ異《こと》なる力を発揮して、漢《かん》王朝を建てるという大事業を成《な》し遂《と》げていきます。

劉邦は項羽《こうう》との激戦で劣勢でした。しかし、ついに最後に勝利して天下を統一しました。その際、劉邦が、功労者の第一として挙《あ》げたのは、蕭何でした。前線で戦った武将以上に、地盤《じばん》である関中《かんちゅう》を的確に治め、前線に兵糧《ひょうろう》などを絶《た》やさず送り、戦いを支え続けたからで、いわば陰の力を讃《たた》えたのです。

団結を築《きず》くには、さまざまな観点《かんてん》から、隅々《すみずみ》に光を当て、一人一人の努力《どりょく》を讃えていく指導者の配慮《はいりょ》が欠《か》かせません。

日蓮大聖人《にちれんだいしょうにん》は、七〇万騎《き》の殷《いん》の紂王《ちゅうおう》の軍に、少数の周《しゅう》の武王《ぶおう》の軍が諸侯の団結を力として勝った故事を挙げながら、「異体同心《いたいどうしん》なれば万事を成じ同体異心《どうたいいしん》なれば諸事叶《かな》う事なし」（御書一四六三ページ）と綴《つづ》られています。

多様《たよう》な力《ちから》を持つ人々が、心を一つにする。すなわち「異体同心《いたいどうしん》」であってこそ大事業が成《な》し遂《と》げられるというのは、古今《ここん》に通《つう》ずる方程式でありましょう。

王蒙　大きな事業の成功不成功は、「人材」のほかに、中国の古代においては「勢い」が左右すると言われていました。それはひいては「天」の要素と言ってもいいでしょう。つまり、事を成すか否かの重要《じゅうよう》な要因は、勢いの変化にあるということです。

その一つは朝廷の権力であり、もう一方は民心です。

朝廷の権力と民心の間に深刻な亀裂《きれつ》が生まれていない時と、両者が離背《りはい》して対立している状況とでは、まったく異《こと》なるのです。

孟子《もうし》は言いました。

「天下を得るに道あり、其《そ》の民を得れば、斯《すなわ》（則）ち天下を得べし。其の民を得るに道あり、其の心を得れば、斯ち民を得べし。其の心を得るに道あり、欲する所は之《これ》が与《ため》（為）に之を聚《あつ》め、悪《にく》む所は施《ほどこ》す勿《な》からんのみ」*13

『水滸伝《すいこでん》』で起こったような事態が可能となり、宋江《そうこう》の反乱が一定の成功を収めた理由は、彼自身の人間的魅力《みりょく》や戦略のほかに、朝廷の失政、そして朝廷が民心と対立してしまったところにもあります。これでは、好漢《こうかん》たちを駆《か》り立てずにはおかない。彼らに反乱の道を選ばせ、同時に、朝廷からの恩赦《おんしゃ》の機会を待つことになります。

朝廷の失政、民心との対立という情勢下でしたから、もしも宋江と梁山泊《りょうざんぱく》の英雄たちの物語がなければ、それに代わる、ほかの好漢たちや、ほかの集団の反乱ストーリーが生まれたかもしれません。深く考えさせられますね。

第10章

『西遊記』と人生の旅

想像力を触発する『西遊記』の面白さ

池田 かつて、中国学芸界の泰斗《たいと》であられる饒宗頤《じょうそうい》先生と文学談義をした際、中国の四大古典小説『三国志演義《さんごくしえんぎ》』『水滸伝《すいこでん》』『西遊記《さいゆうき》』『紅楼夢《こうろうむ》』のなかで、どの作品がお好きかを、質問したことがあります。

饒先生は「最《もっと》も好きなのは『西遊記』です。それは、ストーリー（筋書《すじがき》）の運びが軽《かろ》やかであり、プロット（構想）の魅力《みりょく》によります」[*1]と語られていました。

『西遊記』も、日本で大変によく知られています。

強力な神通力《じんつうりき》を持つ孫悟空《そんごくう》、猪八戒《ちょはっかい》、沙悟浄《さごじょう》が、大乗《だいじょう》仏典を求めて中国からインドへ旅する玄奘三蔵《げんじょうさんぞう》を守りながら、途上の苦難を乗り越え、邪悪《じゃあく》な者を倒し、人々を助けていくストーリーは痛快です。

再会を喜び合う池田名誉会長と饒宗頤教授（右）（1997年２月、香港）
©Seikyo Shimbun

孫悟空は、最初は天界を混乱させた怖《こわ》いもの知らずですが、改心し、やがて旅路で出会う、各地の誤《あやま》った指導者を正《ただ》し、苦しむ民衆や子どもたちを救う逸話が幾《いく》つも記《しる》されていきます。

　そして、インドへの旅の目的を果たした結びの第一〇〇回には、孫悟空たちが「本然《ほんねん》の姿にもどった」「まことの姿にたち返りました」[*2]とされています。そうした意味では、『西遊記』の旅は、〝本来《ほんらい》の自分自身になる旅〟であり、〝本当の自分探しの旅〟であるという要素があります。

王蒙　人生にあって、インドから経典を持ち帰るという機縁《きえん》を得た人は、極々《ごくごく》わずかです。

　とは言え、ある意味で人間は皆《みな》、人生の真実の経典を求めています。そうでありながら得られないのが、普通です。年齢《ねんれい》とともに、人生に対する知と不知、悟と非悟、情と無情、意味と無意味について、なにがしかの悟《さと》りを得ることが、徐々《じょじょ》に多くなるのです。

それゆえに、人間は皆《みな》、経典を求めながらも、邪悪《じゃあく》なものに絡《から》みつかれている、とも言えましょう。

一般的に、『西遊記《さいゆうき》』を読む時、そこまで深くは考えないものです。ストーリーにまかせて読むと言いましょうか、そして読み進めていくと、非常に面白くて没頭《ぼっとう》し、そのまま読み続けてしまうのです。

池田　よくわかります。

日本の各地を巡回した東京富士美術館企画の「地上の天宮　北京《ペキン》・故宮博物院《こきゅうはくぶついん》展」が大盛況《だいせいきょう》であったことは、前にも紹介しました。その出展作品にも、『西遊記』の登場者を絵柄《えがら》にした「青花《せいか》西遊記人物鉢《じんぶつはち》」があり、この小説が人々に幅広く愛されてきたことを物語っていました。『西遊記』には、軽々と時空を飛び越える、ダイナミックな動きがあり、面白いストーリーに富《と》んでいます。現代の日本でも、ドラマやアニメーションなどの題材になって、人気を博しているほどです。

蔡元培《さいげんばい》先生をはじめ近代中国の指導者の方々とも交流があった、日本を代表する漢学者・諸《もろ》橋轍次《はしてつじ》先生も『西遊記』が大好きだったといいます。諸橋先生が幼い頃、母君《ははぎみ》は、厳《きび》しい家計

日中国交正常化30周年を記念し、民音の招聘で中国国家京劇院が来日公演。写真は西遊記「鬧天宮」の名場面（2002年、沖縄）　©Seikyo Shimbun

を支えるために働きながら、一〇人のお子さんを育てていた。そうしたなか、夜は、『西遊記』など多くの物語を、よく聞かせてくれた。特別に学問をしたわけではない母親が、なぜ、それだけの本を読み、知っていたのかと、後々まで不思議《ふしぎ》であったそうです。[*3]『西遊記』が、母子の微笑《ほほえ》ましい絆《きずな》の糧《かて》となり、中国文化に触《ふ》れる端緒《たんしょ》となり、大漢学者が生まれる背景となったのです。

子どもたちが想像《そうぞう》力を伸び伸びと働かせ、生き生きとした心を育《はぐく》むことができる物語は大切です。

王蒙先生は、自己《じこ》形成の重要《じゅうよう》な時期である若い世代に、『西遊記』を勧《すす》めておられますね。この小説のどの点に注目してもらいたいですか。

王蒙　子どもたちは、この世界には、さまざまな不思議《ふしぎ》なこと、奇妙なことがあると感じているでしょう。しかし、大人《おとな》になるにつれて、それらは徐々《じょじょ》に消え去ってしまいます。これはとても悲しいことです。

中国の思想の主流は儒学《じゅがく》です。その儒学は、現実を直視することに留意《りゅうい》しています。孔子《こうし》に「未知生、焉知死」（未《いま》だ生を知らず、焉《いずく》んぞ死を知らん）「不語怪・力・乱・神」（怪《かい》・力《りょく》・乱《らん》・神《しん》を語らず）[*4]という教えがある通《とお》りです。ですから、なおさらフィクションやファンタジーで補っていく必要があるのです。幸《さいわ》い、私たちには『西遊記《さいゆうき》』がありました。

「生も歓喜、死も歓喜」仏法が説く永遠の生命観

池田　『西遊記』の旅が始まる淵源《えんげん》には、「生死」のテーマがありますね。

それは、たとえば、唐《とう》の太宗《たいそう》がひとたび死して、地府《ちふ》（冥界《めいかい》）を巡《めぐ》り、生き返るくだりです。生前の悪行《あくぎょう》を罰する地獄の様相を目《ま》の当《あ》たりにして、太宗が心に刻んだことは、「人生《う》まれては心を欺《あざむ》く莫《なか》れ」「善悪は最後に遂《つい》に報《むく》いあり」[*5]という、「因果応報《いんがおうほう》」の原理でした。

思えば、アンデルセンの童話に、中国の皇帝が主要な登場人物になった、示唆《しさ》的な物語『ナイチンゲール』（『小夜啼鳥』）があります。

権勢の頂点にあった皇帝が病気になり、助からないと聞いて、宮中の者は皆《みな》、もう皇帝は亡《な》くなったと思い、新しい権力者への挨拶《あいさつ》にとんで行ってしまった。もはや死なんとする孤独な皇帝に、彼が一生の間に行《おこな》った善《よ》い行為が優《やさ》しい顔、悪い行為が恐ろしい顔となり、〝覚えがあるか〟と迫ってくる。死の間際に、過去の所業《しょぎょう》が問われていくのです。この後、物語では、皇帝はナイチンゲールの美しい歌声によって蘇生《そせい》し、心を改《あらた》めて人生を再出発します。

人間は、最後は一人で死ななければならない。その時、一切《いっさい》の虚飾《きょしょく》ははがされ、自分自身の真実が浮き彫《ぼ》りにされる。それを決定づけるのは、結局、この世において「自分が何をしてきたか」でしょう。

時代も背景も異《こと》なりますが、古代ギリシャの哲学者プラトンは、有名な『国家』の最終巻で、死後の世界を目の当たりにした勇士の物語を語り、「正しい人は幸福であり、不正な人はみじめである」[*6]ことを、重ねて示しています。詩人ホメロスの『オデュッセイア』でも、古代ローマの詩人ウェルギリウスの『アエネーイス』でも、イタリアの詩人ダンテの『神曲《しんきょく》』でも、主人公は人間の死後の世界に旅します。

「死」という次元から見てこそ、「生」というものの真実の姿が明らかになる。生きる意義《いぎ》も、生命の法則もより深く考えられるようになっていく。この文学の方向性には、普遍的なものがあるでしょう。

王蒙　生死の問題をどう捉《とら》えるか。これは人生の根本《こんぽん》です。生は死の前提です。人間はこれまで、まだ生まれていない者の死について議論したことはありません。死は生の完成であり、いまだ死に至らない時に、いかなる人も自分の一生を総括することはできません。

死は、生をさらに有意義《ゆういぎ》なものにしていきます。死は生のバックグラウンド（背景）であり、生の結論であり、生の証明です。死は、生を具体化し、真実のものとし、計量ができ、研究ができ、議論ができ、表現し得るものとします。

もしも死が存在しないならば、生身《なまみ》に迫る感覚や痛みも存在しないでしょう。私たちは生に対して感情を持ち、思索《しさく》し、それを語る言葉を持っています。確《たし》かに、死は彼方《かなた》で私たちを待っているのです。もしも生のみあって死がないならば、そこには無限《むげん》が、永劫《えいごう》が、超越《ちょうえつ》が形成され、さらにプラスとマイナスの区別がない神々が形成されてしまいます。

そうであるならば、何も探求《たんきゅう》する必要はなく、何かを大切にするには及ばず、残念に思うこと、苦痛を覚えること、学ぶこと、考えること、詩を吟《ぎん》ずること、言葉を発すること、すべてが必要でなくなります。なぜなら、もしも無限の未来というものがあるなら、それは、すべての現実と未来を失ってしまうということだからです。

私がインドを訪《おとず》れた時、最《もっと》も印象《いんしょう》深かったのは、ヒンドゥー教における、破壊《はかい》をつかさどるシヴァ神への信仰《しんこう》です。また、アメリカ・コネチカット州のトリニティ・カレッジで、ネパールの僧侶たちの演技を鑑賞したことがあります。彼らは、この上なく美しい砂の城を作り上げたかと思うと、一瞬《いっしゅん》でそれを崩《くず》し尽《つ》くしました。砂の城を通《とお》して「成住壊空《じょうじゅうえくう》」という「四劫《しこう》」を演じたものでした。

生は偉大であり、死もまた偉大です。建設は偉大であり、消滅もまた偉大なのです。

死とは、生のある種の存在形式なのではないかと、私は思います。たとえば「0（ゼロ）」も一つの数字です。伝染病感染者「0」といった報告をするように。皆《みな》、「0」に帰し、「0」の世界に歩《あゆ》み入らなければなりません。そして「0」の世界から「n（ある数）」が生まれます。「0」と「n」の転化は、「∞（無限）」の中で発生します。このように言えるかどうかわかりませんが、「n」「0」そして「∞」は、色《しき》・空《くう》、そして仏法《ぶっぽう》の教えなのではないか、と。中国の道家《どうか》にとってそれらは、「有」「無」「道」ということになると、私は考えます。

最近、興味《きょうみ》深く、また考えさせられる数字に関係するエピソードがありました。優秀な作家の優《すぐ》れた作品が、ある文学賞の候補となり、最終選考において、得られた得票数がゼロだったのです。これに彼は抗議しました。しかし、ちょっと待ってほしい。彼の作品は幾《いく》つもの選考を通過し淘汰《とうた》されずに残り、「決選投票」への参加資格を得たのです。その他の圧倒《あっとう》的多数の作品は、最終選考でゼロ票を得る資格さえ持ち得なかったのです。そこでのゼロとは、絶対的なゼロではありません。

中国ではよく「無非無、無非非無」（無は無に非《あら》ず、無は無に非ずに非ず）と言います。これは、老子《ろうし》の説く「万物生於有、有生於無」（万物《ばんぶつ》は有に生じ、有は無に生ず）[*7]ということです。同じように、無は有より生ず、です。無であったすべては、永遠に無であることはないのです。ただ生存したことのある人間だけが無になるのであり、この世に生まれていない人間が無になるとは言い得ないのです。

池田 東洋における生死観、なかんずく仏教においては、過去世・現在世・未来世の三世《さんぜ》の生命観を明確に説いていることは、よくご存じの通《とお》りです。

人は普段《ふだん》、死の問題を深く考えることは、あまりないかもしれない。しかし、この厳粛《げんしゅく》なる現実を直視せずして、真実の人生の生き方も、確《たし》かな自身の幸福観も築《きず》き得ないわけです。

日蓮仏法《にちれんぶっぽう》では「まず臨終《りんじゅう》のことを習って、後に他のことを習うべきである」（御書一四〇四ページ）と説きます。そして、結論すれば、法華経《ほけきょう》の肝心《かんじん》たる南無妙法蓮華経《なんみょうほうれんげきょう》という生命の根源の法に則《のっと》って信仰《しんこう》を貫《つらぬ》き、法のため、人々のため、社会のために生き抜いていくなかで、「生《しょう》老病死《ろうびょうし》」の「四苦《しく》」を、「常楽我浄《じょうらくがじょう》」の「四徳《しとく》」へと転じていけることを、教えています。

この「四徳」を簡潔に言えば、「常」は、生命が永遠であると覚知すること。「楽」は、苦難に負けず、豊かな生命力で人生を楽しみきれること。「我」は、何ものにも壊《こわ》されない主体性を確立できること。「浄」は、濁世でも清らかな生命活動を貫けることです。つまり、崩れざる幸福境涯です。

仏法の仏法たる所以《ゆえん》は、「生も歓喜《かんき》」「死も歓喜」という生死観を明かしていることです。この仏法の生命哲学について、私はハーバード大学での「二十一世紀文明と大乗仏教《だいじょう》」と題した講演のなかで紹介したことがあります。会場は、中国文明などを探究《たんきゅう》するイエンチン研究所の講堂でした。

講評者の一人だったアメリカ宗教学界の第一人者・コックス教授は、「西洋社会は、死を否定したり、死を美化《びか》したりする傾向がありますので、この生死観には、我々にとって多くの学ぶべき点があると思います」と述べられていました。

日蓮大聖人《だいしょうにん》は、「死も歓喜」ということを、次のようにも描写しています。

「南無妙法蓮華経と唱え、退転することなく仏道修行をして、最後の臨終の時を待ってごらんなさい。妙覚《みょうかく》の山に走り登って四方を見わたすなら、なんと素晴《すば》らしいことであろうか、法界《ほうかい》は寂光土《じゃっこうど》で、瑠璃《るり》をもって地面とし、黄金の縄をもって八つの道を仕切っている。天から四種類の花が降ってきて、空には音楽が聞こえ、諸仏菩薩《しょぶつぼさつ》は常楽我浄の風にそよめき、心から楽しんでおられる。我らも、その数の中に連《つら》なって、遊戯《ゆうげ》し楽しむことができるのは、もう間近である」（御書一三八六ページ）

詩的で芸術的な美しい表現ですが、これが、仏法《ぶっぽう》の信仰《しんこう》を貫《つらぬ》いていった時の臨終《りんじゅう》の境地である、と言うのです。

なお、王蒙先生も愛読されたトルストイは、仏教の生死観も学び、思索《しさく》を深め、永遠の生命観に迫っていきました。

トルストイは、こう綴《つづ》り残しています。

「生きることが喜《よろこ》ばしく、死ぬことも喜ばしい」[*8]

「人生は、幸福として、歓喜《かんき》として以外の目的を有し得ない」「死は、新たなる、知り得ざる、全然新しい、他の、大なる歓喜への移転である」[*9]

まさに、善《よ》き人生を求め抜いた先に開ける境涯には、仏法に通《つう》じる生死観があるように思います。

知恵と創造力を生む人生の試練・逆境

池田　さて、これまで取り上げた名作に限らず、豊饒《ほうじょう》な文化の伝統を持つ中国には、歴史の風《ふう》雪《せつ》に耐え抜いた古典文学が数多くあります。

魯迅《ろじん》先生は、こう記しています。

「そもそも、国民の発展《はってん》には、懐古《かいこ》ということは大きな役割《やくわり》を果すのであるが、この懐古の『懐』とは、鏡に照《てら》して見るように、自分の考えをはっきりさせることである。たえず前進すると共に、たえず後をふりかえって見ることである。たえず光明にみちた遠い前途に向って進むと共に、たえず燦然《さんぜん》と光を放つ古い昔の物を思いかえすことである。かくてこそ、その新しさは、日に日に新しくなり、その『古』も、生命を失わぬのである」[*10]

古典文学を読むことは、いつの時代も変わらぬ人間の真実を見つめることに通じます。そのまま現代の私たちが自《みずか》らを省《かえり》みることに直結します。ゆえに古典文学を学ぶことは、知恵《ちえ》の明鏡を携《たずさ》えて、これからを生きることであり、未来を開いていく力《ちから》となるに違いありません。

王蒙　私はよく、「古」は心の中にあり、「古」は今も生きており、それが瞬間瞬間、変化を続けている、と言っています。

万物《ばんぶつ》は消え去りつつあり、万物は遺《のこ》りつつあり、万物は新しく生まれきつつあり、万物は消滅しつつあるのです。

池田　現在の日本では、「ライトノベル」と言われる若者向けの小説、ビジネスをはじめ各分野の実用書・手引書などが、よく読まれているといいます。一方で長期的な出版不況で、本は全体的に売れなくなってきています。古典はなおさらです。

現代において古典文学を読む意義《いぎ》について、お話しいただければと思います。

王蒙　情報伝達技術の発展《はってん》に伴《ともな》い、文学は今、より大衆化し、ファストフード化し、消費物化《しょうひぶつ》していいます。こうした時だからこそ、卓越した人物たちが登場する古典、優《すぐ》れた不朽《ふきゅう》の作品を読むことは、ぜひとも必要なのです。

今日《こんにち》の中国で、次のような笑い話があります。「(それぞれの時代の特長的な文学として) 皆《みな》が、楚《そ》辞《じ》を、漢賦《かんぷ》を、唐詩《とうし》を、宋詞《そうし》を、元曲《げんきょく》を、明《みん》と清《しん》時代の小説を讃《たた》える。では、中華人民共和《ちゅうかじんみんきょうわ》国《こく》建国以降についてはどう言ったらいいだろうか。まさか、テレビのコントや携帯のショートメッセージということになるんじゃないだろうね?」

池田　映画、テレビドラマの原作や、それに関連する本が人気を呼ぶこともありますね。

中国のテレビドラマの題材となり、話題になった人物に、清代の文官であり大学者の紀暁嵐《きぎょうらん》がいると聞きました。王蒙先生の母方の先祖に当たるそうですね。

王蒙　紀暁嵐は著名《ちょめい》な文人《ぶんじん》です。彼の怪奇小説集『閲微草堂筆記《えつびそうどうひつき》』はよく知られています。ただ、李商隠《りしょういん》の詩に対する評論を読みましたが、道学に偏《かたよ》っていて、詩については疎《うと》いのではないかと思いました。

紀暁嵐と私の母方は縁戚《えんせき》関係にあります。また、紀暁嵐が最近、中国で注目されているのは、やはりテレビドラマの関係でしょう。彼はもちろん『四庫全書《しこぜんしょ》』の編纂《へんさん》でも知られていますが、描かれている人物像は、細かいことに拘泥《こうでい》せず、融通《ゆうずう》の利《き》かない官僚ではなかったようです。

そうしたところに人気があるのでしょう。

池田 紀暁嵐は、新疆《しんきょう》に流された不遇《ふぐう》の時期がありましたが、その苦難を乗り越え、中国最大の叢書《そうしょ》となる『四庫全書』の編纂者として名を残しました。

王蒙先生は、「逆境に身を置いた時こそ、学習の条件は最高」と語られています。逆境と戦う経験が、文学作品に与える深みとは、どういったものでしょうか。

王蒙 ロマン・ロランの箴言《しんげん》に、「幸福を讃えよ。苦痛もまた讃えよ」とあります。

苦痛からの挑戦《ちょうせん》は、人間の精神力と精神の質と強さ、自信、忍耐《にんたい》、自己《じこ》改革、そして自我のバランス能力などを高めるための試練《しれん》でもあります。

人間はそれぞれ弱点を持っているものです。物事《ものごと》がスムーズに進んで成功している時、人は往々《おうおう》にして驕《おご》り高ぶり、自己陶酔《とうすい》するものですが、逆境は、人を冷静にし、着実《ちゃくじつ》に生きるよう変えてくれます。妄想《もうそう》を逞《たくま》しくしたり、大口《おおぐち》をたたいたりはしないようになるものです。

池田 人間は、試練や逆境に対して、敢然《かんぜん》と立ち向かう時にこそ、新しい知恵《ちえ》、創造《そうぞう》力が湧《わ》いてくる。特に、これからの時代において大切なのは、人間の生命が秘《ひ》める豊かな可能性や能力の開拓《かいたく》でありましょう。

以前、お会いした、二十世紀屈指《くっし》の科学者・思想家ルネ・デュボス博士の言葉が思い出されます。博士は、有名な「地球的に考え、地域で行動する（シンク・グローバリー、アクト・ローカリー)」というスローガンを提唱した方ですが、こう強調《きようちよう》されておりました。

「危機《きき》こそ、ほとんど例外なしに豊かさへの源泉《げんせん》である。危機は新しい打開の道を追求《ついきゆう》させるからである」[*11]

「終極的《しゆうきよく》な形でいって、人間の潜在《せんざい》的可能性は挑戦《ちようせん》にたち向うことによってのみ実現されるのである。努力《どりよく》なしには、人類の進歩《しんぽ》はありえない。努力のない人間というものは、必《かなら》ず堕落《だらく》するものであり、幸せであったり、満足を味わうことすらできないであろう」[*12]

こうした点も、教育の場や地域・団体の学習活動などで、若い世代に伝えていくことが、ますます大事でしょう。

若い時から恵まれた環境《かんきよう》に浸《ひた》り、贅沢《ぜいたく》が当たり前になれば、かえって不幸です。むしろ買ってでも苦労し、葛藤《かつとう》し、忍耐《にんたい》し、努力を重ねて、強靱《きようじん》な英知と人格を鍛《きた》えることができた青春《せいしゆん》こそ、幸福でしょう。

人々を結ぶ文化の和合の力

池田　王蒙先生は、中国の文化相《しよう》を務《つと》められ、文化行政に携《たずさ》わってこられました。

「文化は革命に働きかけるだけでなく、我々の人生の知恵《ちえ》であり、歴史の蓄積《ちくせき》であり、学問の精華《せいか》であり、生活の質であり、我々を引き上げる一手段であり、審美《しんび》し思弁《しべん》するものです」との信念を語っておられますね。

王蒙先生が文化相時代、中国文化の発揚《はつよう》のために、特に力《ちから》を入れて取り組まれた事業について、その一端を教えていただけますでしょうか。また文化交流については、いかがでしょうか。

王蒙 私は、当時、人々の精神空間を拡大しよう、改革開放を推《お》し進めよう、と力を尽《つ》くしました。

同時に、ある種の健康的で建設的な文化の性質・文化の姿勢《しせい》をもって、大言壮語《たいげんそうご》による欺《あざむ》き、破壊《はかい》的な言葉による文化急進主義、文化分裂主義、文化テロリズムに相対《あいたい》し、それに取って代わろうと努めました。

一九八〇年代の、中国と日本の間の文化交流は、私にとって非常に良い思い出となっています。そのなかで、日中文化交流協会とは多くの有意義《ゆういぎ》な交流を進めました。たとえば、中国における東山魁夷《ひがしやまかいい》先生の絵画展、劇団四季《げきだんしき》の公演、日本人作家の作品の中国語での出版などです。

茶道や華道の中国での実演も、各方面から注目されました。茶道の実演は人民大会堂でもしていただき、私も参加しました。確《たし》か流派は、「裏千家《うらせんけ》」であったと思います。茶道については、特に多く交流させていただきました。

また、創価学会も含め、日本各界が進めた活動も、すべてではないですが、幾《いく》つも存じ上げています。多くの活動がありましたね。

公式に文化部が主催したイベントもありました。中国芸術祭基金会の英若誠《えいじゃくせい》氏や方傑《ほうけつ》氏ら基金会の責任者《せきにん》を務《つと》めた方々も、創価学会から多くの協力をいただきました。創価学会が中国文化関係のイベントを招聘《しょうへい》し、交流を推進《すいしん》してくださった尽力《じんりょく》に、皆《みな》とても感謝しています。

池田 恐縮《きょうしゅく》です。英若誠先生、また、方傑先生は、忘れ得ぬ宝友《ほうゆう》です。

英若誠先生は、アカデミー賞映画「ラストエンペラー」にも出演した名優ですね。王蒙先生の文学をめぐって語り合ったことが、懐《なつ》かしい。

方傑先生とは、民主音楽協会が招聘した中国京劇《きょうげき》団の団長として来日された折などに会談しました。

王蒙先生が、日本の伝統文化を代表する茶道に深く関わってこられたことも、日本人として嬉《うれ》しい限りです。

裏千家《うらせんけ》の第十六代家元《いえもと》・千宗室《せんそうしつ》先生は、聖教新聞のインタビューに答え、茶道の精神を話してくださったことがあります。

「茶道は、よく『おもてなしの文化』と言われるのですが、『自分を探すための文化』です」

「茶道は自分の中にある見栄《みえ》や妬《ねた》み、邪《よこしま》なものをできる限り捨てて、本来《ほんらい》の自分を探すため、本来の自分に近づくために、余分なものを削っていく稽古《けいこ》をするのです。その稽古の先に、もてなすということが入ってくるのです[*13]」と。

自分の生命を徹して磨《みが》き浄化してこそ、本来の自分を見つけることもできる、他者への真心《まごころ》こもる関わりもできる。これは、あらゆる分野に通《つう》ずる〝人間の道〟ではないかと感じたものです。

また、遠州《えんしゅう》茶道宗家十二世家元の小堀宗慶《こぼりそうけい》先生とは、家がお隣《となり》であったこともあり、長時間、語り合ったことがあります。

流祖《りゅうそ》の小堀遠州は、江戸幕府で要職を務めた総合芸術家で、茶道のみならず、築城《ちくじょう》・作庭《さくてい》等を指導し、歌や書にも秀《ひい》でた文化人でした。

遠州は「古いもののよさを知り、その上で新しい創意を加えることが大切である[*14]」と教えたといいます。

その通《とお》り、日本の伝統文化を継承《けいしょう》しながら、隣国の中国をはじめ、遠く西洋の国にも茶器《ちゃき》を注文するなど、異国の文化に心を開いて、新しい創造《そうぞう》に取り組んだことが指摘《してき》されています。

遠州は、茶道の教えとして、「殊《こと》には朋友《ほうゆう》の交《まじわり》を失う事なかれ[*14]」との言葉を遺《のこ》しました。

そして、身分を超え、将軍家や公家《くげ》から町人・職人に至るまで、さまざまな人々を招き、多くの茶会《ちゃかい》を開いて交流を図《はか》り、人間の和を大事にしました。

直系の小堀宗慶先生が強調《きょうちょう》された、流祖・遠州から受け継がれてきた精神とは、人の和を尊《とうと》ぶことであり、常《つね》に相手のことを思いやる真心《まごころ》、茶の湯を通《とお》して世の平和に尽《つ》くすことです。

日本が、こうした伝統文化の精神を活《い》かし、世界の調和《ちょうわ》に貢献《こうけん》していくことを、私も願っております。

王蒙　これからの世界にとって、イランのハタミ元大統領が提起《ていき》した「異《こと》なる文明間の対話」は素晴《すば》らしい意義《いぎ》があると思います。テヘランで元大統領をお訪《たず》ねしましたが、その雅量《がりょう》と話しぶりに感服しました。

池田　王蒙先生が〝文明間対話〟を進めてこられたことも存じ上げています。心から敬意を表します。

また、文化は、国籍《こくせき》や民族、宗教、思想が異なる人々同士が友誼《ゆうぎ》を深め、互《たが》いを正しく理解し合う上で大きな力《ちから》になります。

『礼記《らいき》』では、繰《く》り返《かえ》し音楽が持つ和合の力を強調《きょうちょう》しています。その一節には「人びとを互いに親《した》しませ、憂《うれ》いや悲しみを忘れさせるのが、音楽の性能であり、人を喜《よろこ》び楽しませるのが、音楽の作用《さよう》である」[*15]とあります。

民主音楽協会が、音楽の素晴らしい和合の力を、日中の相互《そうご》理解と平和友好に活かしたいと、中国から日本に芸術団体を迎え入れて、四〇星霜《せいそう》を超えます。

最近でも、二〇一四年には、中国国家京劇院《きょうげきいん》の名優の方々による、「『梅蘭芳《メイランファン》』芸術特選」の

イランのハタミ元大統領と会見する王蒙元文化相（2006年12月、テヘラン）

舞台《ぶたい》公演が、日本各地で行われました。

翌一五年は、中国人民対外友好協会、上海《シャンハイ》文化発展《はってん》基金会、上海歌舞《かぶ》団と民主音楽協会などが共同制作した舞劇「朱鷺《とき》」が、各地で公演されました。いずれも大変な感動の舞台となり、日中友好の絆《きずな》を一段と強く結ぶ機会となっています。

今年（一六年）は、世界初公開となる中国雑技団のアクロバティック・ファンタジードラマ「輝《かがや》け！　パンダ・マスター」が、日本の二七都市で披露《ひろう》されて、大好評を博しました。

東京富士美術館でも、度々《たびたび》、中国の文化・芸術を日本に紹介する大型企画展を開催《かいさい》してきました。本年の秋からは、中国人民対外友好協会、中国文物交流センター、そして日中文化交流協会と協力し、「漢字三千年――漢字の歴史と美」とのテーマで展覧会を行《おこな》う予定です。

絶《た》え間なき文化交流が結ぶ民衆と民衆の心の絆《きずな》は、揺《ゆ》るぎない平和の基盤《きばん》です。

王蒙　私は、中日文化交流に対する池田先生と創価学会のご貢献《こうけん》を決《けっ》して忘れません。

また、日中文化交流協会との親密な交流の経験も、しばしば思い出されます。井上靖《いのうえやすし》先生、千田是也《せんだこれや》先生、東山魁夷《ひがしやまかいい》先生、團伊玖磨《だんいくま》先生、そして水上勉《みずかみつとむ》先生のお声と笑顔が私の心に生き生きと刻まれています。私が訪日《ほうにち》時に見聞きしたことを、文章に記《しる》したこともあります。

これからも、さらに中日両国の文化交流が新たな発展《はってん》を遂《と》げていくよう心から願っています。

第11章 「生涯青春」は学ぶ心に

価値創造こそ人生のテーマ

池田　現在、日本は、かつてない高齢社会を迎えています。総人口のうち六十五歳以上の高齢者人口の占める割合は、二六・七パーセント（総務省統計局二〇一五年九月十五日現在推計）。四人に一人以上が高齢者であり、今後いっそう高齢化が進むと予想されています。中国社会もまた、高齢化の傾向だと聞いています。

どのような心構えで、自身の高齢期を迎え、実《みの》り豊かに充実させて生きるか。それは、ますます切実なテーマとなるでしょう。

そうした点について、今回から、王蒙先生のエッセイ集『我が人生哲学』をはじめとする著作や、中国思想、仏教思想などを交《まじ》えながら語り合えればと思います。

前に話題になった国学大師《こくがくだいし》・饒宗頤《じょうそうい》先生の忘れられない言葉があります。

「自分は九十歳になりましたが、未《いま》だに満足していません。まだ自分を改革したい。だから、自分の作品は変化が多い」「老年にとっては精神的な鍛錬《たんれん》が欠《か》けてはなりません[*1]」と語られていました。

そして「芸術・文学・文化の力《ちから》は、人類の平和のための天籟《てんらい》（天が発する響き）の音《ね》[*1]」であるとの高邁《こうまい》な使命感のもとに、「創価」すなわち「価値創造《かちそうぞう》」の「創」という言葉をこれからの人生のテーマとします、とまで言われていたのです。

百歳になられようとする今も、探究《たんきゅう》と創造の道に励んでおられる若々しい息吹《いぶき》に、私は深く感動します。

王蒙先生も、「生命ある限り、書き続けることで、読者に報《むく》い、同僚に報い、友人に報いたい」と、信条を述べられていましたね。

そして八十歳を超えても、生き生きと、新しい創造を続けておられます。

王蒙　饒宗頤先生などの諸先輩と比べるなら、私などはまだ、ひよっこです。

私も幸いにも、饒宗頤先生の謦咳《けいがい》に接することができ、交流もさせていただきました。

饒先生の特徴と言えば、常《つね》に平常心を保《たも》っていらっしゃるということです。学者や著名人《ちょめいじん》によくある傲慢《ごうまん》さがまったくなく、いつも穏やかに、親《した》しく接してくださいます。饒先生は、どこまでも平常心の方です。

池田　『荘子《そうじ》』に「大人《たいじん》は己《おの》れなし」[*2]とありますが、真に偉大な人は、決して尊大《そんだい》ぶらない。常《つね》に探究《たんきゅう》、向上を続け、停滞がないものです。

王蒙先生は、日々、創造《そうぞう》力を発揮《はっき》していくためには、どういうことが大切であると考えますか。また、ご自身が、日頃《ひごろ》、具体的に心掛けておられることは何でしょうか。

王蒙　私は、八十歳という高齢まで生きられるとは思っていませんでした。しかも、この年齢《ねんれい》になってもまだ執筆《しっぴつ》、講義、旅行、水泳を続けていられるのです。

まず天に感謝、そして家族と友人の心遣《づか》いに感謝です。さらに、社会の進歩《しんぽ》や栄養・医療・身体のコンディション作りの技術向上にも感謝しなければならないでしょう。

仕事と学習。この二つがより良き生活の鍵《かぎ》です。「収穫《しゅうかく》を問うなかれ、ただ耕耘《こううん》を問え」です。仕事というのは、社会のため、天地のために行うものです。それはまず、自分自身に生きる理由と意義《いぎ》を与えてくれます。仕事は愛の表現であり、学習は頭脳と魂《たましい》に光と未来を与えてくれます。

我、仕事をするゆえに我あり。我、考えるゆえに我あり。我、学ぶゆえに我あり、ですね。仕事をすること、思索《しさく》すること、学ぶこと。これらはもちろん年齢の影響《えいきょう》は受けません。生きていさえすれば、続けられます。

荘子《そうし》は、こうしたことを「善其生」（善《よ》きこと、それは生きること）と言いました。そうであってこそ、「善其死」（善きこと、それは死すこと）として迎えられるのであり、此岸《しがん》に別れを告げる時、不平不満なく、世や人を恨《うら》むことなく、自《みずか》らを苦しめ、沈み込むことなく、過ごせるのではないでしょうか。これもまた、価値《かち》創造と言えましょう。光明を創り出し、仁愛《じんあい》を、勤労と知恵《ちえ》を創造してゆくのです。

その意味で、自分を信じることです。八歳の自分を、そして八十歳、九十歳となった自分を。

池田 深い思索と体験に裏付けられた、素晴《すば》らしいお話です。

医学的にも、人間の脳の働きは、年を重ねるほどに、大局的な判断力や創造性は増すことがあるという研究もあるようです。そうした点からも、充実した人生を勝ち飾るためには、生涯学習や地域貢献《こうけん》の活動など、人間としての「生き方」がいっそう大切でしょう。

ドストエフスキーは「人間生活の秘密はただ生きることばかりでなく、なんのために生きるかということに存する」[*3]と綴《つづ》りました。「何のために生きるか」という人間の根本《こんぽん》目的への問いは、人生の総仕上げの時期にこそ、より重みを増すのではないでしょうか。

今、王蒙先生は、社会のため、天地のために価値創造するなかに生きる意義を見出《みいだ》すと言われました。先生が若々しく活躍《かつやく》されている源泉《げんせん》がわかる気がします。

そこで思い出すのは、パグウォッシュ会議の創設者の一人であったロートブラット博士です。核兵器廃絶と平和を訴《うった》える「ラッセル＝アインシュタイン宣言」の署名者でもありました。

宣言には「私たちは、人類として、人類にむかって訴《うった》える――あなたがたの人間性を心にとどめ、そしてその他のことを忘れよ」[*4]と謳《うた》われています。博士はその崇高《すうこう》な精神を掲《かか》げて、九十歳を超えても、平和という大目的のために生き生きと奔走《ほんそう》されていたのです。「私は『疲れる』ことを自分に許さないんです」と。背筋もピンと伸び、張りのある声でした。

最後の最後まで、未来のために青年たちを大切に育んでおられました。

六十歳も年下の若いアシスタントのことを、一緒に仕事をしている〝同僚〟とまで言われていました。

二〇〇一年九月十一日の「アメリカ同時多発テロ」の直後には、ロンドンからアメリカ創価大学に駆《か》けつけて、学生たちに講演し、激励してくださいました。

命をかけても悔いがない、偉大な目的を持つことは、若々しく生き抜く力《ちから》になるのでしょう。

病にも負けない毅然たる心で

池田　話を戻しますが、王蒙先生は、少年時代はあまり頑健《がんけん》ではなかったそうですね。しかし新疆《しんきょう》での生活や人々との交流を通《とお》して丈夫《じょうぶ》になられたと伺《うかが》いました。農村での労働やアウトドアでの活動の有益さも強調《きょうちょう》されています。そうした体験から、健康な人生を生きるための知恵《ちえ》

パグウォッシュ会議名誉会長のロートブラット博士（左）と会見する池田名誉会長（2000年２月、沖縄）　©Seikyo Shimbun

なども得られたのではないでしょうか。

王蒙　あらためて、私は天に感謝し、父と母に感謝しています。総《そう》じて、私の遺伝子に特に問題はなかったようです。今日まで、比較的健康に生きてくることができました。これは当然、幸せなことです。

健康とは、医学・生理学用語であるとともに、人生の一つの姿勢《しせい》を示すものであり、選択《せんたく》であり、また心の掌握《しょうあく》でもあります。

愚《おろ》かさや貧困《ひんこん》という理由からではなく、生理的な先天的弱点からでもなく、むしろ自《みずか》らの長所を起因として、終生、自分を苦しめ、また周囲の人々を傷つけてきた人を、私はたくさん目にしてきました。

たとえば、ＩＱ《アイキュー》（知能指数）が高く、才能があり、高学歴で広い人脈を持つ人が、自分を高く見積もって、その欲望を無限《むげん》に拡大させているという状況があります。

その人は、自分の資質《ししつ》とほぼ同じ、あるいは上回っている人に対して我慢ならないのです。ですから、毎日の生活では、怒りと恨《うら》みに満《み》ち、他の人を圧倒《あっとう》しよう、とにかく自分が抜きん出ようと必死になります。しかし最終的に何事も成《な》し遂《と》げることはできず、結局は笑いもので終わってしまうのです。

また女性では、卓越した才能と美貌《びぼう》を備《そな》えていることにより、かえって際限《さいげん》のない望みを抱《いだ》いて、いつも悩んで何事もうまくいかず、恨んでばかりいる人がいます。まるで誰もが自分に対して負債を負っていて、自分によくしてくれて当たり前であるかのように。こうした不健康な生活態度《たいど》は、いくらでも目にすることができます。

次のような種類の人もいます。身体的な健康に恵まれ、青年時代はこれ以上ないほど頑強だったが、そのため、いつも快楽を求め、暴飲暴食《ぼういんぼうしょく》。大言壮語《たいげんそうご》してはばからず、腕《うで》っ節《ぶし》の強さをひけらかす。酒色《しゅしょく》にふけり、目先の勝ち負けにこだわる。自身を大切にせず自制心を欠《か》き、ゆえなく罪作りなことをし、自業自得《じごうじとく》に終わる。このような人も、名簿ができるほどいますね。

老子《ろうし》は摂生《せっせい》を強調《きょうちょう》していました。善《よ》く摂生する者は「死地が無い」と。つまり、自分自身の生命を大切にし、守り、善く用いていける人は、決《けっ》して死に至るような状況や場に陥《おちい》らないということです。

「死地」とは何か？　それは貪欲《どんよく》であり、恨みであり、嫉妬《しっと》・妄念《もうねん》です。仏教で説くさまざまな妄心も含まれるでしょう。これらすべてが「死地」です。また、好機を求めてうまく立ち回ったり、大博打《おおばくち》を打ったり、匹夫《ひっぷ》の勇《ゆう》をふるい自分から滅亡への道を進んでいくなど、これらもまた「死地」へと向かわせるものでしょう。

こうした「死地」から遠ざかることを、老子は、「うまく生命《いのち》を守る者は、丘陵《きゅうりょう》を通《とお》っても犀《さい》や虎を避けないし、戦《いくさ》においても甲冑《かっちゅう》や武器を身につけない。犀は角《つの》で突けないし、虎は爪で引っ掻《か》けないし、武器は刃《やいば》を加えられない、と。いったい、それはなぜか。そもそも死ぬいわれがないからである」*5と言っています。これは素晴《すば》らしいことではないでしょうか。

また荘子《そうし》は、養生《ようじょう》することを、自由であることを、そして自我の解放を説きました。自《みずか》らを、貪欲・憎しみ・嫉妬・恨み、そしてすべて細かいことを気に病《や》むという状況から解放できれば、人生の達人となって、悠々《ゆうゆう》と生きていけるのではないでしょうか。

中国古代の老子と荘子は、摂生・養生を中心的価値《かち》へと高めて考察を加えました。彼らにとって健康は、哲学の問題であり、道徳の問題であり、また人生の選択《せんたく》の問題なのです。単なる栄養や生活習慣、医療サービスの問題ではないのです。

二十数年前、周谷城《しゅうこくじょう》教授にお目にかかる機会がありました。周教授は当時、すでにかなりの高齢でいらっしゃいました。私が養生の道とはどのようなものでしょうかとお尋《たず》ねすると、教授は「私の養生《ようじょう》の道は『不養生』であることです」とお答えになりました。これは非常に中国的な言い回しです。つまり人間は、何事にもこだわりを持たず、「収穫《しゅうかく》を問うなかれ、ただ耕耘《こううん》を問え」の姿勢《しせい》で生きてゆけば、自《おの》ずと決《けっ》して負けない境涯に入っていける、ということなのです。

少なくとも私個人で言えば、少年時代は肉体的に健康ではなかったものですから、意識《いしき》して健康で道理に合う生活習慣で過ごそうとしました。適当にいい加減に過ごすことはしなかったのです。

ただ、文化大革命の期間中に、極度の寂寞《せきばく》感から煙草《たばこ》を吸いました。それは一五年ほどに及びましたが、現在、禁煙して三五年以上となりました。また酒を飲み過ぎることはなく、暴飲《ぼういん》暴食《ぼうしょく》もせず、仕事による過労は避け、生活と仕事のリズムに留意《りゅうい》してきました。またあらゆる機会を利用して身体を鍛《きた》えることもしてきました。今も日常的に水泳、散歩などをしています。こうした良い習慣は、人間にとって絶対的に有益でしょう。

池田　健康維持のために努力《どりょく》されてきたのですね。また、おっしゃる通《とお》り、真に健康であるには、精神的にも自己《じこ》を高めていくことが不可欠《ふかけつ》でありましょう。

白楽天《はくらくてん》は、「心は是《こ》れ自《おのずか》ら医王」（心が即《すなわ》ち医者である）*6と詠《うた》い、病《やまい》に負けない毅然《きぜん》たる心を幾度《いくど》も強調《きょうちょう》していました。

仏法《ぶっぽう》では「色心不二《しきしんふに》」と説きます。「色法」は身体、「心法」は心の働き、「不二」は而二不二《ににふに》（二にして二ならず）という意味です。

すなわち、身体と心は、一つの生命の二つの表れであり、常《つね》に密接不可分に連関していくという法理です。

健康な人生のためには、身体の面とともに、心の面も大切です。医学の観点《かんてん》からも、それを強調する人は多い。

私が対談を重ねた「アメリカの良心《りょうしん》」と称されるジャーナリストのノーマン・カズンズ博士は、ご自身も、膠原《こうげん》病や心臓病という重篤《じゅうとく》な病気を奇跡的に克服《こくふく》し、「希望こそ私の秘密兵器」と語っていました。

晩年はカリフォルニア大学ロサンゼルス校医学部教授となり、「人間の積極《せっきょく》的な情緒《じょうちょ》や心組みが、身体に生化学的変化を生みだす」*7ことを、医学的に証明する研究をされていました。希望や愛情、生きる意志など、人間の積極的な心の力《ちから》が病気の克服のために重要《じゅうよう》な働きをするというのが、カズンズ博士の洞察《どうさつ》であり、確信でした。

それと関連しますが、王蒙先生が強調しておられるように、学び続ける人は心も若く、生き生きとしています。

高齢社会と「学び続ける」喜び

池田　王蒙先生は『我が人生哲学』で綴《つづ》られました。

「学習は我が骨であり、我が肉（材料と構成）であり、我が元気さであり、我が追求《ついきゅう》、使命、奮闘《ふんとう》である」

「私ははたと悟《さと》った――私の最大の特徴、私の生涯を貫《つらぬ》く身分は他でもない学生であるということを。我《われ》、学生なり」

「私は未《いま》だかつて学ぶことを止めたことはない」

高齢社会は、皆《みな》が一段と生涯学習に取り組む時代となるでしょう。学び続けることで、人生の時間を価値《かち》創造《そうぞう》に活《い》かしていくことができます。また人生の先輩の豊かな体験や知恵《ちえ》は、次の世代の人々にとっても共有すべきものが多くあり、それを語り、残していくことも大切です。

東京富士美術館で開催《かいさい》した「大三国志展《だいさんごくしてん》――悠久《ゆうきゅう》の大地と人間のロマン」には、威風堂々《いふうどうどう》たる体躯《たいく》の関羽《かんう》が歴史書『春秋《しゅんじゅう》』を読みふけり、思索《しさく》している絵画が展覧されていました。

『正史《せいし》　三国志』によれば、劉備《りゅうび》は「努力《どりょく》せよ、努力せよ」「知恵を増すようにせよ」[*8]と語り、曹操《そうそう》は「成長してからよく学問に励《はげ》む」[*9]「老いてますます学問を好むようになった」[*10]ことを誇

大反響を呼んだ東京富士美術館での「大三国志展」（2008年）。右端の絵は「『春秋』を読む関羽」　©Seikyo Shimbun

り、孫権《そんけん》は「大人になってからも積極《せっきょく》的に自己《じこ》の向上をめざす」[*10]ことを讃《たた》えたとあります。

そこには、一国を率《ひき》いる王や武将《ぶしょう》たちが、激務の合間をぬって、競うように学び、知恵を増そうとする姿が示されており、強く印象に残りました。

創価教育の創始者・牧口常三郎《まきぐちつねさぶろう》初代会長は、軍部政府の方針に反対して投獄されましたが、逝去《せいきょ》の一カ月前、獄中から家族宛てに送った書簡に「カントノ哲学ヲ精読シテ居《い》ル」[*11]と記《しる》しています。

我が恩師・戸田城聖《とだじょうせい》第二代会長は、亡《な》くなる直前の日々、病床《びょうしょう》で私に何の本を読んでいるかと聞かれ、「私は『十八史略《じゅうはっしりゃく》』を読んだよ」と語られながら、中国の歴史について教えてくださったものでした。

まさしく、学び続けるところに創価教育の根幹の精神があります。それを後世に留《とど》め残してくださったのです。

王蒙　池田先生から伺《うかが》った創価学会の草創期の指導者・牧口常三郎《まきぐちつねさぶろう》先生と戸《と》田城聖《だじょうせい》先生のお話に、とても感動いたしました。

学習を重視《じゅうし》することは、人間の精神生活と精神の力《ちから》を重視することです。それは精神が成長し、豊かになり、向上し、完璧《かんぺき》さを求める上で、欠《か》いてはならないことです。孔子《こうし》は弟子の顔回《がんかい》が先立ったことについて、こう語っています。「惜《お》しいことだ〔、彼の死は〕。わたしは、彼が進むのは見たが、止まるのは見たことがない」[*12]と。進み、止まることはない。これが学習の精神です。

中国で言われる「学びとは水の流れに逆《さか》らって船を進めるのに似ている。進まなければ後退だ。心は平原を駆《か》ける馬に似て、放《はな》つは易《やす》く御《ぎょ》すのは難しい」との言葉は、こうした意味でしょう。

進まざれば後退。これが学習の特質です。学びを疎《おろそ》かにし、止めてしまったなら、それまで蓄《たくわ》えてきた知識・学問・記憶《きおく》は徐々《じょじょ》に色褪《いろあ》せてゆく。それまで培《つちか》った能力や技術もしばらく放置しておくなら、やがて退化《たいか》してしまうでしょう。

一方、心ははたして、平原を駆ける馬のように自由に疾駆《しっく》すべきなのか、それとも集中力を高めて純化し、動かぬ水のように静かであるべきなのか、これは簡単には言えない複雑《ふくざつ》な問題です。

中国の古くからの言葉では、静かに落ち着いてあるべしとは強調《きょうちょう》しますが、想像《そうぞう》力と創造《そうぞう》力を伸ばせとは強調していないのです。これは一つの欠陥《けっかん》だと思っています。

私個人としては、以上のように認識《にんしき》もし、また実践もしてきました。その理由の一つは、起《き》伏《ふく》に富《と》んだ私の人生の命運にあります。私は気づいたのです。私の精神生活のなかで、無条件で貫《つらぬ》いてこられたこと、そして干渉を受けたり、圧力をかけられたり、ねじ曲げられたりということが比較的少なかった活動が、何にもまして「学習」だったのです。私がいつも楽しく感じ、徒労に終わることが圧倒《あっとう》的に少なく、そして、たとえ何かを成《な》し遂《と》げたとは言えなくても過《あやま》ちは犯さなかったこと、それが何にもまして「学び」だったのです。

たとえば新疆《しんきょう》で過ごしていた文化大革命《だいかくめい》当時、執筆《しっぴつ》や社会活動ができなくなりました。社会や青年に有益ないかなる文化的活動にも与《くみ》することができなくなったのです。しかしそうした状況は、アルタイ語族のチュルク諸語に属するウイグル語を学ぶ良い機会になりました。さらに、そこから西域学、そしてイスラム学や中央アジアについて学ぶこともできました。何より、逆境とは、学習・充電の良いチャンスである、と受け取れるようにもなったのです。

学習は、逆境のなかで時間を過ごす最良の方法です。逆境こそが、学習のための最高の環《かん》境《きょう》を与えてくれるのです。それはたとえば、病《やまい》を患《わずら》ったことが、逆に身体のコンディションを改善《かいぜん》し整《ととの》えていくための好機となるようなものでしょう。

逆境の特質は、多くの事柄ができなくなる——だからこそ精神を集中して学んでいける、ということなのです。逆境に陥《おちい》るということは、優《すぐ》れた大学の研究チームに加入するのと同じなのです。逆境はさらに、自《みずか》らを省《かえり》み、謙虚《けんきょ》に自らに問い、自己《じこ》の責任《せきにん》に思いをいたし、学びの難しさに気づき、恥《はじ》を知る勇気を持たせてくれます。

自分自身の精神的能力と精神的成長、そして精神的優位を把握《はあく》するのに、学習よりも優れたものはあるでしょうか。一人の人間の精神的蓄積《ちくせき》とその素晴《すば》らしさ、そして精神的強さと楽観《らっかん》を、誰が抹殺《まっさつ》することができるでしょうか。

中国では昨今《さっこん》、「学習型社会の構築《こうちく》」が言われています。

私が思うに、この構想の最《もっと》も早い淵源《えんげん》は孔子《こうし》でしょう。それは『論語《ろんご》』第一章の「学びて時にこれを習う、亦《ま》た説《よろこ》ばしからずや」[*12]です。孔子は学びの重要《じゅうよう》性を繰《く》り返《かえ》し訴《うった》えました。また、「性、相《あ》い近し。習えば、相い遠し」[*12]とは、人は皆《みな》、同じような性質で生まれてくるが、学習によって正しい礼儀《れいぎ》を身につけ、幸福な人生という目的にたどり着ける、ということでしょう。

孔子は、自分は聖人《せいじん》ではないと強調《きょうちょう》しました。生まれついての賢者ではなく、学んできただけだと。孔子が最も関心を寄せたのは、世の道理と人情でした。ただ学びを通《とお》してのみ、仁義《じんぎ》

私塾「時習学館」の前で、その生徒たちと記念撮影をする戸田城聖第２代会長（前列左から６人目）　©Seikyo Shimbun

と忠恕《ちゅうじょ》のある善《よ》き心を養《やしな》うことができるのです。

また「賢を見ては斉《ひと》しからんことを思い」[*12]、「我れ三人行《おこ》なえば必ず我が師を得《う》」[*12]と強調しました。さらに「学んで思わざれば則《すなわ》ち罔《くら》し。思うて学ばざれば則ち殆《あや》うし」[*12]とも、「敏《びん》にして学を好み、下問《かもん》を恥じず」[*12]とも提唱しました。

こうした教えは現在にあっても、その正しさは疑う余地がないでしょう。

池田　「学びて時にこれを習う、亦た説ばしからずや」[*12]は、私も深く胸に刻む言葉です。

実《じつ》は恩師・戸田《とだ》先生が、若き日に創価教育の実践の場として営《いとな》んだ学習塾は、この孔子の言葉をふまえて「時習学館《じしゅうがっかん》」と命名されていたからです。恩師は優れた教師でもあり、数学の大家《たいか》でした。「時習学館」での教材をまとめた自著『推理式《すいりしき》指導算術《しどうさんじゅつ》』は、当時（一九三〇年代）にあって、一〇〇万部を超えるベストセラーになりました。

その恩師の精神を受け継いでいこうと、創価大学には「時習館《じしゅうかん》」と名づけた学習・研究施設があり、創価学園でも生徒が自習する「時習館」を設けています。

孔子《こうし》が生きた時代は、諸侯が覇権《はけん》を争う、乱世でした。

孔子は、秩序が失われた激動《げきどう》期に、善《よ》き政治を目指し、教育の興隆《こうりゅう》に尽《つ》くしました。日蓮大聖人《にちれんだいしょうにん》も、孔子の思想や苦難の人生の歩《あゆ》みに、度々《たびたび》、言及《げんきゅう》されています。

王蒙先生が挙《あ》げられた言葉の他に、私が好きな孔子の言葉を申し上げますと、たとえば、「学んであきることなく、人を教えて怠《おこた》らない」「〔人を〕愛するからにははげまさないでおれようか。〔人に〕誠実であるからには教えないでおれようか[*12]」「人間の差違は教育の差であり、人種の差でない[*13]」などがあります。これらには、人間への信頼と開かれた心が感じられます。

学ぶということは、他者に、また世界に向かって開かれた自己《じこ》の表れであるとも言えましょう。深く相手を知って尊《とうと》ぶことです。そこには、寛容《かんよう》、協調、友情が生まれます。学ぶことを糧《かて》として、新しい前進、創造《そうぞう》があります。

前にも申し上げた、儒教《じゅきょう》研究の大家《たいか》ドゥ・ウェイミン博士は、対話を通《とお》して学ぶ姿勢《しせい》の大切さを強調《きょうちょう》していました。「対話とは、他者に耳を傾け、それによって自分自身を拡大し、自己認識《にんしき》、自己理解、自己批判《ひはん》を深めていける、大いなるチャンスなのです[*14]」と。

学は光、無学は闇《やみ》です。学び続けることは、人生と社会と未来を照らす光源《こうげん》となります。年《ねん》輪《りん》を刻むなかで、新しい発見があり、知恵《ちえ》が深まっていく。これは、長く学び続けてこそ得られる喜《よろこ》びですね。

王蒙　年を重ねることは、学習と創造の障害にはならないと、各国の専門家がすでに多く指摘《してき》していますね。むしろ、弱い人が、年齢《ねんれい》、立場（仕事をしているのか引退しているのか、など）、視力、聴力、記憶《きおく》力にこだわってしまうようです。

学習そのものが実《じつ》は、精神のフィットネス（健康増進の運動）なのです。加齢による衰えを遅らせ、自身の精神的能力を鍛《きた》えるという信念の表れなのです。高齢になることによって、何かの業務を主宰《しゅさい》したり、出張したり、緊急事態に対応したりすることには影響《えいきょう》が出るかもしれません。しかし、学ぶこと自体には影響しないのです。

若い頃の読書は、一時間に一〇〇ページ読むことができたが、今は一〇ページしか読めない。でもそれがどうしたと言うのでしょうか。

学習はまた、慰《なぐさ》めであり、老年の友でもあります。視力が衰えた人には道を示す街灯となり、聴力が衰えた人には補聴器《ほちょうき》ともなります。老いてもなお強く固い志《こころざし》を持つ者のための舞台《ぶたい》なのです。

池田　確《たし》かに、学ぶことに定年はありません。人は生きている限り、学び続けていきたい。そして、より深く人生を見つめ、充実させていきたいものです。

さらに言えば、グローバル化・情報化の現代は、より広く、より多くのことを学び、価値《かち》を創造《そうぞう》していける時代です。

今は、社会人になっても、学び続けるケースが増えています。また、さまざまな種類のスクールや、通信教育、放送大学など、学ぶ機会もいっそう広がってきています。

嬉《うれ》しいことに、創価大学の通信教育部に学ぶ人の数は、日本で最大規模になりました。キャンパスを開放して行《おこな》ってきた市民への夏季講座も、受講者はのべ三五万人にまで達しています(二〇一五年七月現在)。

教員などの資格を得るために学ぶ人も多数います。試行錯誤《しこうさくご》のすえ、新しい進路にチャレンジしようと学び直す青年もいます。多くの人生経験をふまえて学問に取り組み、さらに人生を充実させようとしている壮年や婦人もいます。高齢者の方々も学ぶ喜《よろこ》びを求めて、勇んで参加されています。

精神に滋養を与える世界の文学

池田　ここで、これから中国の文化を学びたいと思っている方々のためにも伺《うかが》いたいのですが、王蒙先生は、悠久《ゆうきゅう》の中国史のなかで、文化という面から見て好きな時代は、いつでしょうか。

王蒙 これは言うのが難しいですね。文化という視点で見た時、東周《とうしゅう》・先秦《せんしん》時代に、哲学思想、文化思想、諸子百家《しょしひゃっか》が興《おこ》り、中華文化の構造ができあがりました。この構造は、今に至るも、まだ完全には乗り越えられていないのです。

今、中国文化を語る時、まずは孔子《こうし》、孟子《もうし》、老子《ろうし》、荘子《そうし》や諸子百家から始めなければなりません。しかも、それらよりさらに大きな潮流は起きていません。

ただ、どの時代が好きかとなると、そうした時代は乱世で悲惨な時代だったのです。あくまでも比較論ですが、唐《とう》代の文化は良いですね。また、軍備によって統制されていた背景もありましたが、宋朝《そうちょう》の文化の発展《はってん》は華やかであると思います。でも、私たち小説家にとっては、明《みん》朝、清《しん》朝の小説が素晴《すば》らしいと思います。

池田 今、挙《あ》げられた唐、宋、明、清などの文化から、日本も大きな影響《えいきょう》と恩恵を受けてきました。

唐は、東ローマ、ペルシャ、アラブ、インド、中央アジア、東南アジア、東アジアなど、さまざまな国の人々の往来があり、文化の交流が進められ、融合《ゆうごう》していった、世界史的にも特筆すべき「開かれた文明」の時代ですね。

そのなかで、詩歌《しいか》、絵画《かいが》、書道、音楽、舞踊《ぶよう》など、多くの分野で新たな創造や発展があったとされています。仏教、なかんずく法華経《ほけきょう》が、唐《とう》代の文化興隆《こうりゅう》の源泉《げんせん》の一つとなったことも知られています。敦煌《とんこう》芸術は、その代表例です。

唐代の「開かれた文明」について、饒宗頤《じょうそうい》先生と語り合った際に、こう強調《きょうちょう》されていました。

「現在にまで伝わり、輝《かがや》き続ける偉大な文学・芸術は、他の民族、他の国の優《すぐ》れた文化・芸術を吸収したものであり、他を排斥《はいせき》したり、尊大《そんだい》なものではないのです。ゆえに、世界の各国・民族の文化は、排他的になるのではなく、互《たが》いに学びながら新しき創造《そうぞう》を続けるべきです。それが、人類の、さらに新鮮でさらに美しい芸術を創りゆくことにつながるのです[*1]」と。

中国の文化の、このダイナミックな開かれた気風《きふう》も、魅力《みりょく》ではないでしょうか。

また、苦難の時代のなかで、偉大な創造力を発揮《はっき》してきた人たちの軌跡にも学ぶべきものが多い。

たとえば、宋《そう》（南宋）の詩人・陸游《りくゆう》は、「詩の心はせっぱつまった時にこそ大いに湧《わ》き出て来るもので、人の世でのつまずきは必《かなら》ずしもマイナスではない[*15]」と詠《うた》っています。

そうした生きた人間学に触《ふ》れられるのも、豊饒《ほうじょう》な中国の文化を学ぶ楽しみの一つかもしれません。

王蒙先生は、世界の文学にも誠《まこと》に造詣《ぞうけい》が深い。世界の文学で、最《もっと》も好きな作家、作品をお聞かせください。

アメリカ滞在中に図書館を訪れた王蒙元文化相（1993年、アイオワ）

王蒙　たくさんあります。トルストイ、ドストエフスキー、プーシキン、レールモントフ……ロシア文学が好きなのは、昔のロシアは、私たち中国人の経験とも関係しているからです。

　さらに、フランスのバルザック、メリメ、ユゴーですね。

　また、私の人生のなかで最も不愉快《ふゆかい》で、苦しかった時、一九五〇年代の政治運動のなかで挫折《ざせつ》に追いやられ大変な時に、ディケンズの『二都《にと》物語』を読みました。社会が大きく変わる時、また大革命の時には、何が起きてもおかしくないということを学び、ディケンズが私自身の状況を理解してくれている、とさえ思えました。

　日本の『源氏《げんじ》物語』も真剣《しんけん》に研鑽《けんさん》しまし

た。なぜなら、世界公認の長編小説の第一号は『源氏物語《げんじものがたり》』であるからです。

池田　王蒙先生が言及《げんきゅう》された世界の作家や作品の多くは、各国各地で読まれ、人々に〝精神の滋養《じよう》〟を与えてきました。

私も青春《せいしゅん》時代から愛読してきたユゴーの『レ・ミゼラブル』に、大好きな一節があります。「光明は人を健《すこ》やかにする。光明は人を輝《かがや》かす。あらゆる社会的の麗《うるわ》しい光輝は、科学、文学、美術、および教育から生ずる。人を作れ、人を作れよ[*16]」

教育の光こそが、人間を輝かせ、未来に希望をもたらします。

特に現代は、先ほど申し上げた通信教育、成人教育、生涯教育などの取り組みも、ますます必要になっていくでしょう。

王蒙　非常に重要《じゅうよう》なことです。

中国の発展《はってん》のスピードは速いのですが、それだけに各分野の人材は、常《つね》に知識を補い、技能を学ぶことが大いに求められています。現代文明、現代社会が必要とするクオリティー（質）に適合するよう育成しなければなりません。

年老いても学び続ける。これは極《きわ》めて大切です。学びを終えさせることができるのは、死のみなのです。

池田　学び探究《たんきゅう》する精神の象徴として、創価大学講堂のステージの緞帳《どんちょう》には、イタリア・ルネサンスの巨匠《きよしょう》ラファエロの名画「アテナイの学堂」をモチーフにした図柄が描かれています。古代ギリシャの哲学者プラトンとアリストテレスの師弟が対話を交《か》わしている場面が、中央にあるものです。

プラトンは、「魂《たましい》の状態は運動である学問・練習によっては学識を獲得《かくとく》し、維持せられ、善《よ》くなるが、静止である不学問・不練習によっては学びもしないし、学んだことを忘れもするのじゃないか」[*17]と語っています。

王蒙先生が言われる通《とお》り、学ぶことは、〝精神の運動〟であり、人間をより〝善く〟します。

また、アリストテレスは、学ぶことは「最大のたのしみである」[*18]とし、「学ぶことには、本《ほん》来《らい》の状態を取り戻すという行為が含まれている」[*19]と洞察《どうさつ》していました。

学ぶことは、本来、自分のなかにある、知を求める性質を満《み》たし、豊かな知恵《ちえ》や力《ちから》を引き出す営《いとな》みであり、人間が人間らしく輝くための崇高《すうこう》な権利であると言えましょう。

第12章 自分自身の命に生きる

感謝の心で喜びの人生を

池田　人は、誰もが他では代えられない、尊厳《そんげん》なる生命を持っています。一人一人が、人生の春夏秋冬《しゅんかしゅうとう》を生き抜き、かけがえのない体験を生命に刻んでいます。

王蒙先生は、こう強調《きょうちょう》されたことがありますね。

「私が追求《ついきゅう》しているのは感動的な体験をすることだ」「感動とはすなわち、生と死の醍醐味《だいごみ》を体験するためにあり、銀河系、大地、中国の山河《さんが》のなかを歩む醍醐味そのものである」と。さらに、「喜《よろこ》びをもって天下に対すれば、いずこたりとも喜ばしきものとなる」と語られています。

どこにあろうと、人生の深い価値《かち》を探求《たんきゅう》しつつ、生きゆく感動と喜びをつくり出そうという、前向きな信条が伝わってきます。

王蒙　生きるプロセスとは、一つ一つの体験を重ねるプロセスです。体験は、生命の証《あか》しであり、生命の収穫《しゅうかく》であり、生命の目覚めです。すなわち、最後に何がしかを理解し、何がしかを洞察《どうさつ》するための準備なのです。生きる、体験する。それによって、ようやく何かを悟《さと》り、光明の境地に入ることができるのです。

喜びとは、生命に対する報恩《ほうおん》の念であり、世界・天地・自然、そして主宰者《しゅさい》（あるいは主導理念《りねん》）、生命の収穫に対する感謝の念でしょう。有神論者であれば、神なる主《しゅ》に感謝すべきでしょうし、無神論者であれば、物質的な大自然や大世界に、同じように感謝すべきでしょう。

喜びとは無条件のものです。実際に生きている。そして、億万もの同類、無数の生命、日月や星々と共に過ごしている。そのなかで、体験をし、苦悩《くのう》を抱《かか》え、得心がいき、何らかの悟りを得られるのです。多くの星や砂、万物《ばんぶつ》が、私自身のこうした幸せを持ち去ることができるでしょうか。

池田　天文学によれば、この地球に生きる人間の身体は、はるか遠い過去の大きな恒星《こうせい》の超新星爆発で宇宙《うちゅう》に放出された重い元素でつくられているといいます。私の知る天文学者も「『われわれの身体は星でできている』というのは天文学者の常識です」と述べていました。宇宙の営《いとな》みが一つの生命体の誕生に結びついているのです。

この世界のどれだけ多くの事象が、現在の自分と連関し、影響《えいきょう》を与えてきているか。さらに、これまで自分が生きてきた上でも、どれだけ多くの人々の恩恵を受けていることか——それを深く実感《じっかん》すれば、感謝の念が湧《わ》き、喜《よろこ》びが生まれます。

そして、育ててもらった分、今度は自分が感謝の心で人を育て、恩返しをしていく。これもまた喜びとなります。

創価大学の講堂の前には、ホイットマンの像が立っています。この詩人は指摘《してき》しました。

「他から受けた恩を尊重するという性向《せいこう》、感謝の念を抱《いだ》くという性向は、甚《はなは》だ必要なものです。これこそ主要問題です、根本要素《こんぽん》です、傾向です」「わたし自身の生涯なり著作なりについていえば、わたしは、その中の感謝を致《いた》している部分を目《もく》して、よしそれが何にいい及んでいるにせよ、根本的には、最善最上の部分だと考えています」[*1]と。

まさに、感謝の心は、最善の創造《そうぞう》的人生を生きる根幹です。

今、私の大きな喜びと言えば、未来を託《たく》す青年たちの伸びゆく姿であり、青年が苦難を乗り越え、大きく成長することです。

杜甫《とほ》の詩句に「男児《だんじ》　功名遂《こうめいと》ぐるは／亦《ま》た老大《ろうだい》の時に在《あ》り」（男の仕事の完遂《かんすい》は／やはり年とってからだ）[*2]とあります。

私は、人生の総仕上げの事業は教育と定めてきました。

創価学園、創価大学、アメリカ創価大学の卒業生が世界で活躍《かつやく》している様子《ようす》も、多く届きま

手にとまった蝶を見つめるホイットマンの像。創価大学講堂の前庭に立つ
©Seikyo Shimbun

す。さらに札幌《さっぽろ》、香港《ホンコン》、シンガポール、マレーシア、韓国の幼稚園や、ブラジルの創価学園の出身者も奮闘《ふんとう》しています。

中国から創価大学に留学した皆《みな》さんも、中日友好の各分野をはじめ、社会に大きく雄飛《ゆうひ》されています。

私どもは、平和・文化・教育の運動を進めていますが、若き世代の活躍は目覚ましく、心ある指導者、識者の方々も共鳴し、期待の声を寄せてくださっています。

王蒙　池田先生が成就《じょうじゅ》された事業は、私もよく知っております。僭越《せんえつ》ながら、その喜びを分かち合いたいと思います。

生き抜いてきた。青年と民衆を益《えき》する仕事をしてきた。徳を積《つ》み、善事を行《おこな》ってきた。善の種を播《ま》き、人々が安穏《あんのん》と光を得て、痛苦と焦燥《しょうそう》が軽減された——これ以上に素晴《すば》らしいことがあるでしょうか。権力や金銭《きんせん》、名声、勢力の拡大よりも、さらに重要《じゅうよう》です。

池田　その通《とお》りですね。庶民のなかで、庶民と共に生き抜いていく人生にこそ、確《たし》かな充実と喜《よろこ》びがあります。

創価学会では、平和社会の建設と自他共の幸福の確立を目指して、メンバーが生命尊厳《そんげん》の仏《ぶっ》法《ぽう》を信じ、行《ぎょう》じ、学んでいます。そして、世界の各地域で、老若男女《ろうにゃくなんにょ》が定期的に集《つど》って座談会を開催《かいさい》し、仏法を研鑽《けんさん》し合うとともに、それぞれの信仰《しんこう》体験、人生体験を語り合いながら、励《はげ》まし合っています。

地域貢献《こうけん》や、平和運動に携《たずさ》わった活動体験もあります。家庭の問題を克服《こくふく》して一家和楽を築《きず》いた生活体験もあります。さらに、仕事で成果《せいか》を収め、経済苦を乗り越えた体験、重い病気に打ち勝った体験もあります。

人生の試練《しれん》と戦い、〝宿命〟とも言える苦境《くきょう》を勝ち越えた体験に、苦難の渦中にある人々がどれほど励まされ、勇気づけられてきたかわかりません。

自分だけでなく、皆《みな》と共に人生の喜びを築いていく——そうした生き方を貫《つらぬ》く時、自分の体験は皆の希望となり、自分の〝宿命〟は〝使命〟となる。そこに深い価値《かち》の創造《そうぞう》があるのではないでしょうか。

いかなる苦悩《くのう》があろうと、なお生きることを励まし、生きる喜びを教え、生きる力《ちから》を引き出していく。ここに文学の本義もあるでしょう。仏法の精髄《せいずい》もあります。

法華経如来寿量品《ほけきょうにょらいじゅりょうほん》第十六では「衆生所遊楽《しゅじょうしょゆらく》」（衆生の遊楽する所なり）（法華経四九一ページ）と説かれ、人間は本来《ほんらい》、この世に喜び楽しむために生まれてきたと明かしています。自他共の生命に、崩《くず》れざる大歓喜《だいかんき》の境涯を打ちたてるための信仰なのです。

王蒙先生は、人生の総仕上げと言うべき年代を心豊かに飾っておられます。どのような時に、喜びを感じられますか。

揺るぎない自己を築くために

王蒙　私は、身の周《まわ》りに起こる大きな出来事も小さな出来事も、すべてが幸せであり、吉祥《きちじょう》であり、果報であると信じています。

八十歳の節を刻んだ二〇一四年について言えば、私の長編小説の新作『悶《もん》と狂《きょう》』が出版され、多くの読者から励ましをいただきました。年が明けるたびに、私も老けていってしまうかもしれませんが、まだ大いにペンを振るうことができ、その情熱《じょうねつ》にも満《み》ちています。

夏には海水浴も楽しめますし、太陽の光と海風の恵みを享受《きょうじゅ》できます。

この年、孔子《こうし》と『論語《ろんご》』について論述した『天下帰仁』（天下は仁《じん》に帰す）を脱稿しました。また、中国国家博物館で、著名《ちょめい》な書道家が私の作品中の文章を認《したた》めるというイベントもありました。人民文学出版社からは、私の文学創作六十周年を記念するシリーズが刊行となりました。それは四五巻、一六〇〇万字に及んでいます。

実《じつ》は、こうしたことより、さらに嬉《うれ》しかったのは、ウイグル族の青年写真家・庫爾班江《こじはんこう》さんの写真・エッセイ集『我従新疆来』（私は新疆《しんきょう》からやって来た）の出版に関《かか》わり、応援できたことです。この本の出版は、今日《こんにち》の新疆の人々にとって、とても大きな意義《いぎ》を有しているのです。一人の人間として、なすべきことがある、やり遂《と》げられることがある。これ自体に感動を覚えています。

思えば二〇一四年は、多くの文芸界の友がこの世を去りました。歌手の王昆《おうこん》さんの夫で作曲家の周巍峙《しゅうぎじ》さん。作家の張賢亮《ちょうけんりょう》さん。文芸評論家の何西来《かせいらい》さんなどです。このなかで周巍峙さんは享年《きょうねん》九十九歳でした。どんなに長寿に恵まれても、いつかはお別れしなければなりません。私は釈尊《しゃくそん》の説いた生老病死《しょうろうびょうし》、また成住壊空《じょうじゅうえくう》に思いを馳《は》せます。友が逝《ゆ》くことは、本当に悲しい。しかし、大悲無悲《だいひむひ》と言います。命が終わると、宇宙《うちゅう》と、世界と一つになるのでしょう。

もう一つ、二〇一四年の思い出があります。当時百歳の作家・馬識途《ばしきと》先生と、百四歳になられる令兄《れいけい》・馬士弘《ばしこう》先生（二〇一六年五月に逝去《せいきょ》）の新書発表会が行《おこな》われたのです。

中国の書籍や作家を特集したロンドン・ブックフェアのイベントで、王蒙元文化相（中央）が、イギリスの作家マーガレット・ドラブル氏（右）と文学について語り合う（2012年４月）

馬識途先生の書道作品は素晴《すば》らしく、対句《ついく》も詠《よ》まれていました。

「人無媚骨何嫌痩、家有詩書不算窮」

（人は媚《こ》びることなくば、痩《や》せ衰えるのを嫌《きら》おうか。家に詩書あれば、窮《きゅう》することがあろうか）

さらに、隷書《れいしょ》で左《さ》宗棠《そうとう》の対句も認めていました。

「能受天磨真鉄漢、不遭人嫉是庸才」

（天の試練《しれん》に耐えてこそ真の不屈の男である。他人から嫉妬《しっと》されない者は凡才《ぼんさい》である）

感動せずにはいられません。

池田　含蓄《がんちく》のあるお話を伺《うかが》いました。

文豪《ぶんごう》ユゴーは、「ダンテやミケランジェロのような人々にとっては、老いるということは成長することである」*3と記《しる》しました。今、言及《げんきゅう》された先生方、そして王蒙先生ご自身にも通《つう》ずる言葉でありましょう。

日蓮大聖人《にちれんだいしょうにん》は、人生の年輪《ねんりん》を刻みゆく理想的な姿を、「年《とし》は・わか《若》うなり福《ふく》はかさなり候《そうろう》べし」（御書一一三五ページ）等と説かれました。

歳月《さいげつ》とともに、その精神はますます高く、その創造《そうぞう》はますます新しく、その喜《よろこ》びはますます深くなっていく。これが人間生命の限りない可能性の証《あか》しです。また、長寿社会だからこそ、生命ある限り、喜びと感動をつくる道を皆《みな》で探求《たんきゅう》していかねばならないと言えましょう。

王蒙　その核心は、愛の心を湛《たた》えることだと思います。人を愛し、世界を愛する。そうすると、（さまざまなことに）興味《きょうみ》が湧《わ》いてくるものです。生活への興味、仕事への興味。失敗したとしても、それを、どのように成功へと転換《てんかん》するかを研究していくこと。こうした興味が湧くでしょう。

今は多くのことに不満があるかもしれません。多くのことが、説明するのも理解するのも難しいかもしれません。しかし、愛と興味というのは、すべてに対する満足から生まれるものではありませんし、困惑させられる問題をすべて明確に分析できてから生まれるものでもありません。人間の生命が善《よ》き心身を持ち、それが成長し、知識が積《つ》み重《かさ》なり、その上に愛と興味が生まれるのです。

ここで一つ、ちょっとした提案があります。興味や関心というのは、必《かなら》ずしも大きな出来事に向けられるべきだとは考えないことです。まずは小さな興味や関心を湧かせてみてはどうでしょうか。

たとえば、私は、自分で果物《くだもの》を搾《しぼ》ってジュースをつくったり、豆乳をつくったりするのが好きです。幾何学《きかがく》の問題を解いたり、早口言葉を練習したりするのも好きです。小動物——昆虫《こんちゅう》でもいい、キリギリスなどを飼ったりするのも大好きです。そのようなことでいいのです。

また、マイナス面の情報に惑《まど》わされてしまうというのはいかがなものでしょう。ある女性作家がその作品のなかで「世界中の男は、誰も彼も頼りにならない」と憤慨《ふんがい》したとします。誤解してはいけないのは、これは男性を貶《おとし》めているのではありません。優《すぐ》れた品格を備《そな》え、責任感《せきにんかん》のある男性が現れることへの期待と捉《とら》えるべきです。

そのほか、幾《いく》つかの選択肢《せんたくし》をもって、自分の生き方を調整していく力《ちから》を養《やしな》うことも大事です。東の方が暗ければ、西が明るいに違いない。この道が行き止まりであれば、あの道は通じているに違いない、と信じることです。端的に言えば、自分が自身を押しとどめさえしなければ、どんな外部からの力も自身を怯《ひる》ませることはできないのです。

池田　よくわかります。どのような環境《かんきょう》にあろうと、自分の人生をつくるのは、自分です。根本《こんぽん》は、主体である自分にかかっていることを見失ってはならないでしょう。

『近思録《きんしろく》』には「人の心に主体性がきちんと立たないと、それは水車のように流転動揺し、休まる暇《いとま》が少しもない。心を刺戟《しげき》する外界の事物は多いのだから、心に主体性がなかった場合、どうにもなるまい」[*4]とあります。

揺《ゆ》るぎない自己《じこ》の確立は、仏法《ぶっぽう》でも当初から教えてきたことです。

釈尊《しゃくそん》は、「自己こそ自分の主《あるじ》である。他人がどうして（自分の）主であろうか？　自己をよくととのえたならば、得難《えがた》き主を得る」[*5]とも説きました。

さらに仏法では、「自己」を、自分と環境《かんきょう》を含めた大きな次元で捉《とら》えています。すなわち「依正不二《えしょうふに》」の原理です。生命活動を営《いとな》む主体（正報《しょうほう》）と、その心身がよりどころとする社会・自然・国土（依報《えほう》）が二にして不二であるということです。

そして、環境が人間に影響《えいきょう》を与え、人間をつくる作用を考察するとともに、人間が主体となって、より良く環境をつくり、変えていく、積極《せっきょく》的な生き方を勧《すす》めています。

いたずらに、自分の立場、境遇《きょうぐう》、環境を嘆《なげ》き、翻弄《ほんろう》される人生は不幸です。

自分の挑戦《ちょうせん》と努力《どりょく》で、現状を一歩でも二歩でも改善《かいぜん》していく。その知恵《ちえ》と力《ちから》を磨《みが》き、発揮《はっき》できるようにするのが、宗教の使命でもあります。

日蓮大聖人《にちれんだいしょうにん》は「人のために火をともせば・我がまへあき《明》らかなるがごとし」（御書一五九八ページ）と、教えました。

喜《よろこ》びと感動のある人生は、人から与えられるものではない。たとえ労苦《ろうく》が多くとも、自分らしく、何かで人のために役立っていくこと、社会のため、未来のために価値《かち》を創造《そうぞう》することにあると、私は信じています。

仏法に説かれた「自己変革」の智慧

池田　「楽しみこそ心の本当の姿である」[*6]。これは明《みん》の思想家・王陽明《おうようめい》が、病身で悩むことの多かった弟子を激励した時の言葉です。

現実には愁《うれ》いや苦しみ、迷いがあろうと、自身を省《かえり》みて、誠《まこと》が満《み》ちているならば、「そこにおのずから楽しみがある」[*6]というのです。

弟子を思いやる心情《しんじょう》が窺《うかが》えるとともに、自己の心を正すなかに、健康的に生きる道があることを教えています。

王蒙先生は、心の健康は、他者に対する善意、善良、明朗のなかにあるとされています。そして、心を蝕《むしば》む嫉妬《しっと》、憎悪《ぞうお》、傲慢《ごうまん》、度量の狭さなどを抑制し、理性的に生きるなかに健康があるとも指摘《してき》していますね。

自身の内にある、自己中心的な暗い衝動《しょうどう》を克服《こくふく》し、他者を思う善の働きを強くすることは、健康的に生きることにつながります。

王蒙　孔子《こうし》に「仁者寿」（仁者《じんしゃ》は寿《いのちなが》し）[*7]、老子《ろうし》に「無死地」（死地、無し）という言葉があります。つまり、自分で自分を苦しい立場や窮地《きゅうち》に追い込んだり、病的な牢獄《ろうごく》に押し込めたりしないことです。

人間は往々《おうおう》にして、自分の物差《ものさ》しで他人のことを推《お》し量《はか》るものです。自分の度量が小さければ、どこに行っても陰《いん》に陽《よう》に自分は攻撃されていると思いがちです。一方、善良な自分をつくってゆけば、どこにでも善人を、善《よ》き友を発見できます。自分が凶悪であれば、至る所で敵に出くわします。

利己《りこ》主義者が最《もっと》も得意とするのは、他人のなかの利己主義を発見することです。心が健康な人の、大宇宙《だいうちゅう》や大自然、そして親《した》しき友、上司、部下に対する印象《いんしょう》は、その多くが健康的で前向きなものです。

では、悪しき人に出くわしたなら、どうすればいいでしょうか。まず憐《あわ》れむことです。次に、笑い飛ばし、そして苦海《くかい》から脱出できるよう手助けを試《こころ》みるべきでしょう。

仁者は、他人に善く相対《あいたい》します。他人に善くすることは、自分に善くすることであり、自分も安心できます。少なくとも、辛《つら》く思ったり、気をもんだりしなくて済みます。

『紅楼夢《こうろうむ》』に、版によって詠《よ》み人が薛宝釵《せつほうさ》であったり、林黛玉《りんたいぎょく》であったりしますが、次のような詩句があります。「首焦《こうべこ》がしつつ朝な夕なを過ごし／心を煎《い》りては日を年をばわたる」[*8]。始終、心を焼き焦がすようにやきもきしているというのは、なんとも辛すぎますね。

池田　『紅楼夢』の若い林黛玉は、才能にも富貴《ふうき》にも容姿にも恵まれながら、心は嘆《なげ》きを繰《く》り返《かえ》します。

――故郷を離れ、父母もきょうだいもなく、一人ぼっちである、病気がちである、と。[*9]

その嘆きは、薛宝釵との友情があっても、心から離れません。

一方、林黛玉が身を寄せていた名門の賈《か》家は、親子、夫婦、きょうだいなどが憎しみ合い、争い、悲惨に陥《おちい》り、衰亡《すいぼう》していきます。

時代状況は異《こと》なっても、人間は葛藤《かっとう》や憎悪《ぞうお》、欲望など、心の闇《やみ》に縛《しば》られている限り、真実の自由は得られないし、確《たし》かな幸福の道を歩むこともできません。

孔子は『論語《ろんご》』で、端的に「自分を修養して人を安らかにすることだ」[*7]と語りました。『大学《だいがく》』には「わが身をよく修《おさ》めることを根本《こんぽん》とする」[*10]とあります。『老子《ろうし》』は「自分にうち勝つ者はほんとうに強い」[*11]、『近思録《きんしろく》』は「自己《じこ》が確立すると、世間の色々な物が処理できるようになる」[*4]、魯迅《ろじん》先生は「まず自己変革《へんかく》があって、それから社会変革、世界変革に及ぶのでないとまずい」[*12]と強調《きようちよう》しました。中国思想では、自己を見つめ、自己を統御し、自己を形成することが、最大の課題の一つとされてきたと言えましょう。

それは、前にも申し上げた通《とお》り、仏法《ぶっぽう》とも共鳴するテーマです。

天台大師智顗《てんだいだいしちぎ》は、自己《じこ》を映し見つめる明鏡として、法華経《ほけきよう》に基《もと》づいた十界《じつかい》（十界互具《ごぐ》）の法理を、『摩訶止観《まかしかん》』等に説きました。そこでは、万人《ばんにん》の一心に共通して、低い境涯から高い境涯へと、一〇種類の生命境涯（十界）が内在しており、常《つね》にそのいずれかが顕現《けんげん》するというダイナミックな生命観を明かしております。

十界を概略《がいりやく》的に申し上げますと――

①「地獄《じごく》界」…苦しみに押しつぶされ、自由を奪《うば》われた最低の状態。
②「餓鬼《がき》界」…際限《さいげん》のない欲望の奴隷《どれい》となって振り回される状態。
③「畜生《ちくしよう》界」…道理を見失い、目先の利害に翻弄《ほんろう》される愚《おろ》かな状態。
④「修羅《しゆら》界」…他者と比べ常に勝《まさ》ろうとする、自己中心的な傲慢《ごうまん》な状態。優《すぐ》れた者に対して諂《へつら》い妬《ねた》み、弱い者を軽《かろ》んずる。
⑤「人《にん》界」…平静に物事《ものごと》を判断できる、穏やかな人間らしい状態。
⑥「天《てん》界」…願望がかない、欲求が満《み》たされた際の喜《よろこ》びの状態。
⑦「声聞《しようもん》界」…教えを聞いて悟《さと》りを求め、その一端を獲得《かくとく》した境涯。
⑧「縁覚《えんがく》界」…さまざまなことを縁として、一人、自《みず》らの力《ちから》で部分的な悟りに至った境涯。
⑨「菩薩《ぼさつ》界」…最高の悟りを求める不断の努力《どりよく》（求道）と、他者の幸福のための慈悲《じひ》の行動（利他《りた》）を貫《つらぬ》く境涯。

⑩「仏界《ぶつ》」…宇宙《うちゅう》と生命を貫く根源の法を覚知し、限りない勇気と慈悲と智慧《ちえ》を体現して、他の人々を救うために戦い続ける尊極《そんごく》の境涯。

特に重要《じゅうよう》なのは、この十界は互具しており、誰人にも「仏《ほとけ》」という尊極の生命が具《そな》わっていることが示された点です。そして「地獄」「餓鬼」「畜生」「修羅」のような生命に縛《しば》られた日常生活から、妙法《みょうほう》を唱えて、自身の内に仏界の生命を涌現《ゆげん》し、日々、人々のため、社会のために行動する人生へと変革《へんかく》していく――これを私どもは「人間革命」と呼んでいます。

王蒙　池田先生がおっしゃった法華経に基づく「十界」の説は、非常に明快ですね。一般人にも非常に理解しやすいものです。この説は、自分自身の精神状態を省《かえり》み、精神的弱点を直視し、自らの持てる最大の力によって、地獄・餓鬼・畜生の状態から脱し、縁覚・菩薩・仏界に至らしめてくれるように思います。このような自覚があれば、人生の苦難や愚かさは少なくなるのではないでしょうか。

人間が誇り、愛すべきところは、その魂《たましい》にあります。ただし中国では、内心は「七情六欲《しちじょうろくよく》」だと言われています。

今のところ、私たちは地球が唯一の命の故郷だと知ることができています。そのなんと尊《とうと》いことでしょう。と同時に、私たちの魂は不安に満ち、心の内側には大きな苦しみがあります。「七情六欲」は、自己と他者に多くの傷をつけ、痛みを与え、怒り、分裂、そして狂気をもたらします。

私はこれまで一度ならず、親《した》しい友の精神疾患《しっかん》の発作に直面《ちょくめん》したことがあります。その時、私は仏教の「悲《ひ》」の概念《がいねん》に思い至りました。私は一カ所に限らず、「大悲《だいひ》」と名付けられた仏教寺院を知っています。

「大悲」とは、大きな慈悲《じひ》と同情の心だと思います。高い境涯から、また、光明のある所から、生きとし生けるものの苦難を見つめ、盲目的で担《にな》うべきことをやり遂《と》げられないという悩みを見つめる。慈悲と同情の心、つまり大慈大悲の心で、苦難にある衆生《しゅじょう》を救おうとするのです。

人間は自分の「大悲」について思索《しさく》し、人生の「大悲」を体験し、自分が悩みを乗り越え、自身の心の境涯を昇華《しょうか》し、開き、転換《てんかん》していくべきでしょう。大きな慈悲と同情の心から歩《あゆ》み始めれば、より健康無敵な精神境涯を得られるのではないでしょうか。いわば、人間は自分自身の大光明鏡を開き、創造《そうぞう》していくべきなのです。

「煩悩」を「菩提」に転じゆく生き方

池田　重要《じゅうよう》な点をお話しくださいました。
人々のために尽《つ》くす慈悲の道に健康の道があるとされたことは、卓見です。

私がよく知る名医から聞いたのですが、日頃《ひごろ》から、地域や人々への献身《けんしん》を自身の使命として貫《つらぬ》いてきた人は、重い病気で入院しても、人のために何かしたいと心を砕いている。自分が最《もっと》も大変なのに、悩める友を励《はげ》ましたいと願っている。そうした慈悲に生き抜く人は、病《やまい》や死に臨《のぞ》んでも強いというのです。そこからは、爽《さわ》やかな感動を周囲の人々にもたらしながら、悔いない満足の人生の総仕上げをしている姿が窺《うかが》えます。

私も、多くの同様の尊き姿を見てきました。これも「健康無敵な精神境涯」ではないでしょうか。

慈悲の実践とは、まさしく菩薩《ぼさつ》道です。

人類の健康と進歩《しんぽ》と平和のために奔走《ほんそう》された〝現代化学の父〟ポーリング博士も、「もし、我々は何をなさねばならないかと問われたら、我々は人間生命の『ナンバー・ナイン』(十界《じっかい》の九番目)、つまり菩薩界の精神に立って行動するよう努力《どりょく》するべきである」と強調《きょうちょう》されていました。

博士は、私どもの世界平和への努力に深い共感《きょうかん》を寄せてくださいました。最後にサンフランシスコでお会いした時は、九十二歳の博士が三人の闘病中の方を励ましてから足を運んでくださいました。ご自身が、一生涯、〝菩薩〟の行動を貫かれた方でした。

天台大師智顗《てんだいだいしちぎ》の『摩訶止観《まかしかん》』などでは、すべての菩薩が立てるべき誓願《せいがん》を、四つ挙《あ》げております。

第一に「衆生無辺誓願度《しゅじょうむへんせいがんど》」。すべての人々の苦しみに同苦《どうく》し、救おうという誓いです。

第二に「煩悩無量誓願断《ぼんのうむりょうせいがんだん》」。すべての煩悩を断《た》とうという誓いです。

第三に「法門無尽誓願知《ほうもんむじんせいがんち》」。仏の教えをすべて学び知ろうという誓いです。敷衍《ふえん》すれば、仏法《ぶっぽう》をはじめとして、あらゆる思想、学問、文化などの人類の精神遺産《いさん》を学ぶ決意に相当すると言えましょう。

第四に「無上仏道誓願成《むじょうぶつどうせいがんじょう》」。仏道修行を貫《つらぬ》いて、最高の悟《さと》りの境地を成就《じょうじゅ》するという誓いです。他者を救う実践のなかで、自身も境涯を高めていくという意義《いぎ》です。

ここで、特に申し上げたいのは、「すべての煩悩を断つ」ということの真の意味です。大乗仏教《だいじょう》の真髄《しんずい》では、決《けっ》して苦悩《くのう》や欲望を消滅させることを目指すのではありません。煩悩は、本然的《ほんねん》にあるもので、滅することは不可能であるからです。

むしろ、王蒙先生が「人間の欲望は少なくとも理性及び智慧《ちえ》へと昇華《しょうか》し得る」と洞察《どうさつ》されたように、たとえば、欲望は真理を求める意欲へ、苦悩は人を救う智慧へと昇華することを目指すのです。

天台大師智顗《てんだいだいしちぎ》は「一切《いっさい》の煩悩は、即《すなわ》ち是《こ》れ菩提《ぼだい》なり」[*13]と説き、日蓮大聖人《にちれんだいしょうにん》は「煩悩の薪《たきぎ》を焼いて菩提の慧火現前《えかげんぜん》するなり」（御書七一〇ページ）と喝破《かっぱ》しています。貪《むさぼ》り、瞋《いか》り、癡《おろ》かとい

アメリカのクレアモント・マッケナ大学での池田名誉会長の講演に際し、講評を行うポーリング博士（1993年1月）　©Seikyo Shimbun

った煩悩を、言うなれば、人々のため、社会のため、平和のためにという〝偉大な煩悩〟へと転じて最極《さいごく》の智慧を輝《かがや》かし、行動していくことを目指します。

その具体的な実践方途《ほうと》を示したのが、大乗仏教の極説《ごくせつ》中の極説なのです。

王蒙　「煩悩即菩提」の説は、素晴《すば》らしく偉大で崇高《すうこう》です。私も自身の来《こ》し方《かた》のなかで、切実に感じたことがあります。すべての不幸・苦難・苦痛は、どれもが精神向上の資源であり、鍛錬《たんれん》となり、悟りの道へ、正しき道へと進ませてくれるものなのです。人生のさまざまな苦難を経《へ》れば経《へ》るほど、より多くの感動と啓発《けいはつ》が得られます。

そうした意味で、ロマン・ロランも次のように綴《つづ》っています。

「苦しみを正視してそれを祝福しよう！　歓《よろこ》びをたたえんかな、苦しみをたたえんかな！　二つは姉妹《しまい》であり、いずれもが聖なるものである。それらはこの世を鍛《きた》え、偉大なる魂《たましい》を充実させる。それらは力《ちから》であり、生命であり、神である」*14

楽しみと苦しみの双方を愛さなければ、その人は楽しみも苦しみも享受《きようじゆ》できないのです。それらを味わってこそ、人生の価値《かち》を知り、この世に別れを告げる時の幸せがわかるのではないでしょうか。

私自身、この世に生を受けてこの方、不如意《ふにょい》なことが多々ありました。子どもの頃は父母の不和、国や家庭の混乱と悲劇、成長していく環境《かんきよう》も望み通《どお》りにはいきませんでした。ようやく願いがかなうかと思ったら、いきなり汚名《おめい》を着せられて二十数年、希望を抱《いだ》きつつも、困惑させられ、ひたすら待つしかありませんでした。親《した》しき人を失う悲哀《ひあい》、さらに、さまざまな理解に苦しむ悪意に満《み》ちた扱いにも遭《あ》いました……それらが積《つ》み重《かさ》なってみると、山よりも大きな重圧と思えました。

しかし私は、それでも一歩また一歩と前に進んでこられたのです！

こうしてすべてを回想してみても、私には恨《うら》みというものがありません。今、述べた辛《つら》さがなかったとしたら、生きてきたとは言えないのではないでしょうか。

そうしたことよりも重要《じゅうよう》なのは、私が、多くの友と先輩に出会えたことです。私を理解し、私を愛し、私を助けてくれた人たちに。私は自分のことを、善《よ》からぬ運を善き運に変えてきた、苦難を快楽に転化させた、多くの幸運に恵まれた人間だ、と自負しています。

実際に、私はとても幸運でした。多くの善き人や出来事、好ましい機縁《きえん》に恵まれたからです。それればかりではなく、私の心には蓮《はす》の花があると思えてなりません。それは永遠に開花する蓮なのです。それは愛であり、学びの楽しさであり、信頼と自信なのです。

池田先生の人生にも、多くの困難があったのではないでしょうか。

逞しき楽観主義が健康の力に

池田　王蒙先生の深い人生体験のお話は、多くの人々に勇気を贈《おく》るに違いありません。

私の青春《せいしゅん》を振り返れば、同世代の人々と同じように、やはり、戦争の時代に生きたことが、忘れようにも忘れられません。ただ、そうした暗く厳《きび》しい時世のなかでも、さまざまな良き出会いがありました。

当時、私は、父母を助けるために新聞配達もしました。ある配達先の夫婦は、小さい時に苦労しながら学んだ人が幸せになるんだと、いつも温かく接してくれました。また、肺病で血を吐きながら工場で働いていた時、医務室の婦人が親身に看護してくれ、「若いんだから頑張って！」「絶対に生き抜いていくんですよ」と励《はげ》ましてくれたこともあります。戦後の荒廃期、食糧難のため、買い出しに千葉に行った際には、病弱な私を労《いたわ》って、たくさんの貴重《きちょう》な芋《いも》を分けてくださった農家の方もいました。

私の最高の幸福は、人生の師匠・戸《と》田城聖《だじょうせい》先生に出会えたことです。そして、戦後の経済不況下で、事業の苦境《くきょう》に直面《ちょくめん》した戸田先生を支え、お守りできたことです。

私は青春時代《せいしゅん》から、〝一人立てる時に強き者は、真正の勇者なり〟、また〝波《は》浪《ろう》は障害にあうごとに、その頑固《がんこ》の度《ど》を増す〟という箴言《しんげん》が好きでした。

苦難が師弟の歴史をつくり、苦難が師弟の絆《きずな》を強めてくれたと、すべてが自身の誇りとなっています。

戸田先生は、卓越した教育者であった牧口常三郎《まきぐちつねさぶろう》先生を師匠と仰ぎ、共に平和の信念を貫《つらぬ》いて、横暴《おうぼう》な軍部政府から弾圧されました。

獄死《ごくし》された牧口先生の三回忌法要の折、戸田先生は、亡《な》き師匠に向かって語りかけました。

「あなたの慈悲《じひ》の広大無辺は、わたくしを牢獄《ろうごく》まで連れていってくださいました」

正義のため、平和のために殉《じゅん》じて、難を受けることは誉《ほま》れである——この究極の人間の道、師弟の道に、私は心から感動しました。

先人たちを見ても、高い理想を抱《いだ》いて生きる人生は、高い山の頂《いただき》のように、それだけ風当たりも強い。そのなかを逞《たくま》しき楽観《らっかん》主義で道を開いています。

波瀾万丈《はらんばんじょう》の人生を生き抜いてこられた王蒙先生も「楽観原則は健康的である」と述懐《じゅっかい》されていますね。いい意味で楽観的な人は、さまざまな困難に直面しても勇敢《ゆうかん》に乗り越え、人生の新たな喜《よろこ》びを見出《みいだ》すことができます。

逞しき楽観主義は、健康に生きる秘訣《ひけつ》でしょう。


王蒙　以前に私たちは蘇東坡《そとうば》に言及《げんきゅう》しました。蘇東坡の一生も平坦ではありませんでした。しかし成功もあり、非常に興味《きょうみ》深い人生です。恵州《けいしゅう》に流された時も、ライチの実の美味《おい》しさや善《よ》き友との交流を楽しんでいます。

ある意味で、人間の肉体を消してしまうのは容易かもしれません。しかし、一人の人間の意志と善き心を消し去ることは困難です。豊かな才能があってこそ、深い悟《さと》り、大きな知恵《ちえ》と勇気、そして慈悲と光明を持つことができます。こうした人間こそが、金剛不壊《こんごうふえ》の心身を擁《よう》することができるのです。

ただ、単純に楽観というだけでは不十分です。多くのコメディアンがいつも笑わせてくれますが、それは正しい楽観的生き方だというわけではないでしょう。

この点について、ある中国の若手作家が見事に綴《つづ》っています。「最《もっと》も深刻な悲観《ひかん》があってこそ、楽観《らっかん》でいることができる」と。

これはどのような意味か。私の理解では、いつも無邪気《むじゃき》に、楽園に行き着けると思い込んだり、白馬に乗った王子様や賢人・英雄の出現を待っていたりするのではなく、この世に非現実的な幻想を抱《いだ》かずに楽観を貫《つらぬ》く、ということです。

楽観の兄弟《きょうだい》は「行動」です。行動が伴《ともな》わない楽観は愚《おろ》かであり、間抜けです。行動が伴わない悲観はひ弱であり、道をはずしてしまいます。行動が伴う悲観には深さがあり、向上へのスタートとなります。行動が伴う楽観は光であり、自己《じこ》の救いです。行動があり、悲観を理解するところにこそ、ついには超克《ちょうこく》と完成が得られ、精神の高峰へと到達《とうたつ》することができるのではないでしょうか。

池田　真剣《しんけん》に、より善《よ》く生きんと主体的意志をもって行動する人には、それだけ労苦《ろうく》が多く、すべてを悲観せざるを得ないような事態に直面《ちょくめん》することさえあります。しかし、その時こそ、生命の偉大な力《ちから》が覚醒《かくせい》し、偉大な真理の悟《さと》りが得られた歴史上の事実もあります。

戦時中、軍部政府の弾圧で投獄された戸田《とだ》先生は、過酷《かこく》な獄中にあって、日々、南無妙法蓮華経《なんみょうほうれんげきょう》の唱題を重ねながら、法華経《ほけきょう》を読み返して真髄《しんずい》に迫ろうとし、日蓮大聖人《にちれんだいしょうにん》の御遺文《ごいぶん》も読み進めて、思索《しさく》を続けました。

カリフォルニア州オレンジ郡に、緑豊かなキャンパスが広がるアメリカ創価大学　©Seikyo Shimbun

その際、どうしても思索が突き当たる箇所が、法華経の開経《かいきょう》（序説）である無量義経《むりょうぎきょう》にありました。それは仏を讃嘆《さんたん》するくだりです。「其《そ》の身《み》は有《う》に非《あら》ず亦《ま》た無《む》に非ず／因《いん》に非ず縁《えん》に非ず自他《じた》に非ず／方《ほう》に非ず円《えん》に非ず短長《たんじょう》に非ず」（法華経二二ページ）等と、三四回にわたって「非ず」と否定を繰《く》り返して讃《たた》え、表そうとした仏の「其の身」とは、いったい何であるのか、と。

その格闘の果てに、ついに恩師は獄中で、「仏とは生命なり」と覚知しました。

尊極《そんごく》の仏とは、どこか別の世界にあるものではない。自身の生命にあり、すべての人々の生命にあるのだ――この時、仏法《ぶっぽう》は、生命尊厳《そんげん》の宗教として現代に蘇《よみがえ》ったのです。

そして、恩師は、この仏法を弘《ひろ》めて生涯を

終えると深く心に期し、戦後の焼け野原に一人立って、苦しむ民衆の一人一人の胸中に蘇生《そせい》と希望の光を送っていきました。

この仏法《ぶっぽう》の信仰《しんこう》によって、人々は自身を人間革命し、宿命に打ち勝って、確《たし》かな幸福を築《きず》くとともに、社会貢献《こうけん》の人生を歩んでいったのです。

数学者でもあった恩師は、〝科学は外界を見つめて真理の世界へ進んだ。と同様に、宗教は生命の内面へ真理を求めて発展《はってん》した。人類の幸福のために真理を探究《たんきゅう》する、この二つの潮流の根幹がわからなくては、科学と宗教の問題は理解できない〟、そして〝真実の宗教は、科学と相反《あいはん》せず、科学的な実験証明がなされねばならぬ〟とも言われていました。

これからは、科学と宗教が相携《あいたずさ》えて、生命の実相《じっそう》に迫る時代が来るでありましょう。そのなかで、現代にふさわしい、精神と文化を活性化しゆく信仰が発展すると、私は考えています。信仰とは、究極の信念とも言えます。自身の内にある偉大な力《ちから》を発揮《はっき》する源《みなもと》です。何があっても、逞《たくま》しき楽観《らっかん》主義で肯定的に捉《とら》え、前向きに生きうる「信念」を持って、人生を勝利していくことが重要《じゅうよう》でしょう。

健康的な心で生きるための条件について、王蒙先生は、どのように考えられますか。

王蒙　第一に理念《りねん》を堅持《けんじ》することです。それは宗教・信仰であるかもしれません。また道徳・規則かもしれません。あるいは、哲学の山に登ることかもしれませんし、科学的探究かもしれません。

第二はしっかりとした心の在《あ》り方です。想《おも》いです。それはすべての天変地異《てんぺんちい》に対する対応力ともなります。

第三に学習です。関心を持ち、思考し、議論することです。たとえ、それが自分との議論のみであったとしても。

第四は幅広く興味《きょうみ》を持つことです。偉大な興味、たとえば、ある分野で道を求めたり、芸術でもいいです。ささやかな趣味、たとえば、美味《おい》しいものを食べたり、飲んだり、カードで遊ぶということでもいいでしょう。

第五は親《した》しき友の存在です。また、結婚生活や家庭を大切にすることです。もしも家族がいなければ、少なくとも友を持つことです。

池田　それぞれが大切ですね。身体的な健康とともに、そうした精神的な充実への努力《どりょく》を、自分なりにどう積《つ》み重《かさ》ねていくかでしょう。そして、ともかく、「自分らしく生きる」ということを忘れてはならない。

この点、近代日本の国民的作家・夏目《なつめ》漱石《そうせき》の逸話を思い起こします。

漱石は幼少から、家族のなかでは不遇《ふぐう》の連続でした。しかし、青春《せいしゅん》時代には、友と啓発《けいはつ》し合いつつ、文学的な教養や実力を伸ばしていったのです。

とはいえ、若き日は自分の進む道に心が定まらず、神経衰弱にもなりました。その苦悩《くのう》と格闘するなかで至ったのが、他人に翻弄《ほんろう》されて根のない浮き草のように漂《ただよ》う「他人本位」の生き方ではなく、「自己《じこ》本位」に生きる、自分に生きるということでした。

漱石《そうせき》は、青年たちが強くなり、幸福になるために、「ああここにおれの進むべき道があった！ ようやく掘り当てた！」[*15]と心の底から叫べるまで、勇敢《ゆうかん》に悪戦苦闘を突き抜けていくよう励《はげ》ましてやみませんでした。

恩師・戸田《とだ》先生が教えられたのも、「あの人が、こうしてくれればよいのだとか、この世の中がこうであればしあわせなのだといって、他人に生き、対境に生きるということは間違いではないか」[*16]ということでした。そして強調《きょうちょう》したのが、「自《みずか》らの命に生きよ」「自己自身に生きよ」[*16]との一点でした。

人と比較して自分を卑下《ひげ》したり、人を羨《うらや》んだり、迷ったりするのではない。人と協調しながら、自分は自分らしく朗《ほが》らかに、挑戦《ちょうせん》の人生を歩んでいくことが大事ではないでしょうか。

第13章

生命尊厳の時代へ

青年世代に何を継承すべきか

池田　私の恩師・戸田城聖《とだじょうせい》先生は、「人生は最後の数年間が幸せかどうかで決まる。それまでの〝途中〟は夢のようなものだ。それまで、どんなに辛《つら》くとも、最後が幸福ならば、幸福な人生である」と語っていました。

労苦《ろうく》なくして人生の建設はありえない。何があっても負けずに、自分らしく人生の価値《かち》を創って生きていきたい。そして、〝人生の総仕上げの時〟をいかに生きていくか——。このことは、高齢社会を迎えた現代にこそ、いやまして重要《じゅうよう》です。

王蒙　ご紹介いただいた戸田先生のお言葉は、深く心にしみます。この言葉を伺《うかが》った時、前日（二〇一四年十月十五日）に私は満八十歳を迎えたばかりでした。これは、私の命運が私に贈《おく》ってくれた、何よりも素晴《すば》らしい誕生日プレゼントだと思いました。

池田先生、ありがとうございます！

私には、私の人生は幸福だった、幸運だった、そしてこの生に感謝し、師や友に感謝し、私の育った地や故郷に感謝しなければならない、さらに池田先生と戸田先生に感謝しなければならない、と心から信ずるに足る理由が幾《いく》つもあると感じています。

池田　私の方こそ、このように王蒙先生と対話し、学ばせていただけることに、心より感謝しております。

王蒙先生は『我が人生哲学』で「老年は人生で最《もっと》も美しい時である」と綴《つづ》られていましたね。老年には、多くの苦悩《くのう》を乗り越え、長く生き抜いて勝ち得た経験や知恵《ちえ》があります。それを人々のために価値的に活《い》かしていくことも大事です。日本はいっそう長寿社会となり、中国も同じ傾向にあるなか、高齢者が社会のさまざまな分野で活躍《かつやく》する場面も広がっていくと考えられます。

高齢者が、地域社会に対し、次の世代に対し、果たすべき役割《やくわり》について、どのようにお考えですか。

王蒙　高齢とは、単に年を取ったということにしかすぎません。私自身について申し上げれば、来年には老け込んでしまうかもしれませんが、今はまだエネルギーに満《み》ちています。エネルギーがありさえすれば、自分の力《ちから》の及ぶ範囲で、隣人《りんじん》のため、故郷のため、人々のためになることを行《おこな》えるでしょう。

中国と日本には敬老《けいろう》の伝統があります。私は今のところ、まだ〝邪魔者扱《じゃまものあつか》い〟されるという、憂《う》き目には至っていません。

もしも来年、ついにすっかり老け込んで、皆《みな》の役に立たなくなってしまったとしても、それもまた一つの境涯であり、楽しく笑い、楽しく食べて飲んで、徐々《じょじょ》にフェードアウトしていけば、それもまた人生最高の成就《じょうじゅ》というものでしょう。

高齢者が自《みずか》らの経験を伝え残し、若者たちから尊重されたいという気持ちは理解できます。ただ、それをあまり押しつけてはいけません。それぞれの世代にはそれぞれの環境《かんきょう》と関心があり、前の世代とは異《こと》なるところがあるからです。

もう何年も前のことですが、私は気づいたことがあります。経験というのは、語ることはできる。聞くこともできる。参考にすることも可能だ。しかしコピーすることはできないのです。

高齢者は若者を信じるべきです。若者たちには、自分たちが抱《かか》える問題に対して、自分たちのやり方があり、責任《せきにん》も能力もある、ということを。高齢者は自分の責任を果たしきるべきで、青年世代の責任の一部を代わりに担《にな》ったり、それを軽減したりはできないのです。

池田　人生には、それぞれの世代における役割《やくわり》や責任があります。とともに、人間は、自身が社会で必要とされていないと感じたり、生きる目的や使命を見出《みいだ》せなくなってしまうことほど苦しく、侘しいこともない。現代のような社会だからこそ、高齢者と、中年・青年の世代との間の心が通《かよ》い合うよう、壁を取り除き、交流をしていくことが求められていると言えましょう。

高齢者が、青年の息吹《いぶき》に接していけば、自身の心が若々しくなっていきます。青年にとっても、苦難の風雪《ふうせつ》を乗り越えた人生の先輩の体験談は、大きな励《はげ》ましとなるに違いありません。

日本でも、そうした高齢者と青年の交流を深め、広げていくべきだという声が高まっています。特に、いざという時の相互扶助《そうごふじょ》の精神など、庶民に息づいてきた良き気風《きふう》の継承《けいしょう》は、社会を向上させていく上で、大事ではないでしょうか。

王蒙　一九九八年、ノルウェーを訪《おとず》れた折、ある女性の出版関係者と生命について語り合ったことがありました。

彼女は、人類の生存とは、一本の木のようなものだと言うのです。一人一人の人間は、木の上の一枚の葉、一つの花、一つの果実であり、それらはいつか散って地に落ち、消え去っていく。しかし生命を備《そな》えたその木自体は生き続け、成長していく、と。

この譬《たと》え話は、非常に強く深く、印象《いんしょう》に残りました。

その生命の木の継続は、文化を含めた伝承の意義《いぎ》を示していると言えるのではないでしょうか。青年が、人類がすでに得ている経験とその蓄積《ちくせき》を尊重するなら、それは当然、老人への敬意と気配りとなるでしょう。

『論語《ろんご》』に「慎終追遠、民徳帰厚矣」（終《おわり》を慎《つつ》しみ遠きを追えば、民の徳厚《とくあつ》きに帰す）[*1]とあります。この言葉の本来《ほんらい》の意味は、先祖を弔《とむら》うにあたって誠《まこと》を尽《つ》くすことを言うのですが、「慎終追遠」の四文字は普遍的意義《いぎ》を持つ美徳だと思うのです。それは、時間の広がりと継続に対する責任感《せきにんかん》を表しています。

先祖を思えば、万代《ばんだい》と続く子孫にも思いを馳《は》せるでしょう。それは、物事《ものごと》の源《みなもと》にまで思索《しさく》を巡《めぐ》らせ、未来の結果をも考慮《こうりょ》していく度量と責任感なのです。

池田　まさしく過去から学び、未来を考え、今を生きることは、人生をより善《よ》きものにしていきます。

また、王蒙先生は「物事の源」を考えるよう言われています。それは、フランスの哲学者ベルクソンの、次の問いかけにも通《つう》じるでしょう。

「私たち人間はどこからやってきたのでしょうか。私たち人間とは何なのでしょうか。私たち人間はどこへゆくのでしょうか。これらの問題こそまさに根本《こんぽん》的な問題であります」[*2]

ベルクソンの哲学は、私も若き日に胸に刻みました。こうした問いかけは、より善く生きようとする時に、あらゆる人が直面《ちょくめん》するものでありましょう。

唐《とう》代の画家・張璪《ちょうそう》が語った芸術の原理「外は自然（原文「造化」）を師とし、内は心源《しんげん》を得ている」[*3]にも、「物事の源」を求める姿勢《しせい》が窺《うかが》えます。

偉大な価値《かち》の創造《そうぞう》のためには、自身の外なる現象から学ぶとともに、自身の内なる心を錬磨《れんま》し浄化して、創造力の源泉《げんせん》を掘り当てていくことが重要《じゅうよう》です。

文化の継承《けいしょう》においても、理論面や外形面だけでなく、精神面での継承・肉化が大切であることを忘れてはならないでしょう。

若々しく充実した人生の総仕上げを

池田　さて、王蒙先生は、『我が人生哲学』で「人は老いたならば、哲学者になるべきである」と語られています。

老いに伴《ともな》って、大なり小なり、体力の衰えを感じ、病気にもなり、いつか必《かなら》ず来る死と向き合わなければなりません。

釈尊《しゃくそん》の有名な「四門遊観《しもんゆうかん》」の話が思い出されます。

――釈尊が王子であった時、王城の東門から出ると「老人」に、南門から出ると「病人」に、西門から出ると「死人」に遇《あ》い、人間は生きているがゆえに「老病死《ろうびょうし》」の苦悩《くのう》を免《まぬか》れないと悟《さと》った。さらに、北門から出ると、出家の聖者に遇い、出家を決意した、というものです。

生老病死という人間の根本的苦悩の克服《こくふく》が、仏法《ぶっぽう》の出発点にはあります。そして、それは、誰もが経験する苦悩《くのう》です。だからこそ、人はそれぞれに自身の生老病死《しょうろうびょうし》を見つめ、真実の人生の幸福を探究《たんきゅう》する〝哲学者〟となり、〝宗教者〟となるのです。特に、その探究が深まる時期が、老年期でありましょう。

法華経見宝塔品《ほけきょうけんほうとうほん》第十一では、金、銀、真珠《しんじゅ》などの七つの宝で飾られた、地球規模の巨大な宝塔が大地から出現します（法華経三七二ページ）。

日蓮大聖人《にちれんだいしょうにん》は、門下から、その宝塔の意義《いぎ》を問われて、それは他ならぬ人間自身の生命であると答えられました。すなわち、「法華経を持《たも》つ男女《なんにょ》の・すがたより外《ほか》には宝塔なきなり」（御書一三〇四ページ）と、生命の限りない尊厳《そんげん》性を示したのです。また、「生老病死の四相《しそう》をもって、われらの一身《いっしん》の宝塔を荘厳《そうごん》していくのである」（御書七四〇ページ）とも説いております。永遠常住の法に則《のっと》っていく時、生老病死さえも、自身の生命の宝塔を燦然《さんぜん》と輝《かがや》かせ、荘厳するものになる。それが仏法《ぶっぽう》の真髄《しんずい》であり、信仰《しんこう》の目的であるというのです。

私は青年時代、この御文《ごもん》を拝して、仏法の法理の深遠さに心打たれました。そして今、長い信仰実践の上から、また、試練《しれん》や宿命を乗り越えてきた数多くの人々の尊《とうと》き人生の軌跡と総仕上げの姿から、まったくその通《とお》りであると納得し、確信しております。

王蒙　まだ明確に説明できるようにまとまった形になっているわけではありませんが、私には一つの考えがあります。それは、宗教と無神論は並び立たないわけではない、ということです。

神学の意義は、究極的な思いやりにあります。宗教の究極は、仏《ほとけ》であり、主《しゅ》であり、仏の世界、神の世界でしょう。無神論者の究極は「無《む》」であり、老子《ろうし》は「万物生於有、有生於無」（万物《ばんぶつ》は有《う》に生じ、有は無に生ず）[*4]と言いました。無とは信仰のようなものであり、無はすなわち無神論者にとっての最高・最大にして、最《もっと》も遠く、最も古く、最も若いものです。無はまた、根源であり帰結です。起点であり終点です。

中国・淄博（しはく）市で行われた第５回読書フェスティバルで講演する王蒙元文化相（2012年４月）

万事万物の根源が無であるならば、無神とはすなわち究極の「無」であり、しかも、「無」は「無」の結果ですから、当然「有」となります。したがって、「無」は無神論者の信ずる拠《よ》り所《どころ》となり、無神論者の「無神の神」――神性に富《と》んだ「無」であり、「神」の概《がい》念《ねん》となるのです。それを老子《ろうし》の哲学では「有無相生」（有無相生《うむあいしょう》ず）と言います。

太陽系も、銀河系も、さらには宇宙《うちゅう》全体も、本来《ほんらい》「無」であった。のちにそれが「有」となり、そして「無」となり、また「有」となる。エンゲルスもこれと同様のことを言っています。それはまた『般若心経《はんにゃしんぎょう》』の「色《しき》は空《くう》に異《こと》ならず、空は色に異ならず。色は即《すなわ》ち是《こ》れ空なり、空は即ち是れ色なり。受《じゅ》・想《そう》・行《ぎょう》・識《しき》も亦復《また》是《かく》の如《ごと》し」（物質的存在は、実体がないということにほかならない。実体がないということが、物質的存在にほかならない。だから、物質的存在は実体がないということであり、実体がないということがそのまま物質的存在なのである。感覚・表象《ひょうしょう》・意志・認識《にんしき》もまた同様である）[*5]の理解の延長の領域と言えましょう。

このことはまた、質量不変《ふへん》の法則と、エネルギー不滅《ふめつ》の法則を想起させます。ここで言う不変や不滅は、成住壊空《じょうじゅうえくう》が存在しないというのではありません。それは、壊《え》と空《くう》が成《じょう》と住《じゅう》へと変化・発展《はってん》していくのだと知ることであり、滅亡から無に至り、その無から必《かなら》ず有が生まれることを認めることでもあります。

そう考えると、楽観《らっかん》と悲観《ひかん》の差も乗り越えられると思っています。さらには、生と死の観念も、新たな境地へと進み入ることも可能でしょう。

死は生の完成であり、滅は発展の結果です。死は生の極致《きょくち》であり、もしも人間の悲しみが「死に向かっていく生」にあると言うなら、同じように、死とは「生に向かっていく死」であると信じ、期待することができるのではないでしょうか。

そうでないとするならば、この大千《だいせん》世界はどこからやって来たのでしょうか？　あなたと私、そして彼・彼女たち、また万物《ばんぶつ》は、どこからやって来たのでしょうか？

もしも太陽がすでに壮年《そうねん》期に入っていて、もしもあと数十億年で太陽系が壊滅《かいめつ》するとしても、私たちは、壊滅のあとに再生すると信じられるのではないでしょうか。壊滅は再生の始まりなのです。

死が存在しなければ、生を感じ、生を必要として、生を体験することはないのです。そして、宗教も、哲学も、文学も、芸術も、医学も、科学も、何もかもが存在しなくなるのです。

人間はもちろん生を惜《お》しみ、生を愛します。と同時に、死は邪悪《じゃあく》な者たちさえ落ち着かせ、寂寞《せきばく》に穏やかに死と向き合うことになるのです。私たちが生命のすべてのプロセスに向き合うには、ただ「拈華微笑《ねんげみしょう》」（心から心へ、言葉や文字を用いずに伝えること）するしかないのです。

池田　古来《こらい》、中国思想は、真摯《しんし》に生と死に向き合って考察を重ねていますね。

たとえば、『荘子《そうじ》』は、生と死は一続《ひとつづ》きであって、「生と死との分別にとらわれて死を厭《いと》うのは、正しくない」[*6]と教えています。そして、「若さを善《よ》しとし、老いを善しとし、生まれたことを善しとし、死ぬことを善しとする」[*6]「生は死の伴侶《つれあい》であり、死は生のはじまりである」[*7]とします。ここでは、生死を超えた永遠性のもの、根源的なものを志向《しこう》し、生死を肯定して捉《とら》えようとしております。

死という人間の根本《こんぽん》条件を見つめ、生について考察することが、人間性・精神性の蘇生《そせい》につながります。

近代は、「死を忘れた文明」と称されるように、科学技術の発展《はってん》で医療が進歩《しんぽ》した反面、死それ自体は厭《いと》うべきものとして目を背《そむ》けてしまった感があります。そして、その科学文明が進歩した二十世紀に、人類は未曾有《みぞう》の戦乱等による大量死と虐殺《ぎゃくさつ》をもたらしてしまったことも、重大な歴史の教訓《きょうくん》です。

フランスの思想家モンテーニュは、繰《く》り返《かえ》し死の意義《いぎ》を考察しました。少々長くなりますが、ここに引用したいと思います。

「死以外のあらゆる事柄には仮面がありうる」「だが、死とわれわれとの間に演ぜられる最後の芝居では、もはや見せかけるものは何もない」「だからわれわれの生涯の他のあらゆる行為は、この最後の行為を試金石《しきんせき》として試《ため》されなければならない。それはもっとも重要《じゅうよう》な日であり、他のすべての日々を裁《さば》く日である」

「他人の生涯を判断するとき、私は常《つね》に、その最後がどんなであったかを見る。また、私の生涯の努力《どりょく》の主たる目的も、最後がよくあること、つまり、平和で静かであるということだ」[*8]

永遠の生命を説く仏法《ぶっぽう》においても、自身の行為の集積が、死及び死後の在《あ》り方を決める因に

ヨーロッパ科学芸術アカデミーのウンガー会長（左）と会談する池田名誉会長（2000年11月、東京）　©Seikyo Shimbun

なると厳粛《げんしゅく》に教えています。

世界的に高名な心臓外科医で、ヨーロッパ科学芸術アカデミー会長であるウンガー博士は、私との対談で、充実した人生を歩んだ人ほど、よい生命状態で亡《な》くなっているように思うと語られていました。*9

死を前にしては、いかなる権力者も富豪《ふごう》も皆《みな》、平等です。いかに生きてきたかのみが問われるのです。

要は、人生の苦難を乗り越え、人のため、社会のために尽《つ》くし、心の奥底《おうてい》からの感謝と幸福感に満《み》ちて生き抜いていけるかどうかです。

そして、若々しい心で充実した人生の総仕上げをしていくことが、何よりも大切ではないでしょうか。

生死を超えた歓喜の境涯

王蒙　あるマスコミ関係者が私に尋《たず》ねました。「王蒙さん、あなたは記憶《きおく》力が衰え、文学のアイデアは枯渇《こかつ》し、体力も低下するという老人の悲哀《ひあい》を味わっていますか」と。

私は答えました。「今はまだありません。でも、来年は味わうことになるかもしれませんね」と。

二〇一三年に書いた小説があります。タイトルは、『来年、私は老いぼれるだろう』。

生老病死《しょうろうびょうし》は苦痛ではありますが、それはチャンスでもあり、与えられた恩恵でもあります。また思索《しさく》と自覚の機会ともなります。焦《あせ》って慌《あわただ》しく生きるのでなければ、多くの思い出とその総括が得られるでしょう。そして、人生の真実と本当の意義《いぎ》に限りなく近づけるに違いありません。

生があれば死がある。青春《せいしゅん》があれば老いがある。健康があれば病《やまい》がある。死があるから生があり、次々と生《しょう》じてやまない。

「天地之大徳曰生」（天地の大徳《だいとく》を生と曰《い》い）[*10]と言います。老いがあるから、青春の思い出と、それを大切にしようとする気持ちが湧《わ》く。それはまた、生命の長い道のりに思いを致《いた》すことであり、その賞讃《しょうさん》でもあります。病を患《わずら》えば、健康だった日々や健康な人々を思って、健康であったことへの感謝の念と充足《じゅうそく》感を覚え、より総合的で豊かな生命の体験が得られるでしょう。

中国語で「死」を「大限」とも言いますが、それが実は無限《むげん》であり、ゼロに還《かえ》ること、空《くう》に還ること、つまり「色《しき》は即《すなわ》ち是《こ》れ空なり」[*5]の体験でもあるというのでしょう。さらに、ゼロと無窮《むきゅう》が相互《そうご》に結びつく信念、そして空は即ち色であるという信念が得られるのではないでしょうか。

また、陶淵明《とうえんめい》の詩句「体《たい》を託《たく》して山阿《さんあ》に同じうせん」（このからだはいずれは山の土と化してしまう）[*11]という、おおらかな達観《たつかん》もあります。

生命は逝《ゆ》きやすく、その悲哀《ひあい》に涙は尽《つ》きなくとも、その悲しみは目覚めにつながり昇華《しょうか》していくものでしょう。それは美しさを愛《め》でる力《ちから》となり、思想の知恵《ちえ》が輝《かがや》く大光明へとなっていくのです。

前にも触《ふ》れましたが、私は仏法《ぶっぽう》が説く「大悲《だいひ》」という言葉が好きです。遼寧省《りょうねいしょう》海城《かいじょう》市と、四川《しせん》省南充《なんじゅう》市には大悲寺という寺院があります。この命名には感動させられました。同様に、北京《ペキン》には古い地名で「大光明境」と呼ばれていた胡同《フートン》もあり、これも素晴《すば》らしい名称ですね。

大悲と無悲。大悲の一つの側面は、仏法で説かれる歓喜《かんき》にありましょう。大悲の心と歓喜の心を抱《いだ》く。それが仏心なのではないでしょうか。

大悲《だいひ》は一つの視点から言えば、悲の無窮化《むきゅう》でしょう。人間は、死んではじめて無窮となります。無窮となれば、人間はゼロとなる。ゼロと無窮が結びつけば、それは完全であり、しかも完全ではないのです。それが道であり、仏であり、永劫《えいごう》であり、悟《さと》りでありましょう。あるいは涙であり、その涙が乾《かわ》けば笑うこともできるし、笑いも消えたところにまた、大きな歓喜《かんき》が得られるでしょう。

自《みず》らの健康に関心を寄せ、長寿を願い、健康的な生き方を守る。同時に、安穏に旅立っていく、ある程度の準備が必要です。生命のすべてのプロセスを完遂《かんすい》し、新たな期待と可能性の道に進み入るために。

池田 人間には、それこそ千差《せんさ》万別《ばんべつ》の生老病死《しょうろうびょうし》の姿があります。周囲を見ても、時に、病気や事故などで短命の人もいます。長生きだが、病気がちの人もいる。老衰《ろうすい》で穏やかに亡《な》くなる人もいます。その一生が、自身の使命を果たし、確《たし》かな幸福を感じとれるものとなるのか。苦悩《くのう》と煩悶《はんもん》の繰《く》り返《かえ》しで終わってしまうのか。その辺の人生の来《こ》し方《かた》を、人は考えていかなくてはならないでしょう。

日蓮大聖人《にちれんだいしょうにん》は「生死《しょうじ》を見て、厭《いと》い離れようとすることを迷いという」「本有《ほんぬ》の生死と知見することを悟りという」(御書七五四ページ)とまで喝破《かっぱ》しています。

「本有の生死」とは、生も死も永遠なる生命に本然《ほんねん》的に具《そな》わった現象である、ということです。

ですから、変化、変化の連続である諸行無常《しょぎょうむじょう》の社会にあって、確かな生死観を持って生き抜いていく。不動の自身を確立し、揺《ゆ》るがぬ幸福境涯を築《きず》いていく――そのために私たちは日々、信仰《しんこう》の実践を貫《つらぬ》いているわけです。

私が青春《せいしゅん》時代から好きであった詩人ホイットマンは高らかに謳《うた》いました。

「喜《よろこ》べ、
(魂《たましい》の底まで死が嬉《うれ》しくてわたしは叫ぶ)、
わたしたちの生は終わり、わたしたちの生が始まる」[*12]

さらに、

「喜びに疼《うず》き精気漲《みなぎ》る全体をめざし、
『死』の意味をめざし、生の次には同様に『死』も受けいれ、『死』を迎えては雀躍《こおどり》しつつ、
人間の入場となる次第《しだい》を歌わねばならぬ」[*13]

以前申し上げた通《とお》り、生命を見つめ抜いた詩人や作家の志向《しこう》するところは、仏法《ぶっぽう》で説く「生も歓喜」「死も歓喜」との生死観と相通《あいつう》じています。

生死を超えた歓喜の境涯へと、人々を鼓舞《こぶ》していくことは、文学と宗教の深い存在意義《いぎ》であり、使命なのではないでしょうか。

「生命の価値」こそ絶対的な価値

池田　人生における価値《かち》について、王蒙先生は、こうも言われていますね。

「人はこの世に生まれた限り、決まって求めるもの、切《せつ》に望むもの、自《みずか》らが大切にせずにはいられず、憧《あこが》れずにはいられず、守らずにはいられず、そのために生きてやろう、ひいてはそのためには身を捧《ささ》げたってかまわないとさえ思うものがある。これが即《すなわ》ち価値である」と。

　何を至高の価値とするか。どのような価値観を持つかによって、その人の生き方や人生の方向性は大きく違っていきます。

　そこで、あらためて私が取り上げたいのは「生命の価値」というテーマです。

　イギリスの歴史家トインビー博士との対談の最後の章で、私は、「生命の尊厳《そんげん》に至上の価値をおくことを、普遍的な価値基準《きじゅん》としなければならない」「生命は尊厳なものであり、それ以上の価値はありえない[*14]」と申し上げました。

　博士は「生命の尊厳こそ普遍的、かつ絶対的な基準です[*14]」と賛同《さんどう》してくださり、私たちの意見は完全に一致《いっち》しました。

　博士と私が共感《きょうかん》し合った、ドイツの哲学者カントの言葉があります。

「価格をもつものは、何かほかの等価物で置き換《か》えられ得るが、これに反しあらゆる価格を超えているもの、すなわち価《あたい》のないもの、従ってまた等価物を絶対に許さないものは尊厳を具有《ぐゆう》する」[*15]と。

すなわち、「生命の価値」とは、価格に換算《かんさん》できない、他に取り替《か》えるものがない尊厳なものであるということです。

多様《たよう》な価値観を尊重するとともに、その基盤《きばん》には「生命の尊厳」という絶対的な価値がなくてはならない。

この生命の絶対的な尊厳を説いた法華経《ほけきょう》は、万人《ばんにん》の生命に仏性《ぶっしょう》を見出《みいだ》しています。日蓮大聖人《にちれんだいしょうにん》は、その肝心《かんじん》の法門《ほうもん》を説き明かし、生命の価値は、宇宙《うちゅう》のすべての財宝よりも、さらに尊《とうと》いものであるとしました（御書一〇七五ページ）。

王蒙先生は、現代社会のなかで、生命の価値を、どのように打ち立て、守り、広げていくべきだとお考えですか。

王蒙　池田先生のお考えは素晴《すば》らしいと思います。

中華の伝統文化も同様に生命の尊厳を尊重してきました。「大徳曰生」（大徳《だいとく》を生と曰《い》い[*10]）、「生生不息」（万物《ばんぶつ》は生死《しょうじ》を繰《く》り返《かえ》し移り変わる）[*16]。これらは皆《みな》『周易《しゅうえき》』に由来する言葉です。「好生之徳洽于民心」（生命をいつくしむ徳は人心に広くしみこみ）[*17]は、出典が『尚書《しょうしょ》』です。孔子《こうし》は祭祀《さいし》・葬儀《そうぎ》を重視《じゅうし》しました。これもまた、もちろん、生命尊厳《そんげん》の表れです。「死生亦大矣。豈不痛哉」(「死生もそれこそ人生の大きなことがらである。」と。何と痛ましく悲しいことではないか)。[*18]これは『蘭亭序《らんていじょ》』に王羲之《おうぎし》が古人の言葉を引用して記《しる》した文で、中国では、はるか昔から言われてきたことを示しています。

生命の尊厳という問題は、一つの観念にすぎないというものではありません。多くの具体的な事例に関係します。たとえば安楽死の問題。不治の疾病《しっぺい》が襲《おそ》いかかるという深刻な試練《しれん》。これらはどうすればよいでしょうか。飢餓《きが》と貧困《ひんこん》も生命の尊厳を奪《うば》い取るものです。飢餓と貧困との闘争は、解決に至る目標まで、まだはるかな道のりが必要です。

また人間自身の発展《はってん》という課題もあります。教育を受け、文化の成果《せいか》を享受《きょうじゅ》する権利――私たちは人権と総称しますが、これも生命の尊厳に欠《か》かせないものです。

生命の尊厳のために、私たちにはまだまだ多くのやるべきことがあります。苦しくとも戦い続けなければなりません。生命の尊厳のために、地獄《じごく》に堕《お》ちるのなら堕ちてもかまわないというような気概《きがい》を持たなければならないのです。

池田　感動しました。二十一世紀こそ「生命の世紀」「生命尊厳の時代」としなくてはなりません。医学も文学も教育も宗教も、そのために協力し合っていくべきです。

政治も経済も科学も、本来《ほんらい》、そこに目的があるはずです。生命を手段としたり、犠牲《ぎせい》にすることは本末転倒《ほんまつてんとう》です。

「世界人権宣言」の起草に尽力《じんりょく》されたブラジル文学アカデミーのアタイデ総裁は、私に語っておられました。

「人間の内に〝聖なるもの〟を見る視座《しざ》がなければ、人間の尊厳という思想の根はできないでしょう。その意味から、私は仏法《ぶっぽう》の考え方に強く共感《きょうかん》しているのです」[*19]

誰人にも尊極《そんごく》の仏《ほとけ》の生命が存在していることを明かし、限りない智慧《ちえ》と力《ちから》を発現して、自身の尊厳性を輝《かがや》かせていく道を示した仏法の哲理《てつり》は、世界の人権の確立に、必《かなら》ずや資《し》すると信じます。

人間のエンパワーメントと法華経の思想

池田　「人間」自身、「生命」自体こそ、これからの時代の焦点《しょうてん》でありましょう。

国連開発計画（UNDP）では、人々が人間の尊厳にふさわしい生活ができることを目指し、毎年、『人間開発報告書』を刊行しています。この報告書の指針《ししん》となるのが「人々はまさに国家の宝である」[*20]という言葉です。そして、「人間開発」の核心をなすのが「エンパワーメント（内発的な力の開花）」でありましょう。

人間、そして人間の持てる力《ちから》こそ国の宝であるとの考え方は、『史記《しき》』の故事《こじ》――魏《ぎ》の恵王《けいおう》が光り輝く珠《かがやたま》を国宝として挙《あ》げたことに対して、斉《せい》の威王《いおう》が国を守り支える優《すぐ》れた人材をはるか遠くまで輝き照らす国宝として挙げたことを、想起させます。

この話をふまえて、日本の平安時代の仏教者・伝教大師最澄《でんぎょうだいしさいちょう》は、「国宝とは何物ぞ。宝とは道心なり。道心あるの人を名づけて国宝となす」[*21]と述べました。さらに「能《よ》く行《おこな》い能く言うは国の宝なり」[*21]という中国の古人の格言を挙げています。これは、唐《とう》代の仏教者・妙楽《みょうらく》大師湛然《たんねん》も注目していた言葉です。

中国と日本の伝統文化には、人間の崇高《すうこう》な生き方や人間が持てる偉大な力こそ、社会の最大の宝であるという人間主義への思想的潮流があります。

地域社会であれ、組織・団体であれ、国や世界であれ、永続《えいぞく》的な繁栄は、人間自身の力の開発にこそあります。

私が対談したローマクラブの創始者ペッチェイ博士は、「人間は一人一人の中に理解力、想《そう》像《ぞう》力、独創《どくそう》力を豊富に蓄《たくわ》えており、そのうえまだ活用されていない、いや顧《かえり》みられてすらいない道徳的資質《ししつ》を、豊かに備《そな》えています」[*22]と語られていました。

ここには、二十一世紀の人類が進むべき道が示唆《しさ》されています。人間が、自身を信じ、自身の力を引き出し、発揮《はっき》していくために、必要なものは何か。その点、文学はどのような役割《やくわり》を果たせるかについても、お聞かせください。

王蒙　人間の能力は、育成し、開発していく必要があります。同時に、そのためのプラットフォーム（土台・環境《かんきょう》）が必要となります。中国は人口大国であり、人口が多いゆえに、人々が自分の必要とするプラットフォームを獲得《かくとく》するのが、より困難となります。

社会の発展《はってん》と開放は、人間の能力の発揮に大きく利するものです。中国では、「科教興国、人才強国」（科学と教育が国を興《おこ》し、人材が国を強くする）というスローガンを掲《かか》げています。また、以前から言われていた「尊重知識、尊重人才」（知識を尊重し、人材を尊重する）という言葉も思い返されます。こうした呼びかけに希望を抱《いだ》くべきでしょう。

もう一方で、一人一人の能力の発揮――これもまさに社会全体の発展と人間の尊厳《そんげん》の実現を後押《あとお》しすることでしょう。

私が最《もっと》も感動するのは、人間の心のなかに確《たし》かにある善良さと愛の心です。思いやりと同情です。中国語には「惻隠之心」（思いやりの心）、「不忍人之心」（他人の不幸を見過ごすことのできない心）という言葉があります。この実践には、宗教と文学による啓発《けいはつ》が必要なのです。

たとえば、ユゴーの『レ・ミゼラブル』における、ミリエル司教《しきょう》のジャン・ヴァルジャンに対する思いやりに、感動を覚えない人はいないのではないでしょうか。ジャン・ヴァルジャンが司教のものを盗《ぬす》んだにもかかわらず、司教は結局、彼を守るのです。私は小学校の頃から読んで、心が震《ふる》えました。世の中にこんなにもいい人がいるのか、と。もし、世界にいい人がたくさんいたとしたら、悪いことは起こらないはずです。私は本当にびっくりしました。『論語《ろんご》』は、宗教の経典ではありません。しかし孔子《こうし》の地位は、准《じゅん》宗教的な「聖人《せいじん》」と言ってよく、人間の善性《ぜんせい》に対する信頼、そして親への孝行と兄弟姉妹《きょうだいしまい》を大切にするという心を、忠《ちゅう》・恕《じょ》・仁《じん》・徳《とく》といった思想へ昇華《しょうか》させたこともまた、感動的です。

文学は、善性の可能性を探り、表現することに留意《りゅうい》します。同じ意味で、台湾《たいわん》の証厳《しょうごん》法師の慈善《じぜん》活動も素晴《すば》らしいと思います。

文学はまた、人間が持つ悪の可能性を示すことにも全力を傾注《けいちゅう》します。これも『レ・ミゼラブル』のなかからですが、職務を全《まっと》うしようとするジャベール警部の衣《ころも》の下が、実《じつ》は極悪非道《ごくあくひどう》であることも非常に印象《いんしょう》的です。ドストエフスキーの作品に登場する、あの挽肉《ひきにく》機のような人間も、教訓《きょうくん》に富《と》んでいますね。中国文学では、善悪・悲喜《ひき》・正邪《せいじゃ》を極限まで表現したのが『紅《こう》楼夢《ろうむ》』でしょう。

現在、悪辣《あくらつ》・残虐《ざんぎゃく》を表現する文学が、一つの潮流をなしています。私も悪を書き綴《つづ》ることは恐れませんが、しかし単に悪を並べて誇大《こだい》に表現するだけではなく、人間のため、人類のために活路を求めていきたいと思っています。善と愛に帰るのです。同情と惻隠《そくいん》、尊厳《そんげん》と幸福に回帰していきたい。私たちは敢然《かんぜん》と悪に立ち向かっていきながら、さらにその悪を乗り越え、善を呼び起こすべきではないでしょうか。

池田　全面的に賛同《さんどう》いたします。

人間のエンパワーメントの重要《じゅうよう》な柱として、特に、これからは、女性のエンパワーメントが、いっそう促進《そくしん》されるべきでありましょう。

法華経《ほけきょう》は女性のエンパワーメントの先駆《さきが》けとなる思想です。

フランスの写真家ナダールによる「ヴィクトル・ユゴーの肖像」（東京富士美術館所蔵）　©東京富士美術館イメージアーカイブ／DNPartcom

これまでも若干《じゃっかん》、申し上げましたが、法華経以前には、さまざまな思想や仏教経典でも、女性に対する差別が絶《た》えませんでした。

しかし、法華経提婆達多品第十二《だいばだったほん》では、竜女《りゅうにょ》の成仏《じょうぶつ》を説いて、すべての女性が幸福境涯を確立する道を明かしました（法華経四〇九ページ)。法華経《ほけきょう》は、男女共の成仏を示した平等の教えなのです。まさに、〝女性の人権宣言〟と言えるのです。

日本の平安時代は、紫　式部《むらさきしきぶ》の『源氏物語《げんじ》』など女流文学が興隆《こうりゅう》しましたが、そこには法華経の思想、仏教の思想が色濃く反映されていました。

たとえば、紫式部と並び称される清少納言《せいしょうなごん》は『枕草子《まくらのそうし》』に「(有り難《がた》い)経典では、『法華経』はいうまでもない」[*23]と綴《つづ》っています。そして、花と実を同時に具《そな》え、泥《どろ》に汚《けが》れずに花を咲かせる「蓮《はす》」が、「妙法蓮華経《みょうほうれんげきょう》」に譬《たと》えられることに触《ふ》れながら、「蓮は、ほかのどんな草よりも一段とすぐれてすばらしい」[*24]と、讃《たた》えました。清少納言の豊かな感性が、法華経によって培《つちか》われていたことも窺《うかが》えます。

さらに、やはり同時代の女性歌人・赤染衛門《あかぞめえもん》の和歌を繙《ひもと》けば、法華経で説かれる「不軽《ふきょう》」すなわち仏性《ぶっしょう》ある生命を絶対に軽《かろ》んじない生き方が詠《うた》われ、この歌人が作者ともされる『栄花物語《えいが》』では、「仏《ほとけ》」「浄土《じょうど》」とは人の心のなかにある、という仏教思想が表現されています。

こうして、多くの女性が、法華経の思想、仏教の思想に啓発《けいはつ》を受け、そこから智慧《ちえ》を汲《く》み上げつつ、文学を創造《そうぞう》していたのです。

法華経の哲理《てつり》をふまえ、日蓮大聖人《にちれんだいしょうにん》は女性の門下を励《はげ》ましました。「此《こ》の法華経計《ばか》りに此の経を持《たも》つ女人《にょにん》は一切《いっさい》の女人に・すぎたるのみならず一切の男子に・こえたりとみえて候《そうろう》」(御書一一三四ページ）と。

法華経の信仰《しんこう》で、女性が強く清き生命の力《ちから》を発揮《はっき》し、濁世《じょくせ》を、より善《よ》き社会に変えていく使命を教えられたのです。

ドイツの文豪《ぶんごう》ゲーテは『ファウスト』の結びに「永遠の女性、／われらを高みへ引きゆく」[*25]と謳《うた》いました。

これまでの歴史を振り返れば、生命尊厳《そんげん》をふみにじる戦争や暴力等によって、どれほど多くの女性が虐《しいた》げられ、犠牲《ぎせい》となってきたことでしょうか。これからは、女性の善き特質である、生命を慈《いつく》しみ育てる愛情、平和を求める心、他者への優《やさ》しい気配りなどが活《い》かされる社会が築《きず》かれねばなりません。

それは、女性が幸福となり、溌剌《はつらつ》と活躍《かつやく》しゆく「女性の世紀」と言ってもよいでしょう。

法華経の生命尊厳の哲学を根幹とした、私たちの平和・文化・教育の運動においても、女性が世界の各地域で生き生きと力を発揮しています。

王蒙　中国でも男女平等が言い習わされてきました。それは、「女性は天の半分を支える」という考え方です。

ただ男女平等と言っても、男性と女性がすべて同じであるべきだ、ということではありません。軍や警察にも女性がいますが、やはり男性の方が多いですね。男性には男性の、女性には女性の特徴があります。

ですから、池田先生の只今のお話は非常に重要《じゅうよう》であり、感銘《かんめい》を受けました。

結局のところ、長すぎる男尊社会の歴史があり、その影響《えいきょう》が広く及んでいます。現在でもなお、明らかな女性差別がありますし、たとえ法的に平等であっても、心のなかをのぞけば女性差別の考え方があり、それが発言など随所《ずいしょ》に表れるのです。誰でもいいですが、ある人物、社会的地位の高い人物――著述家や社会活動家を含めて――の女性に対する態度《たいど》を見てみましょう。女性蔑視《べっし》を感じとれることが多々あるに違いありません。

女性差別はすなわち、腐敗《ふはい》であり、利己《りこ》であり、ふしだらであり、低俗趣味の表れなのです。

池田 グローバル化で、あらゆる次元で人間同士の交流が活発《かっぱつ》に行《おこな》われるなか、女性の持つ、人間を結び、人間関係を円滑《えんかつ》に進めるコミュニケーションの力《ちから》が注目されています。

その点で、私は、よく語り合った作家の有吉佐和子《ありよしさわこ》さんを思い出します。朗らかで、人なつこく、ものおじしない姿が印象《いんしょう》的でした。日中友好の夜明けの時代にあって、周恩来《しゅうおんらい》総理をはじめ中国の指導者とも交流した女性です。

有吉さんの小説に、歌舞伎《かぶき》の創始者とされる女性（十七世紀頃）を主人公とした作品『出雲《いずも》の阿国《おくに》』があります。

ここでは、歌や舞踊《ぶよう》が、人の心に喜《よろこ》びを呼び覚ます力となることを、高く宣揚《せんよう》しています。

作家の有吉佐和子氏から池田名誉会長に贈られた署名入りの自著
©Seikyo Shimbun

その一方で、地道《じみち》な農作業、つまり田畑を耕し、種を蒔《ま》き、苗《なえ》を育て、実《みの》りを得て、人々の命を支える営《いとな》みの尊《とうと》さを訴《うった》えています。そして、農作業の動作のリズムや音や、庶民が働き歌うなかに、楽しい音楽舞踊があることを見出《みいだ》しています。

農漁村でも、また、都市でも、女性は地域に根をはって活動し、皆《みな》を支えています。そうした女性の陰の労苦《ろうく》に光を当て、その偉大さを讃《たた》えていくことも、私は文学や芸術の温かな眼差《まなざ》しだと思うのです。

女性は、生命の守り手であり、文化の創造《そうぞう》者であると言えましょう。

日本の江戸時代には、たくさんの女性俳人が誕生し、秀句《しゅうく》を残しています。若き日に夫を亡《な》くし、苦労を重ねるなか、その心情《しんじょう》を文学に託《たく》して昇華《しょうか》した女性俳人たちもいます。そうした一人ともされる、加賀千代《かがのちよ》は詠《うた》いました。
「たからとは　今日の命ぞ　初さくら」[*26]
厳冬《げんとう》を越えて、ついに花咲いた桜の命への、深い共感《きょうかん》が窺《うかが》えます。
生命を慈《いつく》しむ女性ならではの感性が活《い》かされれば、もっと生命の文化、平和の文化が社会に根づいていくのではないでしょうか。

王蒙　感銘《かんめい》しました。有吉佐和子さんは、私の最《もっと》も好きな日本の女性作家の一人です。池田先生がここで有吉さんに言及《げんきゅう》されたことに、池田先生と私が深い縁《えにし》で結ばれていると感じてなりません。

第14章 新たな平和友好の実りを

善き友がいることは心の豊かさの証し

池田　人間は、一人だけでは生きていけない。時に人間関係に悩んだり、縛《しば》られたりもしますが、努力《どりょく》して築《きず》いていった善《よ》き心の絆《きずな》は、人生の幸福の源泉《げんせん》となるでしょう。

王蒙先生は『我が人生哲学』で「我々の文化的伝統は特に人と人との関係を重視《じゅうし》するものである」と記《しる》されています。

確《たし》かに、古来《こらい》、中国には、いわゆる個人主義とは異《こと》なり、人と人の繋《つな》がり合いのなかで、人間のより善い生き方を求めていく、数々《かずかず》の道徳規範があります。

王蒙　私が人生経験から学んだのは、善良な人間、勤勉な努力家になろうとするなら、自分を信じて努力し、自分に最善を尽《つ》くせと言い聞かせる、ということです。そのような生き方をすれば、自然と良好な人間関係ができあがるでしょう。他人のことばかりを気にする必要はないのです。

池田　自《みずか》らが善く生きようと努力していけば、自《おの》ずと他者からの信頼が生まれ、善き関係を築いていける、ということですね。人生の逆境を越え、偉大な文学作品を残されてきた王蒙先生の言葉だけに、重みを感じます。

ここで、人間関係を考える上で示唆《しさ》に富《と》んだ、王蒙先生の名作『胡蝶《こちょう》』を取り上げさせていただければと思います。

『胡蝶』の主人公は、ある市の指導者であった張思遠《チアンスユアヌ》ですね。文化大革命で地位を失い、山村で暮らすことになります。

当初、主人公は失脚を恐れます。その姿は「地位、地位、地位はまるで人間よりも重要《じゅうよう》なものであるかのようだ」[*1]と描写されています。そして、その立場を失った時、主人公は、皆《みな》の尊敬が張思遠という〝人間〟に向けたものではなかったこと、地位を失うことで人間関係の一切《いっさい》を失ったことに気づきます。

その後、主人公は、山村で、肩書《かたがき》・権力・名声のない赤裸々《せきらら》な「ただの一介《いっかい》の人間」[*1]として人々に尽くしました。人々は、その真面目《まじめ》さ、品性、聡明《そうめい》さ、他者への思いやりといった、主人公の〝人間〟としての内実に深い信頼を寄せます。地位や財産などなくとも、誠実に懸命に生きている庶民のなかでは、心と心が通《かよ》う「人間の絆」を結んでいけるものです。

やがて、主人公は行政の要職に復帰し、中央政府の高官になります。そして、かつて過ごした山村に赴《おもむ》き、そこで庶民のなかで働いてきた女性医師・秋文《チウウエヌ》に求婚します。自分と一緒に来て、支えてもらいたい、と。

ところが、秋文は答えます。

「いつも自分は他の人間よりも重要《じゅうよう》なのだ、とお考えになっていらっしゃる[*1]」

「あなたは一秒だってこんなふうに考えたことがありますか、あなたが北京《ペキン》を離れ、あなたの官職を離れ、私のそばへ来て、私の参謀《さんぼう》、影の相談相手、私の友人になってくださるなんてことを[*1]」

ここには、自立した女性像が凛《りん》と光っています。そして、主人公に対し、心のなかに巣くう「一種とり除きようのない優越感[*1]」を克服《こくふく》して、相手の立場に立つ大切さを教えてくれていると言えましょう。

王蒙先生は『我が人生哲学』でも「人間関係はツー・ウェイ（双方向性）なものである」と洞察《どうさつ》し、人を助ける者は人に助けられ、人を害する者は人から害されると、喝破《かっぱ》されています。

人間関係は、相互《そうご》に作用しながら成立しています。自分を中心とした一方通行はありえない。その現実を見なければなりません。

相手の尊厳《そんげん》を大切にすることが、鏡のように、自分の尊厳を輝《かがや》かせていくことになります。

歓談する池田名誉会長と王蒙文化相（当時）（1987年4月、東京・聖教新聞本社）　©Seikyo Shimbun

自身を律《りつ》すること、他者を包容《ほうよう》し貢献《こうけん》していくことは、自身の人生を豊かにします。

私が心に刻んできた、トルストイの味わい深い言葉があります。

「この世へ現われた時、君は泣いたが、周囲の者はみな喜《よろこ》んだ。この世に暇《いとま》を告げる時にもその伝《でん》で、みなは泣くが、君だけは微笑を浮かべるというような具合にする事だ[*2]」

人の心に焼きついて離れない貢献をしてきた人生には、人から惜《お》しまれ、感謝されながらの最期《さいご》があります。そこには、生前の人間関係の集大成があるものです。

王蒙　人間関係にはさまざまな種類があります。親友や盟友、そして三国時代の劉備《りゅうび》・関《かん》羽《う》・張飛《ちょうひ》のような義兄弟《ぎきょうだい》の契《ちぎ》り。しかし私は、（そのような関係も）それほど素晴《すば》らしいものだとは思いません。

そして私は先人の言葉を思い返します。君子《くんし》は「卓爾不群」（卓越して、類がない）、「朋而不党」（友となるも、徒党は組まない）である、と。

（春秋《しゅんじゅう》時代の琴《こと》の名手である）伯牙《はくが》が奏《かな》でる琴の音を聴いて、その本当の思いを理解する友・鍾《しょう》子期《しき》の話（『列子《れっし》』）も、やや強引に思われます。琴の名手の音楽を、理解する者が世界に一人しかいないというのは、人間関係というより、音楽創作の問題という方がいいのではないでしょうか。もちろん、誇張《こちょう》の込められた文学作品として見るならば涙を誘う物語ではありますが。

むしろ、人間関係について言うべきは、当たり前の交流が大切だ、ということです。自《みずか》らの師匠を愛し、さらに真理を愛し、率直《そっちょく》に意見を呈《てい》してくれる友を愛する。それぞれが自立し、同時に、当然のこととして互《たが》いに助け合い、コミュニケーションを交《か》わすことです。

反対に、最悪の人間関係とは、互いを利用し合う、互いに褒《ほ》めそやす、あるいは互いに疑い合い、互いに陥《おとしい》れようとする、というものでしょう。

ここで、孔子《こうし》が提唱した君子の道を挙《あ》げないわけにはいきません。「周而不比」（誰とでも親《した》しみあうが、仲間だけと馴《な》れあいはやらない）[*3]、「人不知而不慍」（人が認めてくれなくても、不平を懐《いだ》かない）[*3]、「不患人之不己知、患不知人也」（人が自分を認めないことは気にしなくてよい。自分が人を理解しないことの方を問題とせよ）[*3]。

君子が頼りとするのは、自らの人徳と人格です。自らの素直さと慎《つつし》み深さです。自らの学問と知恵《ちえ》です。「君子求諸己、小人求諸人」（君子は自分に落度がなかったかと反省し、小人は他人の所為《せい》ではないかと穿鑿《せんさく》する）[*3]。「君子上達、小人下達」（君子は上、天命を悟《さと》る者だが、小人は下、人事に明るいだけである）[*3]とある通《とお》りです。

最《もっと》も唾棄《だき》すべきは、機会をうかがい巧妙に取り入って利益を得ようとする「小人」です。無学無能であるにもかかわらず、ただ何か権威のある者を頼り、対立を煽《あお》って人々をそそのかし、暴力に訴《うった》えるような者です。そうした人は、最後には、さらに何か残りものはないかと、あさっていくのです。

「君子」は、自分が損をすることも厭《いと》いません。派閥闘争にも、絶対に巻き込まれないのです。

池田　利己《りこ》的な打算や損得がからんだ人間関係、また、社会的な立場や義務に規定されるだけの人間関係は、長続きしないし、はかない。互いの真心《まごころ》の発露《はつろ》による人間関係には純粋《じゅんすい》さがあり、それは時とともに強くなっていくでしょう。

フランスの思想家ルソーは、社会秩序によって人間同士が格付けされ、差別されている現状に抵抗し、自然の発露としての共感《きょうかん》や感謝、友情、誠実、人間愛などの大切さを訴えました。

ルソーの教育小説『エミール』も、恩師・戸田城聖《とだじょうせい》先生と語り合った一書ですが、そのなかに次のような一節がありました。

「人間よ、人間的であれ。それがあなたがたの第一の義務だ。あらゆる階級の人にたいして、あらゆる年齢《ねんれい》の人にたいして、人間に無縁《むえん》でないすべてのものにたいして、人間的であれ。人間愛のないところにあなたがたにとってどんな知恵《ちえ》があるのか」[*4]

時代状況も社会環境《かんきょう》も異《こと》なりますが、今なお示唆《しさ》的です。現代は、人がますます組織化された社会のなかで生活しています。「人間よ、人間的であれ」という言葉は、いやまして心すべきことかもしれません。「共感《きょうかん》」「感謝」「友情」「誠実」などは、日頃《ひごろ》の人間関係を、より人間らしい信頼の絆《きずな》へと深めていきます。善《よ》き友がいることは、その人の心の豊かさの証《あか》しであり、幸福の支えでありましょう。

世代間の葛藤を克服するために

池田　さて、王蒙先生の『胡蝶《こちょう》』で、主人公が幼い息子を慈《いつく》しむくだりは、大変、微笑《ほほえ》ましいものです。

しかし、その子が成長するにしたがい、父に対する強い反発を露《あらわ》にします。

父の世代が社会建設の先導者であり、子の世代が継承《けいしょう》者であると決めつけられることに抵抗し、自分たちも自分らしく、茨《いばら》の道を切り開く先導者になりたいというのです。

これは、世代間の継承と、それぞれの世代の独自性という問題でもありますね。

王蒙　私には三人の子どもがいます。私は彼らを尊重し、手助けをしています。同時に彼ら自身の選択《せんたく》も尊重しています。私のものの見方のすべてを彼らに話しますが、それは参考にしてもらうだけです。彼らは自分に対して自分で責任《せきにん》を負わねばならないのです。

一つの世代には、その世代の環境と考え方があります。自分の世代のそれを他の世代に押しつけようとするなら、必《かなら》ず失敗に終わるでしょう。ともに、世代間には継承と同一性も備《そな》えているはずです。

中国では一九七〇年代・八〇年代・九〇年代生まれなどと分類しています。とはいえ、世代間の相違《そうい》を強調《きょうちょう》しすぎるのも、よくないと思っています。

なぜなら、真理には期限切れはありません。芸術も同じです。仏法《ぶっぽう》にも期限はないですね。『詩経《しきょう》』の詩は、今なお生き生きとしています。真価《しんか》をはかるには、時間の持つ永遠性は、最《もっと》も信頼できる審査員なのです。

ある種の拙劣《せつれつ》な、ばかげていて、ヒステリックなものでも、一〇年間は盛り上がりを保つことができるかもしれません。しかし一一年目もそれを維持することはできないでしょう。あるいは、二〇年間維持できるかもしれません。しかし二一年目にも生きながらえていることはないでしょう。浅薄《せんぱく》なものほど、世代の枠を超えられる自信と判断力を欠《か》いているのです。

中国は、十九世紀半《なか》ばから現在に至るまで、常《つね》に激しい揺らぎと猛スピードの変化のなかにありました。世代と世代の移り変わりも、かなり顕著《けんちょ》なものでした。だからこそ願うのは、社会が安定的に発展《はってん》し変化してゆき、世代間の距離も小さくなっていってほしいということです。この世の諸事は結局のところ、時代とともに発展し変化していくものなのです。それが歴史の変わらぬ一面でもあります。

池田　おっしゃる意味は、よくわかります。

文化には、時とともに改革され、発展していく創造《そうぞう》性があります。今を生きる人間や社会に共感《きょうかん》を広げるなかに、文化の生命もあるからです。そして、文化には、時を経《へ》ても変わらずに継承《けいしょう》されるべき核心があります。

関連した話として、周恩来《しゅうおんらい》総理は、「新しいものと古いものとは共存《きょうそん》しますが、新しいものは古いものの胎内《たいない》から出現するのです」[*5]と語られました。これは、歴史的な米中《べいちゅう》和解の準備交渉のなかで、アメリカの大統領特別補佐官であったキッシンジャー博士に言われた言葉です。

当時、自由主義と社会主義という異《こと》なるイデオロギーを持つ国の間で国交が樹立されていったことは、世界中を驚かせました。

キッシンジャー博士と私との対談でも、この米中交渉が話題になりました。

博士は周総理の印象を、「哲学的な話や過去の回想、あるいは史的な分析にせよ、およそ不《ふ》

元アメリカ国務長官のキッシンジャー博士（左）と池田名誉会長が再会し、語らう（1996年6月、ニューヨーク）　©Seikyo Shimbun

得手《えて》というものがなく」「まるでそれ以外には理にかなった策がないかのように、米中の新たな関係の真髄《しんずい》にまでおよんだのです[*6]」等と語っていました。

今日《こんにち》に至る中国の大発展の姿を見るにつけ、この米中和解は、時代を大きく変えていった偉業であったと、あらためて思います。

ともあれ、いつの時代でも、伝統文化の良き点を継承することと、発展・改革していくことの両面が必要でしょう。

伝統文化と新たな文化の相違《そうい》は、父と子の対立関係のような、最《もっと》も身近なところに現れる場合もあります。そうした世代間の葛藤《かっとう》は、ツルゲーネフの小説『父と子』にも描かれています。

子どもは、決《けっ》して親の所有物ではありませ

ん。王蒙先生の言われる通《とお》り、子どもを一個の人格として尊重し、その成長を聡明《そうめい》に支える姿《し》勢《せい》が大切でしょう。私も、未来からの使者である少年少女と接する時には、そう心掛けてきました。

私の父のことを少し話しますと、東京の大森海岸での海苔《のり》の養殖《ようしょく》・製造を生業《なりわい》とし、真正直《ましょうじき》なゆえに頑固《がんこ》で、近隣の方々からは「強情《ごうじょう》さま」と呼ばれていましたが、人柄の良い父でした。私が少年時代、家の近くでトンボ捕《と》りをしていて、誤《あやま》って池に落ちてしまったことがありました。必死にもがいていると、友だちから連絡を受けて父が駆《か》けつけ、太い腕で起重機のように一挙に持ち上げて、助けてくれたのです。あの父の力強《ちから》さ、そして温かさを、私は今も忘れられません。

また、猛烈な台風に襲《おそ》われ、家の窓ガラスが割れた時、父が叫んだ「心配するな！」「怖《おそ》れるな！」という毅然《きぜん》とした声、いざという時の家族を守ろうとする姿も、よく覚えています。社会的な立場がどうあろうと、考えの違いがあろうと、父は父であり、子は子であり、そこに親子として、人間として通《かよ》い合うものが必《かなら》ずあるはずです。

一家和楽は幸福の基盤《きばん》です。時代や国によって形は異《こと》なっても、それが社会の安定と調和《ちょうわ》と発展《はってん》のために不可欠《ふかけつ》であることも間違いないでしょう。

王蒙　新旧の世代の共存《きょうそん》について言えば、ある意味で、世界の常態であり歴史の常態です。と同時に、新と旧のどちらの価値《かち》が高いかという問題でもありません。たとえば、現代の詩人のうちの誰が李白《りはく》や杜甫《とほ》より優《すぐ》れているか、とは言いようがないように。

　北京《ペキン》では多くのビルが建てられました。これは良いことです。北京の人口は現在、七〇年前の一〇倍以上になっています。伝統的な四合院《しごういん》のような住居ばかりでは、二〇〇〇万人以上が住むというのは現実的ではありません。もちろん私は、一九五〇年代・六〇年代に、梁思成《りようしせい》教授・侯仁之《こうじんし》教授が北京の歴史的な古い町並みを保護《ほご》しようとした貴《とうと》い努力《どりよく》を忘れるものではありません。かつての北京の城壁《じようへき》が破壊《はかい》されたことは、残念でなりません。

　と同時に私が喜《よろこ》ばしく思うのは、あの異常で非理性的な思考形態が幅を利《き》かせていた文化大《だい》革命《かくめい》の時代にあっても、現実的な戦略があり、人々の気持ちに寄り添って合理的な調整がなされ、驚くべき抜本的改革をなそうとする胆力が存在したことです。

　それは、アメリカと国交を結ぶとともに、日本との関係正常化の促進《そくしん》を重視《じゆうし》していたことにも表れています。

グローバル社会に求められる「和」の思想

池田　王蒙先生は、「中華文化は『和』の思想をきわめて重視し、今日《こんにち》の社会を構築《こうちく》し調和するという任務において、大きな意義《いぎ》を持っている」と指摘《してき》されています。

具体的には、『国語《こくご》』の「慈和（情が深くて優《やさ》しい）」「和協輯睦（協調し仲睦《なかむつ》まじい）」や、『礼記《らいき》』の「致中和（人の道徳や教養が公平かつ中立にあり、十分に調和《ちょうわ》がとれている状態）」など、「和」を掲《かか》げる、古代からの多くの知恵《ちえ》を挙《あ》げられています。

仕事においても、現代は分業化がいっそう進み、個人がすべてを成《な》し遂《と》げるというより、チームワークによって、創造《そうぞう》的な業績を残す時代であるとも言えます。

また、現代は厳《きび》しい競争社会です。そうしたなかで、人々の調和をどうはかり、共生《きょうせい》の社会を築《きず》いていくかが、大きい課題になっています。

王蒙　競争は、人間への挑戦《ちょうせん》であるとともに、励《はげ》ましでもあります。進歩《しんぽ》を、弛《たゆ》まぬ向上心を促《うなが》します。調和は、妥協と譲《ゆず》り合いを通《とお》して、それぞれの尊厳《そんげん》と利益を守ります。競争と調和は、どちらも不可欠《ふかけつ》であり、どちらか一方だけを採《と》るわけにはいきません。相反《あいはん》しながらも互《たが》いを成り立たせています。

前世での因縁《いんねん》がないのであれば、今世で同じところにいるはずはない。喧嘩《けんか》してこそ仲良くなれる――これらは長年の人類の経験、中国の経験から得られた知恵でしょう。

今日《こんにち》、なぜ、特に調和を強調《きょうちょう》するのか。これは理解しやすいですね。科学技術の発展《はってん》は世界を狭くし、競争を激化《げきか》させました。このような状況で調和を訴《うった》えないのなら、人類はひたすら競争するなかで滅亡してしまうかもしれません。

池田　グローバル社会は、競争もグローバルに押し広げました。しかし、経済至上主義の風潮のなかで、競争の勝利が他者の犠牲《ぎせい》や自然の破壊《はかい》などの上に築かれていくならば、それは、かえって人間社会の敗北に向かいかねないでしょう。

現代は、相互《そうご》の連関性が格段に広がっています。長い目で見れば、自分や自国だけの幸福や発展はありえないし、他者や他国だけの不幸や衰亡《すいぼう》もない。自分も生き、他者も生かす、共存《きょうそん》共栄《きょうえい》への努力《どりょく》を怠《おこた》れば、結局は、自分たちの勝利も繁栄も続かないことを忘れてはなりません。

古代の『礼記』で示された「大同《だいどう》」の世界を理想とした、近代中国の父・孫文《そんぶん》先生は訴えました。

「人類は相互扶助《ふじょ》を原則とするのである。社会、国家は相互扶助の形態であり、道徳、仁義《じんぎ》は相互扶助の機能である。人類はこの原則にしたがえば繁栄するが、この原則にしたがわなければ滅亡する」[*7]と。

今日、志向《しこう》されている「ウィン・ウィン（皆《みな》が勝者となる）社会」にも通《つう》じる考え方です。

中国において、近年、「調和社会」が強調されていますが、身近な家庭や地域から、広く社会に至るまで、「相互扶助」のために、どういう点が大事だと考えますか。

王蒙　中国はここ一〇〇年余り、内外の複雑《ふくざつ》に絡《から》み合った矛盾《むじゅん》が深刻でした。「和」が欠《か》けていたどころか、最低限の当たり前の生活、安定、そして秩序も欠《か》けていたのです。しかしこ一〇年余りで、社会には「和」を讃《たた》える歌が流れ始めました。これは非常に大きな出来事です。激しい階級闘争・民族闘争のなかにあっては、人々は往々《おうおう》にして二分法にとらわれてしまいます。黒か白か。敵か味方か。善か悪か。強者か弱者か。これらの二者選択《せんたく》のみです。「和」は成立しません。

それに対して「和」は、その二者の間に存在する多種の中間的状態を認めます。異《こと》なるもの同士が互《たが》いに転化していくことに同意します。仇敵《きゅうてき》が友へと変わり、漆黒《しっこく》の闇夜《やみよ》にも曙《あけぼの》の光が差し込む可能性があると信じます。善にも至らぬところがあり、悪といっても、その良心《りょうしん》が完全には消滅していないであろうと考えます。強者は、強ければ強いほど自己《じこ》抑制し、注意しながら事をなしていくべきだと考えます。弱者は、弱ければ弱いほど自《みずか》らの尊厳《そんげん》をしっかりと守っていくべきだと考えます。

「和」は、妥協なしでは成り立ちません。最低限の妥協なしでは、たとえ愛し合う恋人たちでも、楽しく数時間を過ごせるとは限りません。恋人、友人、そして夫婦。自分はこの料理を食べたい。でも相手は別のものを食べたがっているかもしれない。自分は釣りに行きたい。でも相手はショッピングに出かけたがっているかもしれない。そのような時、まったく妥協なしでやっていけるでしょうか。

「和」は礼儀《れいぎ》であり、普遍的価値《かち》でもあります。今日《こんにち》、あらためて「和」が提起《ていき》されてきた。これは素晴《すば》らしいことなのです。

また、自分自身との妥協、自分自身との調和《ちょうわ》、心のなかの調和も重要《じゅうよう》かもしれません。「和」はある種の薬です。順風満帆《じゅんぷうまんぱん》ではない時、本来《ほんらい》は得られて当たり前と思うすべてのものが得られない時は、ただ自分と和解するしかないのです。

中国・銀川市で行われた自著『中国天機』の出版発表会で挨拶する王蒙元文化相（2012年６月）

池田　競争には創造《そうぞう》を促《うなが》す面があります。その一方で、人間は本然《ほんねん》的に安定を求め、調和を求める存在でもありましょう。

「人間と精神」「人間と人間」「人間と自然」の三角形が調和して、はじめて人間の存在が安定する[*8]と洞察《どうさつ》されたのは、ヨーロッパ科学芸術アカデミーのウンガー会長でした。

人間であれ、自然であれ、生きとし生けるものは、互《たが》いに関係し合い、作用し合いながら、現象世界を形成しています。

社会・自然・宇宙《うちゅう》と自身との結びつきを知り、そして生命の尊厳《そんげん》性を深く自覚し、自分とは何か、何のために生まれてきたのかという、かけがえのない自身の存在意義《いぎ》を見出《みいだ》していく。そこには宗教性があります。

ウンガー会長は、「宗教がもたらす『自己《じこ》の価値《かち》の再確認』は、これからの千年の共生《きょうせい》の基礎となるでしょう」[*8]とも強調《きょうちょう》されていました。

そしてさらに、「心の平和」「社会・人類の平和」「自然・生態系の平和」を実現しようとする仏教思想に共感《きょうかん》されていたのです。[*8]

心の絆を育み　社会的苦難に立ち向かう

池田　王蒙先生は、二〇〇八年の「四川《しせん》大地震」（汶川《ぶんせん》大地震）の際においても、中国伝統の文化の力《ちから》が大きく発揮《はっき》されたと述べられています。

その力とは、第一に「逆境にあって抵抗する能力とその精神」、第二に「結束力」、第三に

「仁愛《じんあい》（慈《いつく》しみ）の心」です。

日本でも、二〇一一年の「東日本大震災」による被害は、あまりにも甚大《じんだい》でした。今年（二〇一六年）四月にも「熊本地震」が起きました。そのなかにあって、私が知る大勢の被災された方々も、どんな試練《しれん》があろうと、「心の財《たから》は絶対に壊《こわ》されない」「負けてなるものか」と立ち上がり、復興《ふっこう》に向けて懸命に励《はげ》まし合って前進しています。

また、中国をはじめ世界の方々が励ましのメッセージや、真心《まごころ》の支援《しえん》を寄せてくださり、大きい力をいただきました。

衣食住《いしょくじゅう》の確保、仕事の安定、環境《かんきょう》の整備が重要《じゅうよう》なのは言うまでもありません。と同時に、災害などによる苦難の時に大事なのが、人々の心の絆《きずな》、心の復興です。

王蒙　中国という国は、とても大きく、歴史がとても長い。常《つね》に多くの災難に直面《ちょくめん》してきました。旱魃《かんばつ》、水害、地震、戦火、疫病《えきびょう》、暴政、侵略、邪教、社会的混乱……。ありとあらゆる悪い事態を経《へ》てきたのです。

とともに、古代から、逆境に抗《あらが》い耐《た》えていくという教えもありました。「天がこの人に大なる任務を与えようとする時は、必《かなら》ずまずその人の心や志《こころざし》を苦しませ、その筋骨を疲れるほど働かせ、その一身《いっしん》を窮乏《きゅうぼう》にさせ、する事なす事がそのしようとする意図《いと》とくいちがうような苦境《くきょう》に立たせる。こんなにもこの人を苦しめるのは、天が、その人を発憤《はっぷん》させ、その人の本性を忍耐強いものにし、その結果、今までよくする事の出来なかったものをなし得るように、その人の能力を増大させ、そして大任を負わせるに足る大人物にしようとするためである」「以上のことを考えてみると、人というものは、憂患《ゆうかん》に苦しむことによって本当の生き方が出来、安楽にふけることによって、駄目《だめ》になってしまうということが分《わか》る」[*9]。

孟子《もうし》のこの言葉は、今でも私たちに成長を促《うなが》し、励《はげ》ましてくれます。

日本の人々も、同様の多くの強さ、互《たが》いに助け合う美徳を備《そな》えていると確信しています。日本の皆《みな》さんが地震・津波という大災害に直面《ちょくめん》した時に示された美徳に、私は心から敬意を表するものです。

災禍《さいか》に見舞われるなか、私たちは運命の共有をはっきりと見ることができたのです。この世にはさまざまな確執《かくしつ》があります。しかしそれ以上に重要《じゅうよう》なことは、私たちは命運を共にしているという事実です。人間と人間の関係は、狼《おおかみ》と狼の関係ではありません。友情によって分かち合い、互いに助け合う関係であるべきです。

池田　災害に対しては、それぞれの個人や家族などによる「自助」、近隣・地域のなかでの「共助」、行政による「公助」が的確に結びつくことが大切であるとされます。なかでも、今、強調《きょうちょう》されているのが「共助」の働きです。

近年、いかに災害の被害の拡大を防ぐか、どのように復興《ふっこう》を進めるか、社会のレジリエンス

東日本大震災では、創価学会の多くの青年もボランティアとして支援活動をしてきた（2011年６月、宮城県石巻市）　©Seikyo Shimbun

（回復力）をどう高めていくかが探究《たんきゅう》されています。

　大きな災害の時は、自分自身も傷つき、多くのかけがえのないものを失う、極限の状況に置かれます。そのなかで、人々が助け合い、その後の長い復興を忍耐強く進めていくことが、どれほど大事か。

　普段から、地域のなかで、互いをよく知り、交流を重ねていってこそ、いざという時に皆が協力し、励まし合い、力《ちから》を発揮《はっき》できるでしょう。

　そうした地域共同体の構築《こうちく》へ、人々の深き心の結合へ、宗教の果たすべき使命は、一段と重くなっていると思っております。

　東北の被災地でも、さまざまな人々や

団体が「共助」の役割《やくわり》を担《にな》ってきました。今年（二〇一六年）で五年が経《た》ちましたが、いまだ復興《ふっこう》は道半《なか》ばで、精神的な励《はげ》ましが不可欠《ふかけつ》です。

物の復興は時間が経てば進んでいくが、心の復興にはより時間がかかる。創価学会の皆《みな》さんには、その面の尽力《じんりょく》をお願いしたい——そうした識者の期待の声もいただいております。

津波で家を失った、ある婦人は、「人のために火をともせば・我がまへあきら《明》かなるがごとし」（御書一五九八ページ）との日蓮大聖人《にちれんだいしょうにん》の言葉を胸に、地域の人々と共に必《かなら》ず希望の春の到《とう》来《らい》をと、励ましの行動を続けています。私たちも、さらなる支援《しえん》を決意しております。

現代社会は、人間同士の繫《つな》がりが弱まっていることがしばしば指摘《してき》されます。だからこそ、人間の精神性を深め、心の絆《きずな》を強めていく努力《どりょく》が大切だと思います。

王蒙　人間は、自分自身の物質的必要に関心を持つものです。空腹であれば食べ物が必要ですし、寒ければ着るものが必要です。と同時に、人間は自身の精神的要求にも関心を寄せるものです。

私たちは、これまで知らなかった多くのことを知りたいと願います。自身の情感がさらに豊かに、清浄になるようにと願います。また、読書によって自身の見識を広げ、より美しい世界を見たい、世界のより美しい一面を見たいと希望します。人は、自分自身が一日一日と成長したいと熱望します。自身が安心立命の定見を見つけ出したいと希望します。あるいは、自分の知力と他の精神的な能力で物事《ものごと》の真偽《しんぎ》と正邪を見極《みきわ》め、自己《じこ》と他者を楽しませ、リスクを予見して防ぎたいと願い、自己と他者が、バランスがとれて安心できるよう望むものです。

精神の必要を満《み》たす幸福を体験し、精神の高き峰《みね》を求める感動を体験し、精神の力《ちから》が成長しゆく満足感を体験し、精神生活が拡大し豊かになっていくことを体験できれば、一番素晴《すば》らしいですね。こうした人には誰もかなわないでしょう。

池田　王蒙先生の波瀾万丈《はらんばんじょう》の人生の体験と、そのなかで培《つちか》われた珠玉の知恵《ちえ》の言葉に感動いたします。

この対談は、これで終了となりますが、「未来に贈る人生哲学」と銘打《めいう》って、王蒙先生と共に、文学と人間をめぐり、さまざまな視点から語り合うことができ、深く感謝しております。

そして、中国文化の真髄《しんずい》に触《ふ》れ、学ぶことができたことは、私の宝の歴史となりました。世界史でも特筆すべき、日本と中国の長きにわたる友好の基底には、文化の交流と融合《ゆうごう》がありました。その意味で、文学や芸術を通《とお》した新しい未来への対話や交流が、ますます大事であると、私は思っております。

中国文学に精通《せいつう》していた恩師・戸田《とだ》先生も、王蒙先生との対談を最大に喜《よろこ》んでくださっていると確信します。

ともあれ、この対談が、これからの日本と中国の青年たち、世界の青年たちが、新たな友情を結び、勝利と幸福の人生を生きる上で、希望の道標《みちしるべ》となり、精神の糧《かて》となれば幸《さいわ》いです。

王蒙先生の、さらなる素晴《すば》らしき文学の創造《そうぞう》と、ご健康ご長寿を、心からお祈りいたします。

王蒙　一九八七年に東京で、私は初めて池田名誉会長とお会いし、深く印象《いんしょう》に残る対話を行《おこな》うことができました。また光栄にも、ＳＧＩ（創価学会インタナショナル）の「平和文化賞」を贈《おく》っていただきました。

そして、このたび、香港《ホンコン》の『明報月刊《めいほうげっかん》』と香港ＳＧＩのご提案と協力をいただき、光栄にも池田先生と「未来に贈る人生哲学――文学と人間を見つめて」と題して対談させていただきました。

池田先生は、博学にして心が清々《すがすが》しく正道を歩まれ、それを守り、私と親《した》しく接してくださいました。そのなかで多くを学ぶことができました。

池田先生は中国文化に造詣《ぞうけい》が深く、愛情込めて詳《くわ》しくお話しいただき、感動いたしました。利益の競争に支配される現代にあって、精神の価値《かち》を訴《うった》え、尽力《じんりょく》される姿勢《しせい》を私は讃《たた》えたいのです。

私たちは、文化と文学、青年と老年、宗教、生死の問題、競争について、伝統について、新たな知識について、励《はげ》ましについて、仁政《じんせい》・尚文《しょうぶん》について等、幅広い分野の問題を語り合いました。対話が始まる前と比べると、私の思考は広がり進歩《しんぽ》しました。私の自信と使命感も強まりました。池田先生に感謝いたします。創価学会と香港ＳＧＩに感謝いたします。そして、香港の『明報月刊』に感謝いたします。

中国には、「瓜《うり》の種を播《ま》けば瓜がなり、豆の種を播けば豆がなる」という諺《ことわざ》があります。私たちの対話が善良さと信念の種となり、読者に、社会に、人類に、良き実《みの》りをもたらすよう祈ってやみません。

〈引用参考文献〉

第1章　忘れ得ぬ新緑の出会い

＊1　『中国名詩選（中）』松枝茂夫編、岩波書店
＊2　『論語』金谷治訳注、岩波書店
＊3　『蘇東坡詩選』小川環樹・山本和義選訳、岩波書店
＊4　『野ざらし紀行』久富哲雄校注・訳、『新編日本古典文学全集71　松尾芭蕉集②』所収、小学館
＊5　『孟子（下）』小林勝人訳注、岩波書店
＊6　レフ・トルストイ著『胸に手を当てて考えよう』北御門二郎訳、地の塩書房
＊7　ビリューコフ著『大トルストイⅢ』原久一郎訳、勁草書房
＊8　孫文著『三民主義』島田虔次訳、『世界の名著78　孫文　毛沢東』所収、中央公論社
＊9　正岡子規著『病牀六尺』岩波書店
＊10　諸橋轍次著『中国古典名言事典』講談社
＊11　魯迅著「俗論を破る」伊東昭雄訳、西順蔵・島田虔次編『中国古典文学大系58　清末民国初政治評論集』所収、平凡社
＊12　『大学・中庸』金谷治訳注、岩波書店
＊13　『荘子　第三冊（外篇・雑篇）』金谷治訳注、岩波書店
＊14　楠山春樹著『新釈漢文大系54　淮南子（上）』明治書院
＊15　ホイットマン著「こんにちは世界くん」、『草の葉（上）』酒本雅之訳、岩波書店

第2章　教育と文化は希望の光源

＊1　『孟子（上）』小林勝人訳注、岩波書店
＊2　遠藤哲夫著『新釈漢文大系42　管子　上』明治書院
＊3　『牧口常三郎全集　第五巻』第三文明社を参照
＊4　季羨林／蒋忠新／池田大作著『東洋の智慧を語る』東洋哲学研究所
＊5　『牧口常三郎全集　第十巻』第三文明社を参照
＊6　蔡元培著「教育独立議」石川啓二訳、『世界新教育運動選書6　中国の近代化と教育』所収、明治図書
＊7　ドゥ・ウェイミン／池田大作著『対話の文明——平和の希望哲学を語る』、『池田大作全集第百十七巻』所収、聖教新聞社
＊8　加藤常賢著『新釈漢文大系25　書経　上』明治書院
＊9　『荘子　第一冊（内篇）』金谷治訳注、岩波書店
＊10　『牧口常三郎全集　第一巻』『牧口常三郎全集

＊11　第二巻』第三文明社を参照
＊12　ドストエーフスキイ著『未成年（中）』米川正夫訳、岩波書店を参照
＊13　『論語』金谷治訳注、岩波書店
＊14　『ブッダのことば』中村元訳、岩波書店
＊15　『大学・中庸』金谷治訳注、岩波書店
＊16　『法華文句（Ⅱ）』菅野博史訳注、第三文明社
＊17　「闇と暁」、『池田大作全集　第四十一巻』所収、聖教新聞社
＊18　東山魁夷著『日本の美を求めて』講談社を参照
「聖教新聞」一九九四年十月十六日付、三面

第3章　家族・故郷そして青春の日々

＊1　『阿部次郎選集6　学生と語る』羽田書店
＊2　王蒙著『応報』林芳訳、白帝社を参照
＊3　蔡元培著「美育をもって宗教に代える説」石川啓二訳、『世界新教育運動選書6　中国の近代化と教育』所収、明治図書
＊4　『魯迅選集　第一巻』竹内好訳、岩波書店
＊5　『魯迅文集　第三巻』竹内好訳、筑摩書房
＊6　『荘子　第一冊（内篇）』金谷治訳注、岩波書店
＊7　オクタビオ・パス著『弓と竪琴』牛島信明訳、岩波書店
＊8　『謝冰心自選集　お冬さん』倉石武四郎訳、河出書房
＊9　『「戦争と平和」の再版への序文」竹岡健一訳、日本ヘルマン・ヘッセ友の会・研究会編・訳『ヘルマン・ヘッセ　エッセイ全集』第八巻所収、臨川書店を引用・参照
＊10　「書物」島途健一訳、日本ヘルマン・ヘッセ友の会・研究会編・訳『ヘルマン・ヘッセ全集』第十六巻所収、臨川書店

第4章　名作『青春万歳』をめぐって

＊1　島崎藤村著『新装版　藤村全集第十三巻』筑摩書房
＊2　星川清孝著『新釈漢文大系16　古文真宝（後集）』明治書院
＊3　『太極図説・通書　西銘・正蒙』西晋一郎・小糸夏次郎訳注、岩波書店
＊4　松井博光・野間宏監修『現代中国文学選集1　王蒙　淡い灰色の瞳・他』市川宏・牧田英二訳所収の解説より、徳間書店
＊5　『老子　荘子　世界古典文学全集　第十七巻』福永光司・興膳宏訳、筑摩書房
＊6　『白楽天全詩集　第二巻』佐久節訳註、日本図書センター
＊7　『白楽天全詩集　第三巻』佐久節訳註、日本図

書センター
＊8　『淵明・王維全詩集　復刻愛蔵版』釈清潭註解・訳、日本図書センター
＊9　中村元著『慈悲』講談社を参照
＊10　『牧口常三郎全集　第六巻』第三文明社
＊11　牧野篤著『中国近代教育の思想的展開と特質――陶行知「生活教育」思想の研究――』日本図書センター

第5章　文化飛翔の天地・新疆

＊1　星川清孝著『新釈漢文大系71　唐宋八大家文読本　二』明治書院
＊2　『ディドロ　絵画について』佐々木健一訳、岩波書店を引用・参照
＊3　ピエール・ガラント著『アンドレ・マルロー――小説的生涯――』斎藤正直訳、早川書房
＊4　竹本忠雄著『アンドレ・マルロー日本への証言』美術公論社
＊5　『ブッダの真理のことば　感興のことば』中村元訳、岩波書店
＊6　松井博光・野間宏監修『現代中国文学選集1　王蒙　淡い灰色の瞳・他』市川宏・牧田英二訳、徳間書店
＊7　S・ヴェーユ著『デラシヌマン』大木健訳、竹内良知編『現代人の思想9　疎外される人間』所収、平凡社
＊8　孫思邈著『備急千金要方（日本語版）上巻』景嘉・馬晋三監修、千金要方刊行会
＊9　「聖教新聞」一九九八年十二月十三日付、六面

第6章　尚文の伝統と文学

＊1　トルストイ著『戦争と平和（四）』米川正夫訳、岩波書店
＊2　竹田晃著『新釈漢文大系93　文選（文章篇）下』明治書院
＊3　岡村繁著『新釈漢文大系101　白氏文集　五』明治書院
＊4　『論語』金谷治訳注、岩波書店
＊5　『老子』蜂屋邦夫訳注、岩波書店
＊6　『法華義疏（上・下）』花山信勝校訳、岩波書店を参照
＊7　『中村元選集〔決定版〕別巻6　聖徳太子　日本の思想Ⅱ』春秋社
＊8　多田孝正・木内堯大著『日本人のこころの言葉　最澄』創元社
＊9　『蘇東坡全詩集　第六巻』久保天随訳注、日本図書センター
＊10　小川環樹・山本和義著『蘇東坡詩集　第三冊』

筑摩書房
＊11 中村元著『ゴータマ・ブッダ─釈尊伝─』法藏館
＊12 馬嶋春樹著『新釈漢文大系84 中国名詞選』明治書院
＊13 『北宋詞』倉石武四郎・須田禎一訳、『中国古典文学大系20 宋代詞集』所収、平凡社
＊14 『蘇東坡詩選』小川環樹・山本和義選訳、岩波書店
＊15 ロマン・ローラン著『ジャン・クリストフ（二）』豊島与志雄訳、岩波書店
＊16 『ロマン・ロラン全集4 ジャン＝クリストフ』片山敏彦訳、みすず書房
＊17 『新編日本古典文学全集11 古今和歌集』小沢正夫・松田成穂校注・訳、小学館
＊18 『笈の小文』久富哲雄校注・訳、『新編日本古典文学全集71 松尾芭蕉集②』所収、小学館
＊19 松島正一編『対訳 ブレイク詩集──イギリス詩人選（4）』岩波書店
＊20 『東坡題跋 巻四 宋・蘇軾』杉村邦彦訳、中田勇次郎編『中國書論大系 第四巻・宋1』所収、二玄社
＊21 テレンティウス著『自虐者』城江良和訳、『ローマ喜劇集5 西洋古典叢書』所収、京都大学学術出版会
＊22 目加田誠著『新釈漢文大系19 唐詩選』明治書院
＊23 『白楽天全詩集 第一巻』佐久節訳註、日本図書センター
＊24 赤井益久著『中唐詩壇の研究』創文社
＊25 J－P・サルトル著『文学とは何か』加藤周一・白井健三郎・海老坂武訳、人文書院
＊26 アンドレ・マルロー／池田大作著『人間革命と人間の条件』、『池田大作全集 第四巻』所収、聖教新聞社
＊27 J・マニング著『ディケンズの教育観』藤村公輝訳、英宝社
＊28 石川忠久著『新釈漢文大系112 詩経 下』明治書院
＊29 ユーゴー著『レ・ミゼラブル（一）』豊島与志雄訳、岩波書店
＊30 『白楽天全詩集 第二巻』佐久節訳註、日本図書センター

第7章 唐詩と『紅楼夢』を語る

＊1 「現世の寂寥を詠える酒宴の歌」宇野功芳訳、グスタフ・マーラー作曲「交響曲《大地の歌》」ユニバーサル ミュージックCDから

＊2　『李白全詩集　第一巻』久保天随訳註、日本図書センター
＊3　『李白詩選』松浦友久編訳、岩波書店
＊4　市川桃子・郁賢皓著『新編　李白の文―書・頌の譯注考證―』汲古書院
＊5　『李白全詩集　第二巻』久保天随訳註、日本図書センター
＊6　『杜詩　第四冊』鈴木虎雄・黒川洋一訳注、岩波書店
＊7　黒川洋一編『杜甫詩選』岩波書店
＊8　『杜詩　第三冊』鈴木虎雄・黒川洋一訳注、岩波書店
＊9　『杜甫全詩集　第四巻』鈴木虎雄訳註、日本図書センター
＊10　岡村繁著『新釈漢文大系99　白氏文集　三』明治書院
＊11　中村元著『現代語訳　大乗仏典1　般若経典』東京書籍
＊12　岡村繁著『新釈漢文大系103　白氏文集　七上』明治書院
＊13　『李商隠詩選』川合康三選訳、岩波書店
＊14　川端香男里・東山すみ監修『川端康成と東山魁夷　響きあう美の世界』「川端康成と東山魁夷　響きあう美の世界」製作委員会・平山三男・水原園博・渡辺美保編、求龍堂
＊15　東山魁夷著『現代日本のエッセイ　泉に聴く』講談社等を参照
＊16　東山魁夷著『美と遍歴』芸術新聞社
＊17　曹雪芹著『紅楼夢（三）』松枝茂夫訳、岩波書店
＊18　『摩訶止観（上）』関口真大校注、岩波書店を引用・参照
＊19　曹雪芹著『紅楼夢（一）』松枝茂夫訳、岩波書店を引用・参照
＊20　曹雪芹著『紅楼夢（八）』松枝茂夫訳、岩波書店を参照
＊21　曹雪芹著『紅楼夢（六）』松枝茂夫訳、岩波書店
＊22　高蘭墅補『紅楼夢（十二）』松枝茂夫訳、岩波書店
＊23　『日本古典文学全集15　源氏物語　四』阿部秋生・秋山虔・今井源衛 校注・訳、小学館
＊24　今泉忠義著『源氏物語　全現代語訳（十四）』講談社を参照
＊25　『谷崎潤一郎全集　第二十七巻』中央公論社
＊26　『新編日本古典文学全集22　源氏物語③』阿部秋生・秋山虔・今井源衛・鈴木日出男 校注・訳、小学館を参照

＊27 原田憲雄著『魅惑の詞人　李清照』朋友書店
＊28 網祐次著『文選』明徳出版社

第8章　『三国志』の魅力に迫る

＊1 中林史朗著『諸葛孔明語録』明徳出版社
＊2 孫文著『講演集・書簡集』堀川哲男・近藤秀樹訳、『世界の名著78　孫文　毛沢東』所収、中央公論社を引用・参照
＊3 吉田賢抗著『新釈漢文大系1　論語』明治書院
＊4 『ブッダのことば』中村元訳、岩波書店
＊5 『中村元選集［決定版］　第6巻　インド史Ⅱ』春秋社
＊6 マハトマ・ガンディー著『わたしの非暴力2』森本達雄訳、みすず書房
＊7 『完訳　三国志（一）』小川環樹・金田純一郎訳、岩波書店
＊8 中日新聞社編『ヴァイツゼッカー日本講演録　歴史に目を閉ざすな』永井清彦訳、岩波書店
＊9 『完訳　三国志（三）』小川環樹・金田純一郎訳、岩波書店
＊10 『完訳　三国志（二）』小川環樹・金田純一郎訳、岩波書店
＊11 『完訳　三国志（八）』小川環樹・金田純一郎訳、岩波書店
＊12 『世界古典文学全集　第17巻　老子・荘子』福永光司・興膳宏訳、筑摩書房
＊13 『孟子（下）』小林勝人訳注、岩波書店
＊14 司馬遷著『史記6　列伝二』小竹文夫・小竹武夫訳、筑摩書房
＊15 大野峻著『新釈漢文大系66　国語　上』明治書院
＊16 伊地智善継・山口一郎監修『孫文選集　第1巻』社会思想社
＊17 『三国志演義3』井波律子訳、筑摩書房
＊18 『完訳　三国志（七）』小川環樹・金田純一郎訳、岩波書店
＊19 『杜甫全詩集　第四巻』鈴木虎雄訳註、日本図書センター
＊20 星川清孝著『新釈漢文大系71　唐宋八大家文読本　二』明治書院
＊21 守屋洋編・訳『諸葛孔明の兵法』徳間書店を引用・参照
＊22 陳寿著・裴松之注『正史　三国志5』井波律子訳、筑摩書房
＊23 陳寿著・裴松之注『正史　三国志6』小南一郎訳、筑摩書房
＊24 『平家物語（六）』杉本圭三郎全訳注、講談社を参照

＊25 『平家物語（九）』杉本圭三郎全訳注、講談社
＊26 『平家物語（十一）』杉本圭三郎全訳注、講談社
＊27 原田種成著『新釈漢文大系95 貞観政要 上』明治書院を参照
＊28 『荀子（上）』金谷治訳注、岩波書店
＊29 『摩訶止観（上）』関口真大校注、岩波書店

第9章 『水滸伝』の英傑たち

＊1 魚津郁夫編『世界の思想家20 デューイ』平凡社
＊2 『完訳 水滸伝（七）』清水茂訳、岩波書店
＊3 阿部吉雄・山本敏夫著『老子』、『新釈漢文大系7 老子・荘子 上』所収、明治書院
＊4 『迷える小鳥』藤原定訳、『タゴール著作集 第一巻 詩集Ⅰ』所収、第三文明社
＊5 『完訳 水滸伝（三）』吉川幸次郎・清水茂訳、岩波書店
＊6 市川安司・遠藤哲夫著『荘子 上』、前掲『新釈漢文大系7 老子・荘子 上』所収
＊7 『ブッダのことば』中村元訳、岩波書店
＊8 ジョン・デューウィ著『哲学の改造』清水幾太郎・清水禮子訳、岩波書店
＊9 星川清孝著『新釈漢文大系34 楚辞』明治書院
＊10 ヘーゲル著『歴史哲学講義（上）』長谷川宏訳、岩波書店
＊11 滝沢馬琴著『全訳・改訂版 南総里見八犬伝（上）』丸屋おけ八訳、言海書房
＊12 司馬遷著『史記6 列伝二』小竹文夫・小竹武夫訳、筑摩書房
＊13 『孟子（下）』小林勝人訳注、岩波書店

第10章 『西遊記』と人生の旅

＊1 饒宗頤／池田大作／孫立川著『文化と芸術の旅路』潮出版社
＊2 『西遊記（十）』中野美代子訳、岩波書店
＊3 諸橋轍次著『誠は天の道——東洋道徳講話』麗澤大学出版会を参照
＊4 吉田賢抗著『新釈漢文大系1 論語』明治書院
＊5 『西遊記（一）』中野美代子訳、岩波書店
＊6 プラトン著『国家（上）』藤沢令夫訳、岩波書店
＊7 山室三良著『老子』明徳出版社
＊8 『トルストイ全集 第二十一巻』除村吉太郎訳、岩波書店
＊9 『トルストイ全集 第十八巻』深見尚行訳、岩波書店
＊10 『魯迅選集 第五巻』松枝茂夫訳、岩波書店
＊11 ルネ・デュボス著『人間への選択』長野敬・中

＊12　村美子共訳、紀伊國屋書店
＊13　ルネ・デュボス著『人間と適応』木原弘二訳、みすず書房
＊14　「聖教新聞」二〇〇九年十一月二十四日付、七面
＊15　小堀宗慶著『小堀遠州の美を訪ねて』集英社
　　　竹内照夫著『新釈漢文大系28　礼記　中』明治書院

第11章　「生涯青春」は学ぶ心に

＊1　饒宗頤／池田大作／孫立川著『文化と芸術の旅路』潮出版社
＊2　『荘子　第二冊（外篇）』金谷治訳注、岩波書店
＊3　ドストエーフスキイ著『カラマーゾフの兄弟（二）』米川正夫訳、岩波書店
＊4　久野収編『現代人の思想19　核の傘に覆われた世界』平凡社
＊5　『老子』蜂屋邦夫訳注、岩波書店
＊6　『白楽天全詩集　第四巻』佐久節訳註、日本図書センター
＊7　ノーマン・カズンズ／池田大作著『世界市民の対話　平和と人間と国連をめぐって』、『池田大作全集　第十四巻』所収、聖教新聞社
＊8　陳寿著・裴松之注『正史　三国志5』井波律子訳、筑摩書房
＊9　陳寿著・裴松之注『正史　三国志1』今鷹真・井波律子訳、筑摩書房
＊10　陳寿著・裴松之注『正史　三国志7』小南一郎訳、筑摩書房
＊11　『牧口常三郎全集　第十巻』第三文明社
＊12　『論語』金谷治訳注、岩波書店
＊13　宮崎市定著『現代語訳　論語』岩波書店
＊14　ドゥ・ウェイミン／池田大作著『対話の文明――平和の希望哲学を語る』、『池田大作全集　第百十七巻』所収、聖教新聞社
＊15　一海知義編『陸游詩選』岩波書店
＊16　ユーゴー著『レ・ミゼラブル（二）』豊島与志雄訳、岩波書店
＊17　『プラトーン全集第一巻』岡田正三訳、全國書房
＊18　『アリストテレース　詩学・ホラーティウス　詩論』松本仁助・岡道男訳、岩波書店
＊19　『アリストテレス　弁論術』戸塚七郎訳、岩波書店

第12章　自分自身の命に生きる

＊1　『ホキットマン全集第六巻　わが空想よ、さらば』柳田泉訳、日本讀書購買利用組合

＊2　吉川幸次郎著『杜甫詩注　第一冊』筑摩書房
＊3　『世界文学全集第43巻　ユゴー　レ・ミゼラブル1』井上究一郎訳、河出書房新社
＊4　市川安司著『新釈漢文大系37　近思録』明治書院
＊5　『ブッダの真理のことば　感興のことば』中村元訳、岩波書店
＊6　近藤康信著『新釈漢文大系13　伝習録』明治書院
＊7　『論語』金谷治訳注、岩波書店
＊8　曹霑（＝曹雪芹）著『中国古典文学大系44　紅楼夢　上』伊藤漱平訳、平凡社
＊9　曹雪芹著『紅楼夢（七）』松枝茂夫訳、岩波書店を参照
＊10　『大学・中庸』金谷治訳注、岩波書店
＊11　『老子』蜂屋邦夫訳注、岩波書店
＊12　『魯迅文集第三巻』竹内好訳、筑摩書房
＊13　『法華玄義（下）』菅野博史訳注、第三文明社
＊14　ロマン・ロラン著『ミケランジェロの生涯』高田博厚訳、岩波書店
＊15　夏目漱石著『私の個人主義』講談社
＊16　『戸田城聖全集　第一巻』聖教新聞社

第13章　生命尊厳の時代へ

＊1　宇野哲人著『論語・上』明徳出版社
＊2　ベルクソン著『意識と生命』池辺義教訳、『世界の名著64　ベルクソン』所収、中央公論社
＊3　張彦遠撰『東洋文庫311　歴代名画記2』長廣敏雄訳注、平凡社
＊4　山室三良著『老子』明徳出版社
＊5　平井俊栄著『仏教経典選2　般若経』筑摩書房
＊6　『荘子　第一冊（内篇）』金谷治訳注、岩波書店
＊7　『荘子　第三冊（外篇・雑篇）』金谷治訳注、岩波書店
＊8　モンテーニュ著『エセー（一）』原二郎訳、岩波書店
＊9　フェリックス・ウンガー／池田大作著『人間主義の旗を――寛容・慈悲・対話』東洋哲学研究所を参照
＊10　今井宇三郎・堀池信夫・間嶋潤一著『新釈漢文大系63　易経　下』明治書院
＊11　『陶淵明全集（下）』松枝茂夫・和田武司訳注、岩波書店
＊12　ホイットマン著「喜べ、同船の仲間よ、喜べ」、『草の葉（下）』酒本雅之訳、岩波書店
＊13　ホイットマン著「歌も終わりに近づけば」、前掲『草の葉（下）』
＊14　アーノルド・J・トインビー／池田大作著

＊15　『二十一世紀への対話』、『池田大作全集　第三巻』聖教新聞社
＊16　カント著『道徳形而上学原論』篠田英雄訳、岩波書店
＊17　前掲『新釈漢文大系63　易経　下』などを参照
＊18　小野沢精一著『新釈漢文大系26　書経　下』明治書院
＊19　星川清孝著『新釈漢文大系16　古文真宝（後集）』明治書院
＊20　アウストレジェジロ・デ・アタイデ／池田大作著『二十一世紀の人権を語る』、『池田大作全集第百四巻』所収、聖教新聞社
＊21　国連開発計画（ＵＮＤＰ）駐日代表事務所ホームページ
＊22　『原典　日本仏教の思想2　最澄』安藤俊雄・薗田香融校注、岩波書店
＊23　アウレリオ・ペッチェイ／池田大作著『二十一世紀への警鐘』、『池田大作全集　第四巻』所収、聖教新聞社
＊24　『枕草子（中）』上坂信男・神作光一・湯本なぎさ・鈴木美弥全訳注、講談社
＊25　『枕草子（上）』上坂信男・神作光一・湯本なぎさ・鈴木美弥全訳注、講談社
＊26　ゲーテ著『ファウスト　悲劇第二部（下）』手塚富雄訳、中央公論社
＊26　中本恕堂編著『加賀の千代全集　全一巻』加賀の千代全集刊行会

第14章　新たな平和友好の実りを

＊1　王蒙著『胡蝶』相浦杲訳、みすず書房
＊2　トルストイ著『人生の道（下）』原久一郎訳、岩波書店
＊3　『論語』木村英一・鈴木喜一訳、『中国古典文学大系3　論語・孟子・荀子・礼記』所収、平凡社
＊4　ルソー著『エミール（上）』今野一雄訳、岩波書店
＊5　「文書7　第一回周恩来・キッシンジャー会談一九七一年十月二十日」宮城大蔵訳、毛里和子・増田弘監訳『周恩来キッシンジャー機密会談録』所収、岩波書店
＊6　Ｈ・Ａ・キッシンジャー／池田大作著『「平和」と「人生」と「哲学」を語る』、『池田大作全集　第百二巻』所収、聖教新聞社
＊7　孫文著『心理建設』伊藤秀一訳、伊地智善継・山口一郎監修『孫文選集　第2巻』所収、社会思想社
＊8　フェリックス・ウンガー／池田大作著『人間主

義の旗を――寛容・慈悲・対話』東洋哲学研究所を引用・参照

＊9　内野熊一郎著『新釈漢文大系4　孟子』明治書院

〈人名・用語解説〉

〈あ行〉

赤染衛門《あかぞめえもん》　平安時代の女流歌人。生没年不詳。藤原道長の妻・倫子と、その娘の彰子（一条天皇中宮）に仕えた。著作に『赤染衛門集』。『栄花物語』正編の作者とも伝えられる。

アショーカ　古代インドを統一した最初の王朝マウリヤ朝の第三代の王。在位は前二六八頃～前二三二頃とされる。初めは残虐な暴君だったが、悲惨な戦争を悔いて改心し、深く仏教に帰依。武力ではなく、法《ダルマ》による政治を実現した。慈善事業、社会事業を活発に行うとともに、寛容に基づいて諸宗教を保護、さらに平和のための使節を各国各地に派遣している。

アタイデ（アウストレジェジロ・デ）　一八九八～一九九三　ブラジル文学アカデミー総裁。ジャーナリストとして活躍。一九四八年、第三回国連総会にブラジル代表として参加し、世界人権宣言の作成に、重要な役割を果たす。ブラジルの人権の父と称された。池田名誉会長との対談集『二十一世紀の人権を語る』がある。

阿部次郎　一八八三～一九五九　哲学者・美学者。文豪・夏目漱石の門下。「人格主義」の思想を展開した。大正時代に刊行された『三太郎の日記』は青春の書として広く読まれた。

阿倍仲麻呂　六九八もしくは七〇一～七七〇　奈良時代の遣唐留学生。唐の官僚となって皇帝に仕え、詩人の李白や王維らと交流。帰国を試みるが、船の遭難で実現できず、唐で没した。

アリストテレス　前三八四～前三二二　古代ギリシャの哲学者。プラトンの弟子。「万学の祖」と謳われる。主な著作に『形而上学』『詩学』『ニコマコス倫理学』『政治学』『自然学』など。

有吉佐和子　一九三一～八四　小説家・劇作家・演出家。伝統的芸術の世界や、環境汚染をはじめとする社会問題等、多様なテーマを扱い反響を呼んだ。作品に『地唄』『紀ノ川』『出雲の阿国』『恍惚の人』『複合汚染』など。

アルタイ語族　アルタイ諸語は、ユーラシア大陸の、西は東ヨーロッパから、東はシベリアまで各地域に分布する諸言語（チュルク〈トルコ〉諸語・モンゴル諸語・ツングース諸語）。共通の特徴を持ち、ここに日本語を入れる説もある。また、これらがアルタイ語族を成すとの見方がある。

アンデルセン（ハンス・クリスチャン） 一八〇五〜七五 デンマークの作家。小説『即興詩人』などのほか、特に童話は世界的に知られており、『親指姫』『人魚姫』『みにくいアヒルの子』『マッチ売りの少女』をはじめ約一五〇編を数える。「童話王」と呼ばれる。

一念三千 衆生の一念すなわち瞬間の生命に、現象世界（三千）のすべてが収まっていることをいう。法華経迹門に説かれた十界互具・十如是、法華経本門で明かされた三世間の常住が、三千世間として体系づけられた。

井上靖 一九〇七〜九一 作家。主な作品には、『天平の甍』『楼蘭』『敦煌』『蒼き狼』『風濤』『孔子』など中国・西域を題材としたものも多い。日中文化交流協会会長を務め、両国の友好に尽力した。池田名誉会長との往復書簡集『四季の雁書』がある。

イマジズム 二十世紀初頭の英米詩の運動。日本の俳句等の影響を受け、簡潔で視覚イメージの明確な詩を目指した。

ヴァイツゼッカー（リヒャルト・フォン） 一九二〇〜二〇一五 ドイツの政治家。西ベルリン市長、西ドイツ大統領を歴任。一九九〇年の東西ドイツ統一に伴い、統一ドイツ初代大統領に就任。ドイツの良心と称され、多くの国民に敬愛された。

ヴェーユ（シモーヌ） 一九〇九〜四三 フランスの哲学者。抑圧される側に立つために工場労働を体験。スペイン市民戦争ではファシズムと戦う義勇軍に従軍。第二次世界大戦中、ロンドンでナチスへの抵抗運動を続ける自由フランス政府に参画し、客死。著作に『抑圧と自由』『重力と恩寵』など。

ウェルギリウス 前七〇〜前一九 古代ローマを代表する詩人。ホメロスなどギリシャ文学にも学びつつ独創性を発揮し、ローマ文学の黄金期を築いた。作品に傑作『牧歌』『農耕詩』、ラテン文学の最高峰とされるローマ建国の叙事詩『アエネーイス』がある。

ウズベク語 ウズベキスタン共和国の公用語。チュルク（トルコ）諸語の一つ。カザフスタンなど近隣諸国や、中国・新疆ウイグル自治区でも用いられている。

裏千家 安土桃山時代に茶道を大成した千利休を開祖とする、千家流の一つ。千利休の孫の四男・千宗室に始まる。宗室が父から譲られた茶室（今日庵《こんにちあん》）が、本家の裏にあたることに名称の由来がある。宗家は千宗室を襲名。

ウルムチ 中国・新疆ウイグル自治区の主都。ウルムチは「美しい牧場」を意味するモンゴル語。

ウンガー（フェリックス） 一九四六〜 オーストリアの心臓外科医。一九九〇年、ヨーロッパ共同体（E

C）の主導によるヨーロッパ科学芸術アカデミーの創立とともに、創立者の一人として会長に就任。池田名誉会長との対談集『人間主義の旗を』がある。

『易経』 儒教で最も重視される経書（五経）の一つ。『周易』や『易』とも言う。中国古代の占いの書。占いを指す「易」の字は変化の意義で、相対する陰と陽の二原理によって世界が限りなく生成変化しているとする。

『淮《え》南子《なんじ》』 中国の前漢時代、淮南王・劉安が編集させ成立した古典的思想書。道家思想を基礎にしながら、それまでの、さまざまな思想や知識を総合している。

エンゲルス（フリードリヒ） 一八二〇～九五 ドイツの思想家・経済学者・革命家。マルクスと共に科学的社会主義（マルクス主義）を創設し、『共産党宣言』も共同して起草した。

王安石《おうあんせき》 一〇二一～八六 中国・北宋の政治家。皇帝・神宗のもと宰相として国政改革に取り組む。卓越した文人でもあり、唐宋八大家の一人に数えられる。

王維《おうい》 六九九（諸説あり）～七六一 中国・唐を代表する詩人。「詩仏」と呼ばれ、厚く信奉した仏教の哲理を吸収しながら、自然美を詠う詩の第一人者となった。また、自然美を描く優れた画師でもあり、水墨山水画や文人画（南宗画）の祖とされる。

王羲《おうぎ》之《し》 三〇七～六五（諸説あり） 中国・東晋の書家。楷書・行書・草書を芸術として完成。「書聖」と仰がれる。代表作に『蘭亭序』など。

王国維《おうこくい》 一八七七～一九二七 中国の歴史学者。辛亥革命時に日本に亡命。西洋文化に造詣を深めながら中国古典を再評価し、中国古代史研究など広く業績を挙げた。帰国し清華大学等で教授を務めた。

汪兆銘《おうちょうめい》 一八八三～一九四四 中国の政治家。日本の法政大学に留学。その後、近代中国革命の指導者・孫文の側近や、国民党左派の中心的立場となった。日中戦争期に、和平救国と反共を主張して日本と提携し、南京政府を樹立。それは、日本軍の支配を代行する傀儡政権であった。

王勃《おうぼつ》 六五〇～七六（諸説あり） 中国・唐代の詩人。詩風の革新に尽力、華麗な詩作を特徴とし、初唐の四傑の一人と称された。

王陽明《おうようめい》 一四七二～一五二八 王守仁とも言う。中国・明代の思想家・政治家。当時の思想的権威であった朱子学を脱し、知ることと実行することの一致（知行合一）や、人間が生来備える良知を発揮すること（致良知）などを提唱。陽明学の始祖となった。著作に『伝習録』がある。

尾形乾山 一六六三～一七四三 江戸時代の陶工・画家。兄・光琳が大成した琳派の画風を活かした絵付陶器など、新しい制作に挑戦を続けた。

尾形光琳　一六五八～一七一六　江戸時代の画家。法華信仰の強い京都町衆の名家・尾形家に生まれる。本阿弥光悦、俵屋宗達の作風を継承、華麗な絵画を創出し、琳派を大成した。「紅白梅図屏風」「燕子花図屏風」などが有名。

〈か行〉

怪力乱神《かいりょくらんしん》　人知で見当がつかない、理性で説明できないような事象や存在を指す。

科挙　中国で行われていた高級官吏の登用のための試験制度。隋代に始まり、清代まで続けられた。

岳飛《がくひ》　一一〇三～四一　中国・宋の武将。北宋時代末、金軍との戦いなどで功績を挙げた。北宋が滅び、南宋時代にも金軍に対する抗戦を訴えて、和平派の宰相・秦檜と対立し、無実の罪で獄死。後に名誉回復され、救国の英雄と仰がれた。

カシュガル　中国・新疆ウイグル自治区のオアシス都市。古来シルクロードの要衝で、十世紀頃からイスラム社会へと移っていった。

カストロ（フィデル）　一九二六～二〇一六　キューバの政治家・革命家。五九年に独裁政権を倒し、ラテンアメリカ初の社会主義革命を成功させた。国家評議会議長（元首）などの要職に就き、長く最高指導者の地位にあった。

カズンズ（ノーマン）　一九一五～九〇　アメリカの平和運動家・ジャーナリスト。国連強化運動、国際交流を推進。広島への原爆投下の惨状をアメリカの世論に訴え、原爆孤児や原爆乙女の支援に奔走した。池田名誉会長との対談集『世界市民の対話　平和と人間と国連をめぐって』がある。

川端康成　一八九九～一九七二　小説家。少年期に父母・祖父母・姉を亡くし孤児となった経歴を持つ。日本の古典文化に根ざしつつ、独自の美を探求。日本人初のノーベル文学賞受賞者。代表作に『伊豆の踊子』『雪国』など。

漢　中国古代に、沛（現在の江蘇省内）出身の高祖・劉邦（前二五六もしくは二四七～前一九五）が、楚の項羽に勝って建国した統一王朝。前漢（前二〇二～後八）と後漢（二五～二二〇）に分けられる。

関羽　生年不明～二一九　中国・三国時代の蜀の武将。蜀の創建者・劉備を、挙兵以来、張飛と共に助けた。この三人は兄弟と同様の絆とされる。「義」に篤い英雄として後世に敬われた。

『管子』　中国・春秋時代の名宰相である管仲の名で集成されたという古典的思想書。漢代までの、法家・儒家・道家をはじめとする種々の思想、政治・経済など社会の諸分野にわたる理論が見られる。

ガンジー（モハンダース・カラムチャンド）　一八六九

〜一九四八　インドの思想家・政治指導者。弁護士として、南アフリカでインド人の人権擁護運動に従事。帰国後、イギリスからの独立運動を「非暴力・不服従」の平和的手段で指揮した。インド独立の翌年（一九四八年）、狂信的ヒンドゥー教徒の凶弾に倒れた。詩人タゴールから「マハトマ（偉大なる魂）」との尊称を贈られ、「国の父」として敬愛されている。

ガンジー（ラジブ）　一九四四〜九一　インドの政治家。母のインディラ・ガンジー首相が八四年に暗殺され、後継として首相に就任。九一年、総選挙の運動中に暗殺された。人々に奉仕する、人間性に基づく政治を志していた。

韓信《かんしん》　生年不明〜前一九六　中国・前漢の武将。蕭何、張良と並び漢の三傑に数えられた。高祖（劉邦）の軍の大将となり天下統一に貢献。のちに謀反の疑いを受け、誅殺された。

関中《かんちゅう》　中国・陝西省の西安がある一帯。古代より秦、漢、隋、唐の王朝の都が置かれるなど、中心的な地域であった。

カント（イマヌエル）　一七二四〜一八〇四　ドイツの哲学者。『純粋理性批判』『実践理性批判』『判断力批判』を著し、批判哲学を大成するなど、西洋近代哲学を切り開いた最重要の一人。

漢賦《かんぷ》　楚辞に連なる中国の韻文体の一つ。漢代に盛んになった。対句を多く使い、散文も入れ、華麗な表現に結実している。

韓愈《かんゆ》　七六八〜八二四　唐の代表的詩人。文人としては古文復興を唱え、唐宋八大家の一人とされる。思想家としては儒教を尊び、なかでも『孟子』を重視した。

紀暁嵐《きぎょうらん》　一七二四〜一八〇五　清代の学者・紀昀《きいん》のこと。乾隆帝の勅命で、清代までの重要書籍をまとめた『四庫全書』の総纂官となって事業を統べ、完成させていった。

季羨林《きせんりん》　一九一一〜二〇〇九　中国のインド学・仏教学者。北京大学終身教授。中国学術界のリーダー的存在として活躍し、中国言語学会会長、中国比較文学学会会長、中国敦煌トルファン学会会長等を歴任した。池田名誉会長、蒋忠新教授との鼎談集『東洋の智慧を語る』がある。

キッシンジャー（ヘンリー・A）　一九二三〜　アメリカの政治家・国際政治学者。ナチスのユダヤ人迫害を逃れ、ドイツからアメリカへ移住。ハーバード大学教授、安全保障問題担当の大統領特別補佐官、国務長官を歴任。米中和解、ベトナム和平協定、中東の安定化に尽力。ノーベル平和賞受賞。池田名誉会長との対談集『「平和」と「人生」と「哲学」を語る』がある。

ギャツォ（ツァンヤン）　一六八三〜一七〇六　ダライ・ラマ六世。チベット仏教法王の位（ダライ・ラマ）にあったが還俗。自由な詩人として生き、その恋愛詩はチベットの人々に愛誦された。

京劇　「北京の劇」を意味する中国の伝統演劇。清代に発展。俳優の歌唱に、せりふ、しぐさ、立ち回りで成り立つ。言葉と音楽と舞踊によって、ストーリーを進める総合的な演劇。

金《きん》　女真族が中国の東北部に建てた王朝（一一一五～一二三四）。燕京（北京の旧名）にも都を置いた。

金克木《きんこくぼく》　一九一二～二〇〇〇　中国の著名な文学者・翻訳家。インド文化研究の大家。武漢大学、北京大学の教授を歴任。季羨林らとともに、北京大学を代表する学識者として知られた。

『近思録《きんしろく》』　中国・南宋の思想家・朱子（＝朱熹一一三〇～一二〇〇）が友人・呂祖謙と協力し編纂した思想書。北宋時代に興った新儒教の学者四人の著作や語録から抜粋・整理したもので、中国・日本などで広く学ばれた。

金庸《きんよう》　一九二四～　中国の作家。五五年に『書剣恩仇録』を発表して以来、多数の武侠小説を執筆。また、香港を代表する日刊紙「明報」、文化総合誌『明報月刊』を創刊した。池田名誉会長との対談集『旭日の世紀を求めて』がある。

クシャーナ朝　イラン系クシャーナ族による古代王朝。その版図は中央アジアからインドに及び、二世紀頃のカニシカ王の時代に最盛期となった。多民族で構成する国際的な貿易の要衝として栄え、東西文明の交流が進んだ。仏教とギリシャ文化が融合したガンダーラ美術など諸文化が発展。大乗仏教が興隆。それらは中国・日本へと伝えられた。

クチャ　中国・新疆ウイグル自治区のオアシス都市。シルクロードの要衝として栄え、仏教文化が興隆。付近の多くの仏教遺跡のなかでも、クムトラ、キジルなどの石窟寺院は有名。

屈原《くつげん》　前三四〇頃～前二七八頃（諸説あり）　中国・戦国時代の楚の政治家・詩人。懐王に仕えて内政外交に活躍したが、同僚の嫉妬の讒言で失脚。次の頃襄《けいじょう》王からも追放を受け、祖国への思いと憤りを抱きながら、自ら命を絶った。『楚辞』に「離騒」などの代表作が収められる。

クーデンホーフ＝カレルギー（リヒャルト）　一八九四～一九七二　オーストリアの政治学者。同国の伯爵で外交官の父、日本人の母のもと、東京で生まれる。第一次世界大戦後、『パン・ヨーロッパ』誌を刊行。その欧州統合を目指す運動は、欧州共同体（ＥＣ）の礎となり、現在の欧州連合（ＥＵ）に発展。池田名誉会長との対談集『文明・西と東』がある。

鳩摩《くま》羅什《らじゅう》　三四四～四一三（一説に三五〇～四〇九）中国・後秦代の仏典翻訳僧。現在の新疆ウイグル自治区の都市クチャ出身。諸国を遊歴して仏法を究め、大乗仏教を弘めた。晩年は国師として長安（現在の西安）に入り、法華経をはじめ多くの仏教経典を漢訳。

クンデラ（ミラン）　一九二九〜　チェコ生まれの作家。旧チェコスロバキア社会主義共和国の時代、小説『冗談』で反響を呼び、反体制派として作品発表禁止に。七五年、フランスに亡命。その後、発表した『存在の耐えられない軽さ』がベストセラーとなって、世界で読まれた。

群盲《ぐんもう》象を評す　幾名もの盲目の人が手で大きな象を撫で、触れた部分のみで象を評し合うこと。大人物や大事業の全体を正当に評価できない譬え。「群盲象を撫でる」とも言う。

薊門煙樹《けいもんえんじゅ》　かつて燕京と呼ばれていた北京の優れた景色として、金の皇帝・章宗が選んだ八つの場所（燕京八景）の一つ。その樹々が映えた景勝は、清の乾隆帝の筆による「薊門煙樹」の石碑が残されていることからも窺える。

ゲーテ（ヨハン・ヴォルフガング・フォン）　一七四九〜一八三二　ドイツの世界的な詩人・小説家・劇作家。ワイマールで国政の要職（宰相など）を担い、自然科学者としても優れた研究を残した。代表作に『若きヴェルター（ウェルテル）の悩み』『ファウスト』など。

元曲《げんきょく》　中国・元代に盛んだった演劇。元代の戯曲のこと。歌唱を主体とする歌劇の形態を持つ。

『源氏物語』　平安時代中期に紫式部が著した物語。主人公・光源氏を中心に、平安貴族の恋愛や苦悩など、その生活と内面を描写。のちの日本文化への影響は大きく、世界最古の長編小説として海外からも注目されてきた。

孔子　前五五二または前五五一〜前四七九　中国・春秋時代の思想家。儒教の始祖。理想の政治を目指して、魯の国で要職に就いたほか、諸国を歴訪。晩年は弟子の教育に力を注いだ。その言行は弟子らによって『論語』などにまとめられた。

侯仁之《こうじんし》　一九一一〜二〇一三　中国の地理学者。中国現代歴史地理学の創始者の一人とされる。北京大学教授などを歴任。

浩然の気を養う　『孟子』公孫丑章句上にある言葉。「浩然の気」は天地に充満する生命力・活力の源泉となる気のこと。

高祖皇帝　前二五六もしくは二四七〜前一九五　中国・前漢の初代皇帝である劉邦のこと。前二〇二年、垓下《がいか》の戦いで項羽に勝ち、天下を統一した。

光武皇帝　前六〜後五七　中国・後漢の初代皇帝である劉秀のこと。劉邦の九世の子孫。二二年に挙兵、漢を再興し、天下を統一。後漢王朝に安定をもたらした。

弘文学院　清朝から日本政府への要請に基づき、教育家・嘉納治五郎が設立した中国人留学生のための学校（東京・新宿）。一九〇二年に創立、〇九年まで続いた。約七千人が学び、帰国した人材が近代中国の革命と発展に貢献。その初期から二年にわたり魯迅も学び、創価学会の牧口常三郎初代会長は〇四年から〇九年まで講師を務め、地理学を教えた。

康有為《こうゆうい》　一八五八〜一九二七　中国の政治家・思想家。日清戦争（一八九四〜九五）に敗北した清朝が強いられた講和条約（下関条約）に反対する上書を、約一二〇〇の署名を集めて行った（公車上書）。また、清朝末期、光緒帝の支持を得て政治改革運動（戊戌の変法）を進めたが、保守派による弾圧で挫折し日本に亡命。著作に『大同書』など。

『紅楼夢』《こうろうむ》　中国・清代の長編小説。中国四大古典小説の一つ。全一二〇回（前八〇回は曹雪芹作・後四〇回は高蘭墅補作など）。名門貴族である賈家の栄華と没落を描く。貴公子・賈宝玉と女性らが織り成す物語。

五陰《ごおん》　衆生の心身を構成する五つの要素のこと。

『故郷へ』　王蒙著。一九八一年、かつて過ごした新疆イリのバエンタイ人民公社を再訪した作者が発表した旅行記。

『国語』　中国・春秋時代の各国別の歴史の記録をまとめた書。

呉語《ごご》　中国東部に位置する江蘇省・浙江省を中心に使用されている方言群のこと。

五・四運動　一九一九年五月四日、中国・北京で起こり、全土に広がった、日本帝国主義等に反対する愛国運動。同時期に始まり共に発展した知識人による文化の改革運動（新文化運動）も指す。

五丈原　中国陝西省にある三国時代の古戦場。二三四年、魏の打倒を目指す蜀の諸葛孔明の軍が、魏の司馬懿（仲達）の軍と対峙。孔明は志半ばで、この地で病没した。

コックス（ハービー）　一九二九〜　アメリカにおける宗教研究の第一人者。ハーバード大学教授。応用神学部学部長などを歴任。池田名誉会長との対談集『二十一世紀の平和と宗教を語る』がある。

小堀遠州《こぼりえんしゅう》　一五七九〜一六四七　江戸時代の大名・茶人。遠州流茶道の開祖。豊臣秀吉、徳川家康らに仕え、将軍家茶道師範に。江戸幕府の作事奉行として江戸城・駿府城・二条城・御所等の建築・造園に関わる。和歌・書画・陶芸にも優れた総合芸術家。

小堀宗慶《そうけい》　一九二三〜二〇一一　東京生まれ。一九六二年、遠州茶道宗家十二世家元を継承。名物裂・茶花・書・日本画に造詣が深く、建築・造園・美術工芸にも活躍。「国民皆茶」を提唱し、茶道の普及と日本文化の発展に尽くした。

崑曲《こんきょく》　中国の演劇。十六世紀の明代、江蘇省崑山の魏良輔によって創始され、広く流布。清代に発展する京劇の源流の一つとされる。

〈さ行〉

蔡元培《さいげんばい》　一八六八～一九四〇　中国の思想家・教育者。清朝を打倒する革命運動に参画。辛亥革命後、中華民国臨時政府の初代教育総長に就任。北京大学学長として逸材を集め、同大学は新文化運動、五・四運動の推進力となった。

『西遊記』　明代にまとめられた小説。中国四大古典小説の一つ。唐の仏教者・玄奘三蔵が、大乗仏典を得るために長安から旅立って、孫悟空・猪八戒・沙悟浄らとともに、苦難を乗り越え、悪者を退治しながら天竺（インド）へ、仏教経典を求める物語。

左宗棠《さそうとう》　一八一二～八五　中国・清代末期の政治家。西洋の科学技術の導入などで中国を近代化し、富国強兵を図った洋務運動の先駆者の一人。

サマルカンド　ウズベキスタン共和国サマルカンド州の州都。中央アジアの都市でも特に古い歴史を持ち、シルクロードの要衝。十四世紀からティムール帝国の首都となった。二〇〇一年に世界文化遺産に登録。

サルトル（ジャン・ポール）　一九〇五～八〇　フランスの哲学者・作家。実存主義者。文学者の社会参加（アンガージュマン）を唱え実践。著作に小説『嘔吐』、論文『存在と無』、評論『文学とは何か』など。

『三国志』　文学としての三国志の物語の基盤は、明代に羅貫中が著したとされる『三国志演義』。中国四大古典小説の一つ。後漢末期から、魏の曹操、呉の孫権、蜀の劉備らが天下を争う、三国鼎立の時代の物語が、『正史 三国志』等を基に描かれる。劉備・関羽・張飛の義兄弟の活躍や、蜀の宰相・諸葛孔明の知略など有名な話が多く、日本でも江戸時代以来、広く親しまれてきた。

三顧の礼　劉備が諸葛孔明を軍師に迎えるために、その住まいを三度訪ねて礼を尽くしたこと。

三障四魔　仏道修行を妨げる三種類の障害と四種類の魔のこと。魔とは衆生の心を悩乱させる働きを指す。

『史記』　中国・前漢の司馬遷（前一四五頃～前八六頃）が著した、中国初の紀伝体による歴史書。上古の黄帝から前漢の武帝に至る二〇〇〇年以上の通史が初めて記され、模範的な正史と位置付けられた。

『詩経』　中国最古の詩集。前十一世紀から前六世紀（諸説あり）の詩三〇五編から成る。儒教で最も重視される経書（五経）の一つ。

四合院《しごういん》　中国の伝統の住宅形式。院子と称する中庭を囲み、東西南北の四方に建物を配置するのが通例とされる。

四大皆空なり《しだいみなくう》　四大とは人間や世界を構成する四種の

元素（地水火風）のことで、その世界が空虚であるとの意味。

七情《しちじょう》　中国思想が示す七種の感情。たとえば『礼記』では、喜・怒・哀・懼・愛・悪・欲を指す。

実存主義　「実存」とは「現実存在」のこと。現実の個人個人の主体的な在り方、生き方を重要視する哲学。合理的・客観的な人間認識などに対抗し、二十世紀の思想の流れとなった。思想家のキルケゴール、ニーチェを先駆に、ヤスパース、ハイデッガー、サルトルらが代表として挙げられる。

司馬氏　中国・三国時代の魏で、曹操の死後、実権を握った一族。司馬懿（仲達）は諸葛孔明との交戦などに大功を挙げ、孫の司馬炎が、二六五年に魏に代わって晋を建て、天下を統一した。

島崎藤村　一八七二～一九四三　近代日本の詩人・作家。詩では浪漫主義、その後、小説では自然主義の作品で知られた。詩集『若菜集』、小説『破戒』『夜明け前』などがある。

釈尊　仏教の開祖。生存年代には、前五六六～前四八六、または前四六三～前三八三など諸説がある。現在のネパールに釈迦族の王子として生誕。生老病死の問題の解決を目指して、二十九歳で出家（十九歳説もある）。三十五歳で宇宙と生命の根源の法を悟った（三十歳説もある）。八十歳で入滅するまで各地に赴き、法を説き続けた。入滅の後、釈尊の教えは弟子たちによって結集（いわゆる仏典結集）が行われた。

謝冰心《しゃひょうしん》　一九〇〇～九九　中国の作家。第二次世界大戦後、日本の東京大学で中国文学を教えたことをはじめ、国際交流に尽力。全国人民代表大会代表、中国作家協会名誉主席、中日友好協会理事などを歴任。小説『超人』、詩集『繁星』等、著作多数。

周易《しゅうえき》　『易経』の欄を参照。

周恩来　一八九八～一九七六　中国の初代国務院総理（首相）。青春時代、一九一七年から一九年まで日本留学の経験がある。中ソ友好同盟相互援助条約の締結、インドのネルー首相との「平和五原則」の提唱、米中和解、日中国交正常化を実現したほか、新たな国家政策の道筋を示すなど、内政と外交の両面にわたって卓越した力を発揮した。

周海嬰《しゅうかいえい》　一九二九～二〇一一　魯迅の子息。中国魯迅研究会名誉会長、北京魯迅博物館、紹興・厦門・上海にある魯迅記念館の名誉館長や顧問を務め、魯迅の宣揚と研究をリード。親日家でもあった。全国人民代表大会代表、全国政治協商会議委員も歴任。著書に回想録『わが父　魯迅』がある。

周谷城《しゅうこくじょう》　一八九八～一九九六　中国の歴史学者。全国人民代表大会常務委員会副委員長などを歴任。文化大革命の際の言論弾圧に対しても不屈だったとされる。

『十八史略』 中国・元代の歴史書。『古今歴代十八史略』のこと。『史記』以下の十七種類の正史に、宋代の史書を加えた「十八史」を簡略にまとめたもの。

『荀子《じゅんし》』 中国・戦国時代の思想家である荀子の著作。荀子は、孟子の性善説に反対し、性悪説を示して、努力によって人間が自身を向上させ、現実を変えていく意義を強調。儒学の発展に寄与した。

春秋戦国 中国古代の時代を指す名で、春秋時代と、続く戦国時代。周の東遷（前七七〇）から秦による統一までの約五五〇年間のこと。後半の戦国時代には秦など七国が対立したが、その一つ燕は、現在の北京を中心とする地を支配した。

蕭何《しょうか》 生年不明～前一九三 中国・前漢の宰相。高祖（劉邦）が無名の時代から支え、漢の創業を実現させた。天下統一後は王朝の基盤をつくった。

『貞観政要《じょうがんせいよう》』 中国・唐の名君である太宗が、さまざまな政治上のテーマを群臣と議論した内容を収録。帝王学の書として中国や日本などの為政者らに読まれた。

証厳《しょうごん》法師 一九三七～ 台湾の宗教家・慈善活動家。

成住壊空《じょうじゅうえくう》 仏典で説かれる世界観で、一つの世界が成立し、流転、崩壊を経て、次の成立に至る四期（四劫）を表す。

『尚書《しょうしょ》』 『書経』の欄を参照。

饒宗頤《じょうそうい》 一九一七～ 中国の国学大師。香港中文大学終身主任教授。漢学者・書画家・詩人として知られ、仏教学・儒学・考古学・敦煌学・言語学など多岐にわたり万般の学芸を究める。池田名誉会長との対談集『文化と芸術の旅路』がある。

聖徳太子 五七四～六二二 厩戸皇子とも言う。飛鳥時代の政治家。用明天皇の皇子。叔母の推古天皇の摂政となって、冠位十二階や十七条憲法の制定、遣隋使派遣などを行い、仏法興隆に尽くした。『三経義疏』（法華義疏・維摩経義疏・勝鬘経義疏）を著したとされてきた。

『書経』 儒教で最も重視される経書（五経）の一つ。尭・舜から周王朝に至る政治の歴史などが記され、そこに儒家は模範の統治を見出した。書名に変遷があり、もとは「書」、その後「尚書」、宋代から「書経」と呼ばれた。

諸子百家 中国・春秋戦国時代に活躍した多くの思想家（子）とその学派（家）。儒家の孔子・孟子・荀子、道家の老子・荘子、墨家の墨子など。

秦 中国・春秋戦国時代の国の一つで、前二二一年に秦の始皇帝が中国史上初めて全土を統一して、中央集権国家を築いた。漢の劉邦によって、前二〇六年に滅ぼされた。

新疆 中国・新疆ウイグル自治区の略称。中国西北部に位置する最大の省・自治区（全土の約六分の一）。

モンゴル、ロシア、中央アジア諸国、パキスタン、インドと接する。古来、東西を結ぶシルクロードの要衝。おおよそ人口の四・五割のウイグル族、四割の漢族のほか、多くの民族で構成されている。

清　中国史における最後の王朝。十七世紀前半、満州族が中国を征服し建てた。康熙帝、雍正帝、乾隆帝の時代に全盛を迎え、その版図は歴代王朝で最大となった。十九世紀から列強各国の侵略を受け、一九一一年の辛亥革命を経て、翌一二年に滅亡。

人民日報　中国共産党の日刊の中央機関紙。創刊は一九四八年。

『水滸伝』　明代の作とされる小説。中国四大古典小説の一つ。水滸とは水辺の意味。北宋の徽宗の時代（十二世紀初め頃）を舞台に、豪傑一〇八人が梁山泊という湖水のほとりの自然の要塞に集い、宋江をリーダーとして、腐敗した政治社会に立ち向かう姿を描いた物語。

崇禎帝《すうていてい》　一六一〇～四四　中国・明の最後の皇帝。英明で、名臣・徐光啓を用いて改革に着手、明の復興を目指したが、内部の抗争、自然災害、飢饉、反乱、外からの満州（清）の圧迫に苦しみ、李自成の農民軍に北京を攻略され、自ら命を絶ち、明は滅んだ。

星雲大師　一九二七～　中国・江蘇省生まれの仏教僧。台湾に移り、佛光山寺を開山した。

清少納言　平安時代の女流文学者・歌人。生没年不詳。一条天皇の中宮・定子に仕え、和漢に通じた学才で知られた。随筆『枕草子』が有名。

清明上河図《せいめいじょうかず》　中国画のテーマの一つ。先祖祭を行う祝日（清明節）、北宋の都・汴京（開封）の賑わいを描いた絵画。特に北宋の画家・張択端による光景には、当時の庶民の生活が非常に精密に描写され、中国の至宝として名高い。

赤壁《せきへき》**の戦い**　中国・後漢末（二〇八年）、長江中流の赤壁において、劉備・孫権の連合軍が、華北を平定して南下してきた曹操の軍を破った戦い。この戦いが、曹操・孫権・劉備による三国鼎立、天下三分が成る基となった。

ゼロサム　利益を得る者がいれば、その分だけ損失を被る者が出る。全体として利益と損失の総和がゼロになること。

銭鍾書《せんしょうしょ》　一九一〇～九八　中国の作家・学者。中国社会科学院副院長、全国政治協商会議委員を歴任した。

全青連（中華全国青年連合会）　一九四九年に発足。中国共産党の指導下、中国共産主義青年団を核とした青年の連合組織。五二の団体、各民族・各界の青年で構成される。

千宗室《せんそうしつ》**（第十六代家元）**　一九五六～　京都生まれ。二〇〇二年に裏千家第十六代家元となり、千宗室を襲名。京都芸術センター館長、同志社大学客員教授などを歴任。『自分を生きてみる』をはじめ著書多数。

千田《せんだ》是也《これや》　一九〇四～九四　演出家・俳優。俳優座の結成、俳優座養成所の開設、俳優座劇場の創設を通し、人材を育成しながら、戦後日本の新劇の発展に貢献。日中文化交流協会常任理事も務め、日中両国の交流に尽力した。

鮮卑《せんぴ》　中国古代に北アジアで活動した遊牧民族の一つ。

宋　趙匡胤が建てた中国の王朝（九六〇～一二七九）。都は開封。文治主義に則り、皇帝専制体制を確立。経済も文化も栄えた。一一二七年、金の軍が侵入するまでを北宋と呼び、南遷して杭州に都を置いた時代を南宋と呼ぶ。一二七九年、元に滅ぼされた。

『創価教育学体系』　創価学会の牧口常三郎初代会長による長年の教育現場での実践と思索が結実した独創的な教育学の書。弟子の教育者である戸田城聖第二代会長の協力を得て、一九三〇年十一月十八日に第一巻が発刊された。創価教育学とは「人生の目的たる価値を創造し得る人材を養成する方法の知識体系」を意味する。児童自身の幸福になる力を引き出すことを目指している。

宋学　中国・宋代に興った学術・思想・文化の総称。なかでも伝統思想の儒教を復興した新儒教をいう。その始祖の周敦頤（一〇一七～七三）と門下が礎を築き、朱子（一一三〇～一二〇〇）が大成。それは朱子学とも呼ばれ、歴代王朝のもとで官学となった。

宋詞　中国・宋代に盛んになった韻文で、音楽が付く歌曲。

『荘子』　中国の古典的思想書。道家を代表する、戦国時代の思想家・荘子とその後学の者による著書とされる。万物をあらゆる差別や対立の相を超えて平等に見ようとする斉物《せいぶつ》思想等が示されている。

曹雪芹《そうせつきん》　一七一五頃～六三もしくは六四　中国・清の小説家。著作は中国四大古典小説の一つ、『紅楼夢』（全一二〇回中、前半八〇回が曹雪芹、後半四〇回が高蘭墅による続編とされる）。

曹操　一五五～二二〇　中国・三国時代の魏の始祖。中国北部を掌中にし南を目指したが、赤壁の戦いで敗北。孫権、劉備と鼎立した。学問を好み、文武に秀でていた。

曹丕《そうひ》　一八七～二二六　中国で魏・呉・蜀が鼎立した三国時代、曹操の後継として魏の初代皇帝に。優れた文人でもあり、先駆的な文学論『典論』を著した。

惻隠《そくいん》の心　『孟子』公孫丑章句上に「惻隠之心」とある。相手の立場になって、人を思いやる心、いたわる心のこと。

ソクラテス　前四七〇もしくは前四六九～前三九九　古代ギリシャの哲学者。哲学的対話を通し、人間が自身の魂に配慮して、善く生きることを促し、人々に無知を自覚させていった。結果として、神々を認めない、青年を惑わす者として不当に告発され、死刑宣告を受け、獄中で死去。自らは書物を著さず、その言動は弟子のプラトンらの著作に窺える。

楚辞《そじ》　中国・戦国時代、楚国に興った韻文の歌謡。または、それに倣った後人の歌謡も含めた歌謡集を指す。

蘇東坡《そとうば》　一〇三六〜一一〇一　蘇軾とも言う。中国・北宋を代表する詩人。散文でも唐宋八大家の一人とされ、書や画も卓越していた。政治家としては党派抗争のなか左遷や流罪など苦難に満ちていた。

孫権　一八二〜二五二　中国・三国時代の呉の初代皇帝。曹操や劉備と、時に対立し時に同盟しながら、呉を建国した。

孫思邈《そんしばく》　五八一もしくは六〇一〜六八二　唐代の医家。漢方医学で医学全書の体裁の書（『備急千金要方』）を初めて著し、薬王と称された。

孫文　一八六六〜一九二五　中国革命の先駆者。清朝打倒、三民主義を掲げ、民主国家樹立を目指した。辛亥革命後、一九一二年に中華民国臨時大総統に就任。その後も革命運動を継続するが、志半ばで病死。生涯で度々日本を訪れた。二四年に神戸で行った講演「大アジア主義」は有名。

〈た行〉

『大学』　中国の古典的思想書。儒教の重要な経典（四書）の一つ。三綱領・八条目を通し、精神的な修養から世を治めるまでに至る原則を説く。

大学寮　日本古代の律令制のもと、式部省に属した中央の官吏養成のための教育機関。

大乗仏教　改革派の仏教として、紀元前後頃、インドから興隆した。従来の出家者中心の仏教に反対し、一切衆生を成仏させるために利他の菩薩道を説いた教えをいう。大乗とは「大きな乗り物」の意。

大千世界《だいせんせかい》　古代インドの世界観をふまえた、仏教の世界観。三千大千世界のこと。須弥山を中心に、日・月・四天下などを含むものを一世界とし、それを一〇〇〇個合わせたものを小千世界。それを一〇〇〇個合わせたものを中千世界。それを一〇〇〇個合わせたものを大千世界という。さらに、宇宙には大千世界が無数にあると説く。

太宗　五九八または六〇〇〜六四九　唐朝の第二代皇帝・李世民のこと。その政治は「貞観の治」と呼ばれて後代の模範となり、中国史上、屈指の名君とされる。

タゴール（ラビンドラナート）　一八六一〜一九四一　インドの詩人・思想家。代表作の詩集『ギタンジャリ（歌の捧げもの）』で東洋人初のノーベル文学賞受賞。インドのシャンティニケタンに学園を創立（のちにタゴール国際大学に発展）。中国や日本など世界各国を訪問し、東洋と西洋の文化融合に奔走した。その文学と思想はインド独立運動の精神的支柱の一つとなった。

俵屋宗達　江戸時代初期の画家。生没年不詳。本阿弥光悦とともに近世美術の流派・宗達光琳派（琳派）を創始。代表作「風神雷神図屏風」など。

團伊玖磨《だんいくま》　一九二四〜二〇〇一　作曲家・指揮者・随筆家。代表作のオペラ「夕鶴」は中国をはじめ世界で上演。「楊貴妃」など中国を題材とした作品もある。日中文化交流協会会長としても奔走し、友好交流のために中国を訪問した際に逝去した。

ダンテ（アリギエリ）　一二六五〜一三二一　イタリアの詩人。ホメロス、ウェルギリウスの叙事詩の伝統を受け継ぎ、不滅の叙事詩『神曲』を著す。ほかに抒情詩集『新生』、論文『饗宴』『帝政論』等。その文学はヨーロッパ中世の文化を総合し、ルネサンス文学を開く先駆けとなった。

中華民国　中国で、一九一一年の辛亥革命により清朝が倒れ、一二年に成立した共和国の国名。中華民国時代とは、内戦を経て四九年に中華人民共和国が成立するまでを指す。内戦で中国共産党に敗れ、台湾に移った国民政府が中華民国の名称を用いている。

中原《ちゅうげん》　古代中国文化の発祥地とされ、漢民族が興隆した黄河中流域、さらに華北一帯を指す。

『中庸』　中国の古典的思想書。儒教の重要な経典（四書）の一つ。天人合一の原理、自然と人間の調和の道などを示した。

張之洞《ちょうしどう》　一八三七〜一九〇九　中国の政治家。著作に『勧学篇』がある。西洋の近代技術を導入し、自国の富強を図る洋務運動を推進。対外的に強硬策を主張する一方、中国の古典文化の維持にも尽力した。

張璪《ちょうそう》　中国・唐代の画家。水墨画の先駆をなした存在で、特に樹石画は高く評価された。生没年は不詳。

朝廷官話　官話は公用語のこと。中国北方、特に北京に由来する言葉で、清朝時代に公用標準語とされ、現代中国標準語（普通話）の母体となった。

張飛　生年不明〜二二一　中国・三国時代の蜀の武将。若き日から、同郷の劉備を、兄と仰ぐ関羽とともに助けた。一騎で兵一万に値するという勇猛さで知られ、軍功をあげた。

張良《ちょうりょう》　中国・前漢の高祖（劉邦）の功臣。劉邦を支え、軍師となって秦を滅ぼし、項羽を追いつめるなど、漢の創業に大きく貢献した。

陳寅恪《ちんいんかく》　一八九〇〜一九六九　中国の歴史学者。清華大学で王国維とともに国学研究院の教授となり、王国維の死に際し、「王観堂（王国維の雅号）先生挽詞」を記す。

ツルゲーネフ（イヴァン）　一八一八〜八三　ロシア

の作家。人道主義的な作風を持ち、ロシア社会が抱える矛盾を描いた。著書に『猟人日記』『ルージン』などがある。

ディキンスン（エミリー）　一八三〇～八六　アメリカの女性詩人。その多くの詩は自然・愛・神・死などがテーマとなった。

ディケンズ（チャールズ）　一八一二～七〇　イギリスの代表的作家。父の破産で少年時代に貧苦を経験。貧しい庶民への共感と、社会悪への憤りなどを描き、世界的に愛読された。代表作に『オリバー・ツイスト』『クリスマス・キャロル』『二都物語』など。

ディドロ（ドゥニ）　一七一三～八四　フランスの哲学者・作家。『百科全書』をダランベールらと編纂し刊行。執筆活動の分野は広く、小説『ラモーの甥』などが知られる。

デューイ（ジョン）　一八五九～一九五二　アメリカの哲学者・教育学者。思考・思想の意義を、現実にもたらす結果と関連させて見出していくプラグマティズムを大成（プラグマはギリシャ語で「行動」「実行」の意）。進歩主義教育を進めるなど、その哲学と行動は、アメリカの政治・経済・教育・文化芸術といった広い分野に影響を及ぼした。一九一九年から二一年にかけて日本と中国を訪れている。主著に『民主主義と教育』など。

デュボス（ルネ）　一九〇一～八二　アメリカの世界的な医学・微生物学者。フランス生まれ。ハーバード大学、ロックフェラー大学、ニューヨーク州立大学で教授を歴任。著作に『人間であるために』『人間と適応』『内なる神』など。

テレンティウス　前一九五頃（諸説あり）～前一五九　古代ローマの喜劇作家。北アフリカ出身の奴隷だったが、学問に励んで解放され、主人の名テレンティウスを授けられた。

伝教　七六六あるいは七六七～八二二　最澄。伝教大師と称される。日本の平安時代の仏教者。日本天台宗の開創者。法華経の理論と実践を体系化して一切経のなかで法華経を最第一とする中国の天台大師智顗の教学を、青年時代から学ぶ。さらに唐に渡り、天台山などで教えを受けて帰国。当時の仏教諸宗派との論争等を通じて、法華経を広く宣揚した。

纏足《てんそく》　中国・唐末頃から広まり、女性に対して行われていた、旧時代の独特の風習。「纏」はまきつけるの意味。女性は小足が美しいとされ、幼児の時から足を布で縛るなどして人為的に発育を抑えた。清代に天足会（天足は自然の足の意味）等による纏足の風習への反対運動が各地で起こり、西太后が禁止令を出して、衰退へ向かった。

天台　五三八～九七　智顗。天台大師と称される。中国の仏教者。一切経のなかで法華経を最第一とする教判を説き、法華三大部『法華文句』『法華玄義』『摩訶止観』によって、法華経の理論と実践の両面を体系化した。特に、その最高の法門である一念三千の法門において、一切衆生が成仏できる理論的根拠を示した。

トインビー（アーノルド・J）　一八八九～一九七五　イギリスの歴史家。発生・成長・衰退・消滅のサイクルを繰り返す「文明」に基礎を置き、そこに法則を見出そうとする独自の歴史観を創出した。代表作『歴史の研究』のほか、池田名誉会長との対談集『二十一世紀への対話』がある。

唐　中国の王朝（六一八～九〇七）。都は長安（現在の西安）。律令政治を確立。唐詩に代表される文学・書画・音楽・舞踊など文化が大きく発展した。国際交流も活発で、世界的な文明国として繁栄。日本も遣唐使を送り、多くの影響を受けた。

ドゥ・ウェイミン　一九四〇～　中国名・杜維明。中国・雲南省生まれ。ハーバード大学教授。北京大学の教授でもあり、儒教研究の大家として世界的に知られる。池田名誉会長との対談集『対話の文明――平和の希望哲学を語る』がある。

陶淵明《とうえんめい》　三六五～四二七　陶潜とも言う。中国の東晋・宋の詩人。束縛や腐敗がある官職を辞して、故郷に帰り、自然と田園を愛して自らの心境を詠った。自然派詩人の先覚者として、後世に影響を与えた。

「東郭《とうかく》先生と狼」　中国の寓話。猟師に追われた狼を善良な東郭先生がかくまったが、狼は恩に報いるどころか、東郭先生を襲おうとした。しかし通りかかった農夫が狼を退治した。恩を仇で返す者を示し、相手を見極めて同情すべきだという教訓とされる。

陶行知《とうこうち》　一八九一～一九四六　中国の教育家。アメリカのコロンビア大学で哲学者デューイらに学ぶ。帰国後は生活教育などの理念を唱え、教育改革を通じて民衆生活の改善を目指した。抗日運動にも身を投じた。

唐詩　中国の唐代に詠まれた詩、または唐代に大成された中国古典詩の総称。

東周《とうしゅう》・先秦《せんしん》時代　東周時代は、中国の古代王朝の周が、攻略されて東遷した前八世紀から、前三世紀に秦に滅ぼされるまで。先秦時代は、その秦が前三世紀に全国統一をする以前を指す。つまり春秋戦国時代に相当する。

ドストエフスキー（フョードル・ミハイロヴィチ）　一八二一～八一　ロシアの作家。人間の内面の深淵や相克を、独特の方法で描き出した。代表作に『罪と罰』『白痴』『悪霊』『未成年』『カラマーゾフの兄弟』など。

戸田城聖　一九〇〇～五八　創価学会第二代会長。一九三〇年に牧口常三郎初代会長と創価教育学会（の

ちの創価学会）を創立。四三年、国家神道に反対し、牧口初代会長とともに投獄された。戦後、創価学会を再建し、五一年に会長に就任。その後の同会の大発展の礎を築いた。

杜甫　七一二〜七〇　中国・唐を代表する詩人で「詩聖」と称される。科挙に落第、生活は貧窮、仕事も不遇、各地を転々とする苦難の連続であったが、波瀾万丈の生涯での詩作は多彩で四期にわたる。社会の現実に迫り、自身の内面を省察し、自然の善意を見出し、矛盾ある世界のなかで人間に温かな眼差しを注ぐ境地に至る、という軌跡を示したとされる。

トルストイ（レフ・ニコラエヴィチ）　一八二八〜一九一〇　ロシアの作家。代表作『戦争と平和』『アンナ・カレーニナ』『復活』等で世界的に有名。道徳的人道主義に立ち、社会の悪や虚偽を厳しく批判。一方、飢饉の際の救済活動などの社会事業、教育事業にも献身した。その非暴力思想は、インド独立の父マハトマ・ガンジーをはじめ世界に影響を与えた。

トルファン　新疆ウイグル自治区のオアシス都市。シルクロードの要衝。周辺に高昌故城や仏教文化の遺跡がある。

敦煌　中国・甘粛省の都市。古来、シルクロードの要衝。四世紀頃より造営された石窟寺院（莫高窟）の約五〇〇の窟は、法華経をはじめ仏教経典の内容などの絵が描かれ、絢爛たる仏教美術の宝庫。窟から発見された貴重な数万点の古文書（敦煌文書）の大半は仏教文献で、法華経が多い。莫高窟は世界文化遺産。

〈な行〉

ナチス　ドイツのファシズム政党。「国家社会主義ドイツ労働者党」の略称。第一次世界大戦後、ヒトラーが党首となり政権を掌握（一九三三年）。独裁政治を行い、ユダヤ人らを虐殺。また、第二次世界大戦を起こして、各地に侵攻したが、四五年に敗戦し崩壊。

夏目漱石　一八六七〜一九一六　近代日本の国民的作家。人間のエゴイズムと葛藤の諸相を描き、則天去私の心境を追求した。小説『吾輩は猫である』『坊っちゃん』『三四郎』『それから』『こゝろ』『明暗』など著書多数。東洋と西洋の英知を併せ持ち、魯迅も尊敬したという。

ナワイー（アリシェール）　一四四一〜一五〇一　現在のアフガニスタンの古都ヘラート出身の詩人。中央アジアのイスラム帝国（ティムール朝）のヘラートで大臣を務めた。学校や橋などを建設し、文化芸術を庇護。今日ウズベキスタンでウズベク文学の祖として宣揚されている。

『南総里見八犬伝』　江戸時代後期の小説家・滝沢馬琴（一七六七〜一八四八）作の長編伝奇小説。中国の

『水滸伝』などをふまえ、勧善懲悪を根幹として綴られた。仁・義・礼・智・忠・信・孝・悌の徳の玉を持つ八犬士が集まり、里見家再興に奮闘する物語。

『二十四孝』 古来、中国で親孝行だったとされる人々の二四の逸話を集めた書。浄瑠璃など日本の芸能に素材を提供した。

日蓮 一二二二～八二 日本の鎌倉時代の仏教者。釈尊の精神は一切衆生の成仏を説く『法華経』にあると主張。その真髄として、宇宙と生命を貫く「妙法」（南無妙法蓮華経）を弘通した。一二六〇年、民衆の幸福と安穏を願う対話形式の書『立正安国論』を為政者に提出し、国主への諫暁を続けた。二度の流罪など数々の弾圧を受けたが、生涯、屈しなかった。世界平和の実現を目指しゆく広宣流布の行動を繰り広げ、後事を直弟子の日興に託した。法門を説いた論文のほか、門下などへの多くの手紙は、『日蓮大聖人御書全集』（創価学会版）に収録されている。

日中国交正常化を提言 一九六八年九月、創価学会第一一回学生部総会に集った一万数千名を前に、池田名誉会長が発表した、日中問題に関する提言。①中華人民共和国政府の存在を公式に認め、国交を正常化する、②中国の国連参加を積極的に推進する、③中国との経済的・文化的な交流を推進する、等の具体案を示し、社会的に大きな反響を起こした。

〈は行〉

パオ モンゴルなどの遊牧民の天幕住居で、移動しやすい組み立て式となっている。「パオ（包）」は「ゲル」の中国名。

巴金 一九〇四～二〇〇五 現代中国を代表する作家。封建社会の桎梏からの解放を主張した作品『家』をはじめ著書多数。青年時代に日本留学の経験があり、中日交流に努めた。中国作家協会主席・名誉主席、全国政治協商会議副主席など要職を歴任。最晩年に中国政府から「人民作家」の称号が贈られた。

パグウォッシュ会議 一九五五年に核兵器と戦争の廃絶を主張した「ラッセル＝アインシュタイン宣言」をふまえ、世界の科学者が軍縮や平和の諸問題を討議するための会議。名称は第一回会議（五七年）がカナダのパグウォッシュで行われたことに由来。九五年、ノーベル平和賞受賞。

『白氏《はくし》文集《もんじゅう》』 白楽天（白居易）の詩文集。七〇巻を超え、唐代の最大の個人全集とされる。日本では平安時代から『文集』と呼ばれて広く読まれ、文化の大きな糧となった。

白堤《はくてい》・蘇《そ》堤《てい》 「白堤」は西湖に築かれた堤防。九世紀前半、白楽天が杭州の行政官時代に西湖の築堤や整備に尽力した徳を偲んで呼ばれる名称。十一世紀、蘇東坡が杭州の行政官時代に西湖に築いた堤防も人々に恩恵を与え、「蘇堤」と呼ばれる。

白楽天　七七二〜八四六　白居易とも言う。中国・唐を代表する詩人。理想の政治を求め、社会の腐敗を告発した諷諭詩の『新楽府』は有名。権力闘争が渦巻く中央政界を去った際は地方政治でも貢献。母、娘、親友の死を通して人間の生死の問題に直面し、儒教から仏教の探究に向かった。詩は中国や日本など東アジア各地で愛誦され、西洋でも評価が高い。

パス（オクタビオ）　一九一四〜九八　メキシコの詩人。ノーベル文学賞受賞。外交官として世界各地に赴き、インド、日本にも滞在。東洋の思想や文化に関心が深く、松尾芭蕉の『奥のほそ道』をスペイン語に共訳もしている。著作に詩集『言葉のかげの自由』など。

ハタミ（セイエド・モハンマド・レザー）　一九四三〜

イランの政治家・イスラム指導者。大統領を務めた。ローマ法王ヨハネ・パウロ二世との宗教間対話、国連での文明間対話の主張で世界に反響を呼んだ。

『浜松中納言物語』　平安時代の後期に成立した物語。作者は菅原孝標女と伝えられる。日本と唐を舞台とし、浜松中納言を中心に親子や男女の関係、人間の転生などを描いている。

バルザック（オノレ・ド）　一七九九〜一八五〇　フランスの近代リアリズム文学を代表する作家。「人間喜劇」との総題のもと、『ゴリオ爺さん』『谷間の百合』をはじめ九〇余の小説群を綴った。

ハンチントン（サミュエル）　一九二七〜二〇〇八　アメリカの政治学者。ハーバード大学教授などを歴任。一九九三年の論文、九六年の著作で主張した「文明の衝突」の理論は、世界的な論議となった。

東山魁夷《ひがしやまかいい》　一九〇八〜九九　現代を代表する日本画家。名作「残照」や「道」をはじめ、その生涯の画業は高い評価を受け、国民画家と称される。日本だけでなく、欧州、中国なども訪れ、優れた風景画を残した。日中文化交流協会代表理事を務めた。

費孝通《ひこうつう》　一九一〇〜二〇〇五　中国の社会学者。清華大学教授、中国社会科学院社会学研究所初代所長、全国人民代表大会常務委員会副委員長などを歴任。

百句譬喩経《ひゃっくひゆきょう》　一〇〇編に及ぶ寓話を集めたインドの仏典。中国では五世紀末に漢訳されたという。

プーシキン（アレクサンドル・S）　一七九九〜一八三七　ロシアの国民的な詩人・作家。ロシア近代文学の基礎を確立。代表作に『エヴゲニー・オネーギン』『大尉の娘』など。

胡同《フートン》　北京の下町を通る路地のことで、伝統的な家屋が並ぶ。

ブハラ　ウズベキスタン共和国ブハラ州の州都。「仏教の僧院」に由来する地名とされる。シルクロードの要衝で、のちにイスラム文化の中心地として栄えた。旧市街は一九九三年に世界文化遺産に登録。
プラトン　前四二八もしくは前四二七〜前三四八もしくは前三四七　古代ギリシャの哲学者。若き日に師ソクラテスに学ぶ。師の逝去後、アテネ郊外に学園アカデメイアを創設し、教育と哲学探究に力を注いだ。著作の大半はソクラテスが登場して多様なテーマについて語り合う対話編として書かれ、西洋哲学の源流の一つとなった。作品に『ソクラテスの弁明』『パイドン』『饗宴』『国家』『ティマイオス』『法律』など。
ブレイク（ウィリアム）　一七五七〜一八二七　イギリスの詩人・画家。ロマン派の先駆。代表作に『無垢と経験の歌』『天国と地獄の結婚』などがある。
プロコフィエフ（セルゲイ）　一八九一〜一九五三　ウクライナ生まれ。二十世紀最大の作曲家の一人とされる。旧ソ連で活躍した。オペラ「戦争と平和」など。
文化大革命　一九六〇年代半ばから、毛沢東が主導し、中国全土を巻き込んだ政治闘争。約一〇年にわたった。四旧（旧思想・旧文化・旧風俗・旧習慣）の打破などを掲げ、おびただしい数の知識人や一般市民らが粛清を受け、文化財が破壊された。毛沢東の死去を機に、文化大革命の中心的グループと言われた「四人組」は逮捕され、終結に至った。
『平家物語』　鎌倉時代の軍記物語。作者は不詳。武家である平家一門の栄華と没落、平家と源氏の戦い（源平合戦）などの激動の歴史を描く。その基調には仏教の無常観が見られる。物語は琵琶法師によって曲とともに語られ、庶民にも広く流布。後世の文学に多大な影響を及ぼした。
米中和解　米国と中国は、第二次世界大戦後の冷戦時代に対立関係にあったが、一九七一年、米国の大統領特別補佐官キッシンジャーの秘密裏の訪中と周恩来総理らとの交渉で関係改善が模索された。翌七二年、ニクソン大統領の訪中で首脳会談が実現。米中和解が進み、七九年の米中国交樹立に結実した。
北京・故宮博物院　北京にある中国を代表する博物館。その建物は明と清の皇帝の宮殿・紫禁城、収蔵品は一八〇万点余で、宮廷に収集された古代王朝時代からの中国文化の精華である文物を基盤とする。八七年に世界文化遺産に登録。なお第二次世界大戦後の中国内戦の際、多くの文物が台湾に移され、台北市に同名の故宮博物院が設置されている。
ヘーゲル（ゲオルグ・ヴィルヘルム・フリードリヒ）　一七七〇〜一八三一　ドイツの哲学者。論理・自然・精神の三部で構成される哲学体系を展開。著書に『精神現象学』など多数。
ベゼクリク千仏洞　トルファン郊外の石窟寺院。ベゼクリクとは「絵のあるところ」等を意味するウイグル語。六世紀頃から造られ、特にウイグル人の仏教芸術の結晶だったが、のちに地域にイスラムが広まるに伴い衰退。二十世紀初め、残っていた壁画などの多くを外国の探検隊が持ち帰った。

ヘッセ（ヘルマン）　一八七七〜一九六二　ドイツ生まれの詩人・作家。ノーベル文学賞受賞。少年時代からアジアの文化への関心を持ち、インドや中国などの東洋思想を探究した。小説『車輪の下』『デミアン』『ガラス玉演戯』をはじめ著作は多い。

ペッチェイ（アウレリオ）　一九〇八〜八四　イタリアの実業家。第二次世界大戦時のレジスタンスの闘士。地球的諸問題へ提言を行う国際的民間研究機関ローマクラブを創設し、会長を務めた。池田名誉会長との対談集『二十一世紀への警鐘』がある。

ベルクソン（アンリ＝ルイ）　一八五九〜一九四一　フランスの哲学者。理性だけでなく感情や意志も併せ持つ人間の本質に迫り、分析的思考より直観を重視し、「生の哲学」を説いた。著書に『創造的進化』『道徳と宗教の二源泉』などがある。ノーベル文学賞受賞。

ヘレニズム　「ギリシャ風」を意味し、ギリシャ文化が東方文化と融合し、普遍化して広がった時代と地域を指す。時代は紀元前四世紀のアレクサンドロス大王の東征から約三〇〇年、地域の広がりは東のパキスタンから西のイタリアにわたる。

ホイットマン（ウォルト）　一八一九〜九二　アメリカの詩人。自由、人間愛、民主主義の精神などを高らかに謳った。主な作品に詩集『草の葉』、評論『民主主義の展望』がある。

墨子《ぼくし》　中国・戦国時代の思想家。その教えは学派（墨家）の説と合わせ『墨子』にまとめられる。人を差別なく愛すること（兼愛）、反戦平和（非攻）が、特に知られる。

法華経　大乗仏教の経典。漢訳では鳩摩羅什訳『妙法蓮華経』が広く用いられ、一般に法華経といえば『妙法蓮華経』を指す。大乗仏教を代表する経典として、東アジア全域に流布し、中国や日本の文化にも大きな影響を与えた。

ホータン　新疆ウイグル自治区のオアシス都市。古くからのシルクロードの要衝で、仏教王国として繁栄。十一世紀頃からイスラム文化が広まった。

ホメロス　前八世紀頃、古代ギリシャの詩人。生涯は不詳。英雄叙事詩『イリアス』『オデュッセイア』の作者とされる（諸説あり）。その叙事詩は、のちの文化に多くの次元で影響を与えた。

ポーリング（ライナス）　一九〇一〜九四　アメリカの物理化学者・平和活動家。化学結合や分子構造などの研究を進め、ノーベル化学賞受賞。原水爆禁止運動、核実験反対運動にも尽力し、ノーベル平和賞受賞。池田名誉会長との対談集『「生命の世紀」への探求』がある。

本阿弥《ほんあみ》光悦《こうえつ》　一五五八～一六三七　京都出身、江戸時代初期の総合芸術家。近世美術を代表する流派・宗達光琳派（琳派）を創始。陶芸・漆芸・書画などに長じ、寛永三筆の一人。法華信仰を基盤とした芸術村を創り、人材を育てた。日蓮大聖人の御書『立正安国論』『如説修行抄』等の書写が残されている。

〈ま行〉

牧口常三郎　一八七一～一九四四　創価学会初代会長。小学校校長などを歴任するとともに、地理学・教育学の先駆的研究でも知られる。一九三〇年に創価教育学会（のちの創価学会）を創立。国家神道に反対し、四三年に治安維持法違反及び不敬罪の容疑で逮捕・投獄され、翌四四年に獄中にて逝去。

正岡子規　一八六七～一九〇二　俳人・歌人。明治文学界の大家。生涯、俳句・短歌の革新運動をリード。晩年は脊椎カリエスで病床に伏し、三十代の若さで死去。著作に句集『寒山落木』、歌集『竹乃里歌』、随筆『墨汁一滴』『病牀六尺』等がある。

松尾芭蕉　一六四四～九四　江戸時代の俳人。俳諧を芸術的に高めて大成。「俳聖」とも称される。近世を代表する文豪の一人。各地へ旅し、詠んだ多くの句が収録された『俳諧（芭蕉）七部集』、俳諧紀行『奥のほそ道』などの名作がある。

マテオ・リッチ　一五五二～一六一〇　イタリア出身のイエズス会宣教師。中国でのカトリック布教の開拓者。中国語で西洋の科学・学術を紹介。当時の世界地理の先端の知識も用いて作成し、一六〇二年に発刊した中国語の世界地図『坤輿万国全図』は、鎖国時代の日本にも啓蒙的な影響をもたらした。

「魔法使いの弟子」　ゲーテによる物語詩。一七九七年作。未熟な魔法使いが、師の留守中に、魔法を使って水くみの仕事を箒にさせるが、箒の止め方がわからず、洪水のようになってしまうという内容。

マーラー（グスタフ）　一八六〇～一九一一　オーストリアの作曲家。ウィーン国立歌劇場監督、ウィーン・フィルハーモニー管弦楽団指揮者を歴任。作品に「復活」（交響曲第2番）など一〇に及ぶ交響曲がある。

マルクス（カール）　一八一八～八三　ドイツの経済学者・哲学者・革命家。史的唯物論を確立。資本主義を批判し、科学的社会主義を創始。共産主義運動に奔走した。著書に『資本論』『共産党宣言』など。

マルロー（アンドレ）　一九〇一～七六　フランスの作家・政治家。中国の革命運動を支援。スペイン市民戦争に参画しファシズムと戦い、第二次世界大戦ではレジスタンスの指導者としてナチスと戦った。戦後ド・ゴール政権で情報相や文化相を務めた。代表作『人間の条件』。池田名誉会長との対談集『人間革命と人間の条件』がある。

『万葉集』　日本の現存最古の歌集。奈良時代に成立し、貴族から民衆まで、広い層の歌四五〇〇余首を収録。豊かな人間性や瑞々しい生命の息吹を湛える。その編纂に関わったとされる歌人・大伴家持（七一七もしくは七一八〜八五）の歌も多い。

ミケランジェロ　一四七五〜一五六四　イタリアの彫刻家・画家・建築家・詩人。レオナルド・ダ・ヴィンチ、ラファエロとともにルネサンスを代表する巨匠。彫刻では「ピエタ」「ダビデ」、絵画ではシスティナ礼拝堂の天井画及び正面壁画（最後の審判）など数々の傑作を残し、建築ではサン・ピエトロ大聖堂を設計している。

水上勉《みずかみつとむ》　一九一九〜二〇〇四　小説家。代表作に『飢餓海峡』『五番町夕霧楼』『越前竹人形』などがある。一九八九年、日中文化交流協会訪中団の団長も務めた。

妙楽《みょうらく》　七一一〜八二　湛然。妙楽大師と称される。中国・唐の仏教者。天台宗中興の祖。開祖・天台大師智顗の教義を忠実に解釈。禅・華厳・真言・法相など仏教諸宗の学者の謬解を破り、衰亡の危機にあった天台教学を宣揚した。

明　中国の王朝（一三六八〜一六四四）。モンゴル民族が中国に建てた元朝を倒し、朱元璋（洪武帝）が漢民族によって建国。永楽帝の時代が最盛期で、アフリカ東岸にも勢力を及ぼした。やがて内部には宦官の専横や農民の反乱が起こり、外部からは侵略を受けて衰亡した。

民主音楽協会（民音）　一九六三年十月に池田名誉会長が創立。一般財団法人。「音楽を通じ国際間の文化交流を推進し、世界の民衆と友誼を結ぶ」など五項目をモットーに、これまで一〇五カ国・地域と交流を重ねる。中国とは七五年の中国北京芸術団の来日公演以来、四五以上の文化団体を招聘、一九五〇回を超える日本公演を開催（二〇一五年現在）。

紫式部　平安時代の女流作家・歌人。生没年不詳。早くに夫と死別するなか、名作『源氏物語』を書き始めたとされる。一条天皇の中宮・彰子（藤原道長の娘）に仕えた。著作に『紫式部日記』『紫式部集』などもある。

無量義経　大乗仏教の経典。天台大師智顗により、法華経の序分、開経と位置付けられる。経典のなかで「無量義とは一法より生ず」と説かれることが名の由来だが、その「一法」とは何かについては、法華経で明かされる。

『明報月刊』　香港の作家・金庸氏が一九六六年に創刊

した月刊の文化総合誌。香港内外に多くの読者を持つ。氏と池田名誉会長の対談、名誉会長のエッセー等も掲載してきた。
梅蘭芳《メイランファン》　一八九四～一九六一　中国の京劇俳優。中国京劇院院長。日本をはじめ世界で京劇公演を行って、高い評価を得た。
メリメ（プロスペル）　一八〇三～七〇　フランスの小説家。代表作『カルメン』など。
『孟子』　中国・戦国時代の思想家である孟子（前三七二頃～前二八九頃）の言行をまとめた古典的思想書。『論語』等とともに儒教の重要な経典（四書）の一つ。孟子は儒教の始祖・孔子の孫（子思）の門人に学んだとされ、孔子の思想を継承。この書は、人間に信頼を寄せた性善説、世を仁愛によって治める王道などが説かれている。
毛沢東　一八九三～一九七六　中国の政治家・思想家。中国共産党の創立に参画し指導権を獲得。抗日戦争、国民党との内戦を勝利に導く。一九四九年に中華人民共和国を建国、初代の国家主席等に就任。大躍進政策で失敗。その後、文化大革命を発動し、国内が混乱するなか死去した。
諸橋轍次《もろはしてつじ》　一八八三～一九八二　漢学者。東京文理科大学教授、都留文科大学初代学長などを歴任。大著『大漢和辞典』（全十三巻）を完成させた。

モンテーニュ（ミシェル・ド）　一五三三～九二　フランス・ルネサンスの思想家。法官や市長を務め、外交にも携わる。豊かな教養と体験に裏打ちされた人間性の探究を深め、書き綴った『随想録（エセー）』は、モラリスト文学の最高峰として後世への影響は大きい。

〈や行・ら行・わ行〉

ユゴー（ヴィクトル・マリー）　一八〇二～八五　フランスの詩人・小説家・劇作家。文学ではロマン主義をリード。政治では共和主義に立ってナポレオン三世のクーデターに抵抗。一九年間の亡命のなかで数々の傑作を創造し、栄光に包まれて帰国。代表作に『懲罰詩集』『静観詩集』、小説『レ・ミゼラブル』『九十三年』、戯曲『エルナニ』など。
楊貴妃　七一九～五六　中国・唐の皇帝（玄宗）の妃。その寵愛によって一族みな権勢を誇ったが、安禄山の乱が起こって逃亡中、兵士に殺された。その生涯を、白楽天は長編詩「長恨歌」に詠った。
『礼記』《らいき》　儒教で最も重視される五つの経典（五経）の一つ。古代の礼とその精神が記され、政治・学術・音楽などにわたる。前漢時代にまとめられた。
李賀《りが》　七九〇もしくは七九一～八一六もしくは八一七　中国・唐の詩人。幻想的な詩を特徴とする。
陸游《りくゆう》　一一二五～一二一〇　南宋第一の詩人。逆境の祖国を憂うる愛国詩人であり、日常の生活や田園も愛し詠った。

李香蘭（山口淑子）　一九二〇～二〇一四　女優・歌手・政治家。中国東北部に生まれ、「李香蘭」の名で人気の女優・歌手に。第二次世界大戦の終戦時、日本に協力した中国人として罰せられかけたが、日本人と証明され帰国。戦後は「山口淑子」の名で日本や香港などで活躍。参議院議員も務めた。

李商隠《りしょういん》　八一三頃（諸説あり）～五八　中国・唐の詩人。官僚としては各地を転々として不遇だった。詩風は耽美的で、現実と自己への深い省察なども込められている。

李《り》**清照**《せいしょう》　一〇八四～一一五一頃　中国・宋の女性詩人。金の侵略で北宋が滅び、南へ逃れる混乱の時期に夫を亡くすなど、不遇の生涯であった。詩文・書画に優れ、特に詞は評価が高い。詞は音楽に合わせて歌うために作られた詩から発展した中国の韻文。

李白　七〇一～六二　中国・唐を代表する詩人で「詩仙」と称される。大志を抱くも、皇帝の側近となった際に讒言に遭うなど人生は不遇で、各地を旅した。大きな気概に満ちた豪放な詩風が特徴。杜甫や日本の遣唐留学生の阿倍仲麻呂とも交友があった。

柳　宗元《りゅうそうげん》　七七三～八一九　中国・唐の詩人。中央政治で改革を進めたが左遷され、地方で善政を行った。自然美などを謳う優れた詩や文を残し、また古文運動をリード。文人として唐宋八大家の一人とされる。

劉備　一六一～二二三　中国・三国時代の蜀の創建者、初代皇帝。漢室の復興を目指し、軍師の諸葛孔明、武将の関羽や張飛らと共に、魏・呉と争い、天下を三分した。

梁《りょう》**　啓超**《けいちょう》　一八七三～一九二九　中国の啓蒙思想家。清朝末期、政治家の康有為に師事し、政治改革運動に参加したが、失敗して日本に亡命。辛亥革命後、帰国。司法総長などを務めた。

梁思成《りょうしせい》　一九〇一～七二　中国の建築学者。古代建築研究に寄与。中国共産党の北京新都市計画委員会主任に就いた。父は啓蒙思想家の梁啓超。

ルソー（ジャン＝ジャック）　一七一二～七八　フランスの思想家。人民主権や平等社会の実現を訴えた『社会契約論』、自然を基盤とした人間教育を論じた『エミール』をはじめとする多くの著作は、社会の各分野の価値観の変革を促し、フランス革命にも影響を与えた。他の著作に『告白録』等。

『列子《れっし》**』**　中国の古典的思想書。戦国時代の道家的思想家・列子の撰とされるが、その後学の者たちによる作とも言われる。

レールモントフ（ミハイル）　一八一四～四一　ロシアの詩人・作家。代表作にプーシキンの死を悼む詩

「詩人の死」、小説『現代の英雄』。

老子　中国・春秋戦国時代の思想家。道家の祖とされるが、生涯は不詳。著述といわれる『老子』では、万物を生ずる根源である道に則り、無為自然に生きることなどが説かれる。

六欲《ろくよく》　眼・耳・鼻・舌・身・意の六つの感覚・認識器官を通して生ずる、さまざまな欲望。

盧溝橋事変（盧溝橋事件）　一九三七年七月七日、中国北京郊外の盧溝橋で日本軍と中国軍が武力衝突した事件。中国では七・七事変とも言う。これをきっかけに、日中全面戦争となった。

魯迅　一八八一〜一九三六　中国近代文学の祖とされる文学者・思想家。青年時代の日本留学中に医学から文学に転じる。『狂人日記』『阿Q正伝』など多くの作品を著し、社会悪を告発するとともに、民衆解放運動の精神的支柱となった。

ロートブラット（ジョセフ）　一九〇八〜二〇〇五　ポーランド出身の物理学者。アメリカの原爆開発の「マンハッタン計画」に参加するが、離脱。パグウォッシュ会議を創設し、会長等を歴任。核兵器廃絶運動を推進した。一九九五年、同会議と共にノーベル平和賞受賞。池田名誉会長との対談集『地球平和への探究』がある。

ロラン（ロマン）　一八六六〜一九四四　フランスの作家。ノーベル文学賞受賞。作品に『ジャン・クリストフ』『魅せられたる魂』など。第一次世界大戦から第二次世界大戦の時代、反戦・平和の活動に奔走し、ファシズムへの批判を展開。ヨーロッパの良心として影響力を持った。

『論語』　中国の古典的思想書。儒教の始祖である春秋時代の思想家・孔子と、その弟子の問答や言行を収録。儒教の重要な経典（四書）の一つ。

本書は、総合月刊誌『潮』に連載された「未来に贈る人生哲学」（二〇一五年十月号から二〇一六年十一月号）をもとに、著者による加筆・補訂を行い、収録したものです。

王　蒙（おう・もう／ワン・モン）
作家。一九三四年、北京生まれ。十九歳で小説『青春万歳』を著し、『組織部にやってきた若者』で注目を集める。反右派闘争、文化大革命のなか、執筆の権利を奪われ、六三年から中国西北端の新疆で生活。七八年に北京に戻り中国作家協会に復帰。文芸誌『人民文学』の編集長、中国作家協会副主席、中国共産党中央委員、全国政治協商会議常務委員、文化相など重職を歴任。八八年に文化相の辞意を表明し、翌八九年に受理され創作に専念。著書は、邦訳された小説『胡蝶』『淡い灰色の瞳』『応報』のほか多数。現代中国の文学界の重鎮として国内外で活躍を続ける。

池田大作（いけだ・だいさく）
創価学会名誉会長。創価学会インタナショナル（SGI）会長。一九二八年、東京生まれ。創価大学、アメリカ創価大学、創価学園等の教育機関、民主音楽協会、東京富士美術館等の文化機関、東洋哲学研究所、戸田記念国際平和研究所等の学術機関を創立。六八年に日中国交正常化を提言し、両国友好に貢献。『人間革命』（全12巻）、『新・人間革命』（刊行中）など著作多数。『二十一世紀への対話』（A・J・トインビー）、『二十世紀の精神の教訓』（M・S・ゴルバチョフ）、『旭日の世紀を求めて』（金庸）、『文化と芸術の旅路』（饒宗頤）など多くの対談集を発刊している。

未来に贈る人生哲学
――文学と人間を見つめて

2017年5月3日　初版発行

著者　王　蒙
　　　池田大作

発行者　南　晋三
発行所　株式会社　潮出版社
〒102-8110　東京都千代田区一番町6　一番町SQUARE
電話／03-3230-0781（編集）
　　　03-3230-0741（営業）
振替口座／00150-5-61090
印刷・製本　大日本印刷株式会社

ISBN978-4-267-02083-4 C0095

http://www.usio.co.jp/